图书在版编目（CIP）数据

大明风华 典制之最：定陵出土文物与明文化 / 胡汉生著. -- 北京：学苑出版社，2025. 6. -- ISBN 978-7-5077-7214-2

Ⅰ. K928.76；K878.84

中国国家版本馆CIP数据核字第20254XU789号

出 版 人：洪文雄
责任编辑：潘占伟
出版发行：学苑出版社
社　　址：北京市丰台区南方庄2号院1号楼
邮政编码：100079
网　　址：www.book001.com
电子信箱：xueyuanpress@163.com
联系电话：010-67601101（营销部）67603091（总编室）
经　　销：新华书店
印 刷 厂：北京华强印刷有限公司
开本尺寸：787mm×1092mm 1/16
印　　张：15.75
字　　数：285千字
版　　次：2025年6月第1版
印　　次：2025年6月第1次印刷
定　　价：158.00元

明文化丛书

北京市昌平区明十三陵管理中心
中国明史学会物质文化史分会 编

定陵出土文物与明文化

胡汉生 著

学苑出版社

胡汉生，北京昌平人，1949年生，清华大学电力系毕业。多年从事文物研究工作，曾任北京市昌平区十三陵特区办事处文博专业研究馆员、十三陵特区明代帝陵研究会会长、中国明史学会理事、故宫博物院客座研究员、北京师范大学易学研究中心兼职教授。现为明十三陵管理中心智库专家。

著有《明十三陵研究》《明代帝陵风水说》《明朝帝王陵》《明朝二十帝》《银山塔林》《居庸关史话》《明十三陵史话》《世遗明珠 多彩大明：探秘明十三陵》等多部学术著作，对明代的陵寝制度、历史文物和堪舆文化等有深入的研究。

2023年5月，中央广播电视总台科教频道（CCTV—10）《百家讲坛》栏目《探秘明十三陵》，作者系主讲嘉宾。

序　言

明神宗万历皇帝的定陵，位于北京市昌平区明十三陵大峪山脚下，南距北京市中心约50千米，是中华人民共和国成立后第一座经过国家批准，按计划进行考古发掘的皇帝陵墓。

定陵的考古发掘，从1956年5月开始，历经一年的时间，发现了横亘地宫石门前的金刚墙，进而成功地打开了地下宫殿的石门，使沉睡三百年之久的地下玄宫建筑，以及数千件璀璨夺目的珍贵文物，呈现在了世人的面前。

定陵发掘的成功，是我国文物考古界的一件大事。对国内外的明史研究，和明代文物的研究，都起到了重要的推动作用。

特别是中国社会科学院考古研究所、定陵博物馆、北京市文物工作队共同编写的《定陵》（中国田野考古报告集考古学专刊丁种第三十六号），于1990年5月，由文物出版社出版发行，更是为人们了解和研究定陵出土文物提供了扎实细致的基础资料。（书中引用皆出自此版本）

该书由当年参加定陵考古发掘的赵其昌先生和考古所王岩先生执笔，在对定陵出土文物全面梳理的基础上，以质料为主，对定陵数千件出土文物的出土地点、材质特点、造型结构、大小尺寸和制造工艺分类阐述，并采用图、文、表相结合的方式，对定陵出土的文物进行了细致的描述，堪称是一部影响深远的考古报告中的鸿篇巨制。

随着定陵出土文物逐步走进人们的视野，越来越引起人们对定陵出土文物的关注。不少文物爱好者和专家学者，对定陵出土文物表现出了极大热忱。他们从不同的角度，对不同的文物，提出了不少这样那样的问题，并且表达出自己的观点。

例如，有人提出定陵出土的万历皇帝金丝翼善冠，会不会是万历皇帝死后，为他专门制作的明器？定陵出土的两位皇后的龙凤冠，龙凤数量为什么有多有少？定陵出土的万历皇帝的十二章衮服，究竟属于何种服装，是在什么场合穿的，与冕服中的"衮"是什么关系？《定陵》所述出土的孝靖皇后的谥宝和谥册，为什么所用的谥号不一样？……

1

诸如此类对问题的进一步探索，形成了热烈的明文化研讨氛围。多年来，学术界对定陵出土文物的研究也不断有新的成果出现。例如，对玄宫内放置青花梅瓶寓意的研究，三彩瓷觚图案的重新解读，霞帔坠的认定，两位皇后不同首饰在特髻中的作用，以及皇后龙凤冠中的礼服冠和燕居冠之分的推测，等等，都使定陵出土文物的文化内涵有了更加深入的阐释。

明十三陵，是世界上明文化遗存最集中、最丰富，信息存储量最博大精深的文化载体，它不仅是国务院公布的全国重点文物保护单位，也是珍贵的世界文化遗产之一。为此，自2022年以来，北京市文物局、北京市广播电视局、中共北京市昌平区委员会、北京市昌平区人民政府，已经连续三年在明十三陵管理中心举办"明文化论坛"，对明文化的深入挖掘和广泛宣传，起到了非常重要的推动作用，同样，定陵的出土文物，作为明代历史文化的结晶，也通过明文化论坛的举办，得到了更为广泛的宣传。

笔者不揣冒昧，凭借这股明文化研究热的东风，将这些年来自己对定陵出土文物的探索和体会加以整理，撰成此作，试图在对定陵出土文物进行阐释的基础上，将文物背后相关的郊天祀祖、朝会宴享、宫廷习俗、饮食节令，乃至帝后丧葬礼制以及关联人物逸事等历史信息有机地联系在一起，让定陵出土的这些珍贵文物以更为丰满鲜活的形象，呈现在读者面前，为读者打开一扇了解定陵出土文物的窗口。但笔者学识浅薄，一己管见，难免会存在一些错误或不妥之处，欢迎广大读者批评指正。

胡汉生

2024年10月

目 录

引 言 /1
　一、从倡议发掘明长陵说起 /4
　二、试掘陵墓的选定 /6
　三、历时一年的定陵考古发掘过程 /9
　四、宏伟神秘的地下宫殿 /14
　五、帝后葬式与玄宫内的陪葬物 /18

第一章　帝后服饰与宫廷礼制 /21
　一、皇帝冕服 /21
　　1. 明代礼制规定皇帝冕服的服用场合 /22
　　　① 祭天地 /23
　　　② 祭宗庙 /28
　　　③ 祭社稷 /33
　　　④ 祭先农 /34
　　　⑤ 皇帝登极仪 /36
　　　⑥ 大朝仪 /39
　　　⑦ 万寿圣节 /42
　　　⑧ 册拜 /42
　　　⑨ 上皇太后尊号仪 /44
　　　⑩ 进书仪 /45
　　　⑪ 皇帝冠礼 /46
　　　⑫ 皇子诞生仪 /47
　　2. 明代冕服的规定制式 /48
　　　① 洪武十六年（1383）定皇帝冕服制度 /48
　　　② 洪武二十六年（1393）定皇帝冕服制度 /48
　　　③ 永乐三年（1405）定皇帝冕服制度 /49
　　　④ 嘉靖八年（1529）定皇帝冕服制度 /50

1

3. 定陵出土的冕服与礼制规定比较 /57
①冕冠 /57
②裳 /59
③中单 /61
④革带、大带 /62
⑤蔽膝 /64
⑥大绶、小绶 /65
⑦玉佩 /65
⑧镇圭 /68
⑨玉璧 /68
⑩袜、舄 /69

4. 定陵出土的袍式衮服及其服用场合分析 /70
①定陵出土十二章袍式衮服的特点 /70
②袍式衮服的定性与服用场合分析 /74
③南薰殿藏明代袍式衮服皇帝画像的真实性 /80

二、皇帝皮弁服 /84

1. 皇帝皮弁服的服用场合 /85
①朔望视朝 /85
②降诏、降香 /85
③妃、嫔册立仪 /86
④皇太子、亲王冠礼 /86
⑤祭祀 /87

2. 皇帝皮弁服的规定制式 /89

3. 定陵出土的皮弁服服饰 /92
①皮弁冠 /92
②绛纱袍 /92
③玉圭 /92
④蔽膝 /93

三、皇帝常服 /93

1. 常服服用的场合 /93
①常朝仪 /93

②午朝仪 /94

③忌辰朝仪 /94

④天寿山、金山陵寝祭祀 /94

⑤其他场合 /96

2. 礼制规定皇帝常服服式 /98

3. 定陵出土的常服服饰 /99

①乌纱翼善冠 /99

②金丝翼善冠 /100

③龙袍 /102

④革带 /103

⑤靴 /105

四、定陵出土皇帝的休闲服饰 /106

1. 衣服 /106

①方补龙袍 /106

②龙云肩通袖龙襕龙袍 /107

③衬褶袍 /108

④大袖衬道袍 /109

2. 首饰 /110

3. 绦环、带钩 /110

五、定陵出土皇帝甲胄、兵器 /114

1. 铁盔 /114

2. 铠甲 /117

3. 腰刀 /118

4. 弓袋、箭袋和箭 /118

六、皇后礼服 /120

1. 皇后礼服的服用场合 /120

①受册受贺 /120

②谒庙 /121

③朝会 /122

④祭先蚕 /123

2. 礼制规定的皇后礼服服式 /125
　　　①冠 /125
　　　②衣 /125
　　　③中单 /126
　　　④蔽膝 /126
　　　⑤圭 /126
　　　⑥革带 /126
　　　⑦大带 /126
　　　⑧绶 /126
　　　⑨玉佩 /126
　　　⑩袜、舄 /126
　　3. 定陵出土的皇后礼服 /127
　　　①龙凤冠 /127
　　　②玉佩 /137
　　　③革带 /138
　　　④谷圭 /138
　　　⑤白玉礼器 /139

七、皇后常服 /139
　　1. 礼制规定的皇后常服服式 /139
　　2. 定陵出土的皇后常服 /141
　　　①霞帔与霞帔坠 /141
　　　②玉佩 /143

八、皇后休闲服 /144
　　1. 衣物 /144
　　　①女衣 /144
　　　②裙子 /146
　　　③鞋、袜 /147
　　2. 首饰 /148
　　　①簪钗与特髻 /148
　　　②耳坠、耳环、耳挖勺 /158
　　　③围髻、抹额 /160

4

第二章　绚丽多彩的丝织匹料 /161

一、龙袍匹料 /161

二、意涵吉祥的丝织匹料 /164

第三章　皇家的宫廷生活与定陵出土的实用器具 /167

一、宫廷饮食与饮食器具 /167

  1. 明代的宫廷饮食文化 /167

    ①宫廷宴会 /167

    ②宫廷节令饮食习俗 /169

  2. 定陵出土饮食器具 /174

    ①酒具 /174

    ②茶、酒两用饮具 /179

    ③餐具 /181

二、帝后起居与宗教信仰相关文物 /184

  1. 帝后起居相关文物 /184

    ① 洗漱用具 /184

    ②梳妆、化妆用具 /189

    ③被、褥、枕等物 /195

    ④室内陈设品 /196

    ⑤香炉、香盒、箸瓶、白木香和木炭 /197

    ⑥金药罐、金唾盂 /200

  2. 帝后宗教信仰与相关文物 /202

    ①明朝帝后的宗教信仰 /202

    ②定陵出土佛教文物——念珠 /204

第四章　定陵出土金银锭与明代货币 /207

一、定陵出土的金银锭 /207

  1. 金锭、金饼 /207

  2. 银锭、银饼 /208

  3. "吉祥如意"金钱和"消灾延寿"金钱 /209

4. 鎏金银钱 /210
　　　5. "万历通宝"铜钱 /210

　二、明代的货币制度 /211

第五章　丧葬仪物与皇家丧葬礼仪 /213

　一、定陵出土谥册、谥宝、圹志 /213
　　　1. 明神宗谥宝、谥册 /213
　　　2. 孝端皇后谥宝、谥册 /215
　　　3. 孝靖皇后谥宝、谥册及妃坟迁来的圹志 /215

　二、定陵出土明器 /220
　　　1. 铜明器 /220
　　　2. 锡明器 /221
　　　3. 仪仗模型 /221

　三、定陵出土木俑 /222

　四、定陵出土帝后铭旌、铁葫芦 /224

　五、定陵出土长明灯、五供、神座 /226
　　　1. 长明灯具——青花云龙大瓷缸 /226
　　　2. 琉璃五供 /228
　　　3. 白石神座 /230

　六、定陵出土稻谷、梅瓶、玉料 /231

　七、帝后棺椁及木箱、木杠 /234

主要参考书目 /239

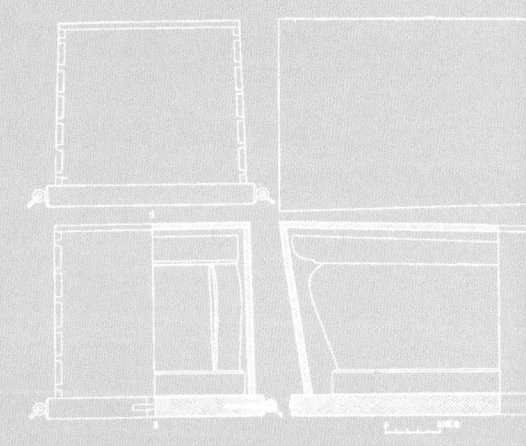

引 言
国内第一座进行考古发掘的帝王陵寝——明定陵

在我们伟大祖国首都北京的北部，巍巍燕山的南麓，有一处世界闻名的古帝王陵寝建筑群——这就是北京的明十三陵。明十三陵是世界著名的名胜古迹，全国重点文物保护单位，世界文化遗产——明清皇家陵寝的重要组成部分。

明朝的皇帝，不计南明共有16位。明太祖朱元璋，开创明朝，建都南京，其陵寝建于南京钟山脚下，名为孝陵。建文皇帝朱允炆，在"靖难之役"后，南京城破，下落不明，因而没有陵墓。自明成祖朱棣夺取皇位后，共历十四帝，其中，除景泰皇帝朱祁钰因宫廷政变，帝位被废，按照亲王礼仪葬在了京西金山之麓，除此之外，其余十三位皇帝都葬在了北京市昌平区天寿山陵区之内，形成了一处规模宏大的明代帝陵建筑群，世称其为"明十三陵"。

明十三陵，是帝后安葬的幽宫，也是帝后故去后另一个世界的"紫禁城"，它与北京城里帝后生前居住的紫禁城建筑，南北布列，一阴一阳，构成了大明皇室最高等级的礼制建筑格局。

古人对于墓葬位处都城之北的建筑格局十分推崇。在他们看来，南面是阳，是都城理应所在的位置；北面是阴，是皇陵理想所在的位置。例如，西汉戴圣《礼记·檀弓》就说："葬于北方，北首，三代之达礼也。"这里自然是指夏、商、周三代的天子或贵族之葬。

明嘉靖时期的大臣顾璘等人在所修《兴都志》中也说："臣闻，古者，葬必于北，所以就阴也。故孔子葬于鲁城北。又曰'于邑北。'今纯德（指显陵，在纯德山）在都城（指承天府兴都城，今湖北钟祥市）之北，斯三代之达礼也。"顾璘等明朝大臣说的是嘉靖皇帝父亲朱祐杬的明显陵，位处兴都城之北，符合夏、商、周三代的礼制。

而天寿山陵寝定址于北京城北天寿山，也是几经选择才最后确定的。清乾隆皇帝在乾隆五十年（1785）所作的《哀明陵三十韵》中，曾经这样说："《日下旧闻》载，永乐初卜陵，众议欲用潭柘寺。永乐独锐意用黄土山。即此天寿山也。"永乐皇帝力排众议，不用潭柘寺，而用天寿山，又何尝不是受古代的这种礼俗的影响呢！因为，永乐皇帝是燕王出身，从小接受儒家思想的教育，对于古代的这种礼俗，自然是了然于胸的。因此，明十三陵的地理位置，虽然在地理坐标上与北京城不是处在一条轴线上，但在意念上，这一南一北的空间布局，不就是一条南北融合的中轴线嘛！所以，也可以说，明十三陵在意念上是北京中轴线往北的延伸。明朝时常常"陵京"并称，也说明天寿山明陵与北京城是一个南北联系紧密的整体。

图 0.0.1 明十三陵分布图

明十三陵中的第一座陵，是明朝第三位皇帝明成祖朱棣的长陵。明成祖通过"靖难之役"从自己的侄子建文皇帝朱允炆手里夺得皇位，在南京登上大宝之位，按理说他的陵墓也应建在南京城附近。但是，因为他即位后，早有迁都北京的设想，所以，在永乐五年（1407）七月，他的皇后徐氏去世后，他没有在南京修建陵寝，而是毅然决定在北京郊区寻找建陵地点。

几经选择之后，选到了天寿山这处堪称"天造地设"的风水吉地，于是，长陵就建造在了天寿山的中峰，也就是主峰的前面。他去世之后，他的子孙后代继承皇位者的陵墓，也就顺理成章地建在了长陵的左右，因此形成了中国古代陵寝建筑史上规模最大，建筑布局最为紧凑的皇陵区。（图0.0.1）

按照营建的先后顺序，这些后来营建的皇帝陵寝，依次是明仁宗朱高炽的献陵、明宣宗朱瞻基的景陵、明英宗朱祁镇的裕陵、明宪宗朱见濡的茂陵、明孝宗朱祐樘的泰陵、明武宗朱厚照的康陵、明世宗朱厚熜的永陵、明穆宗朱载垕的昭陵、明神宗朱翊钧的定陵、明光宗朱常洛的庆陵、明熹宗朱由校的德陵、明崇祯皇帝朱由检的思陵。

在这十三座皇帝陵寝中，唯一一座经过了考古发掘的陵墓就是明神宗朱翊钧的定陵。

明定陵位于十三陵陵区内长陵西南的大峪山下，是明朝第十三位皇帝明神宗朱翊钧以及孝端显皇后王氏（元配皇后）、孝靖皇后王氏（追谥皇后）的合葬陵寝。（图0.0.2—0.0.5）明神宗朱翊钧，年号万历，10岁即位，在位48年，是明朝享国最久的皇帝。而定陵则是明神宗生前为自己预建的"寿宫"。该陵建于明万历十二年（1584）十一月，竣工于万历十八年（1590）六月，工程历时五年半有余，耗银800余万两，

图 0.0.2 雪中定陵

图 0.0.3 明神宗万历皇帝朱翊钧画像

图 0.0.4 孝端显皇后王氏画像

图 0.0.5 孝靖皇后王氏画像

是在十三陵中规模仅次于长陵和永陵的大型陵墓。

那么，当初为什么国家只对明十三陵中的定陵进行考古发掘，而不是其他的陵呢？

一、从倡议发掘明长陵说起

其实，在发掘定陵之前，国家的计划本来是要对永乐皇帝（图 0.1.1）的长陵（图 0.1.2）进行发掘的。因为考虑到长陵规模比较大，又缺乏帝陵发掘的经验，所以为了给发掘长陵提供经验，才对定陵进行了带有"试探"性的发掘。但定陵发掘成功后，长陵也不再发掘了，定陵的试掘也就变成了实际的正式发掘了。

那么，当初为什么国家提出要对长陵进行发掘呢？原来，这是由一次偶然的郊游引起的。据曾经担任过郭沫若先生生活秘书的王廷芳先生撰文回忆[1]：

图 0.1.1 明成祖永乐皇帝朱棣画像

> 1955 年 10 月 9 日，星期天，国务院机关事务管理局余心清局长邀约了邓小平、李富春、郭沫若等同家人一起到十三陵郊游。同时还邀约了一些其他人，我只

---
[1]《郭沫若与定陵发掘》，《文物天地》1999 年第 2 期。

记得有吴晗先生和新凤霞女士,大概连同工作人员有三四十人。10月上旬的十三陵,秋高气爽,气候宜人;点缀在群山绿树中的一座座红墙黄瓦的明皇陵,景色宜人。国务院膳食科的科长带着几名工作人员开来一辆大卡车,为大家准备了丰盛的野餐。

参加郊游的人先后到达长陵后,或一家人,或三五结伴,主要在长陵漫游参观;有些人还参观了附近的陵墓。中午所有的人都集中到长陵东侧的地上野餐。这里遍地都是硕果累累的柿子树,柿子已开始泛黄。人们有坐有站,边吃边谈,欢声笑语,气氛很是热烈。大家自然地谈论起十三陵,尤其是长陵。吴晗作为明史专家、北京市副市长,谈得最多,情绪也十分激动。谈着谈着,他突然当着邓、李两位副总理的面大声地和郭老说:郭老,长陵这样雄伟,里面一定也很宏大,肯定会有很多珍宝陪葬,说不定还会有很多壁画和绝版的古书,咱们把它发掘开,搞个地下博物馆好不好?郭老表示完全赞成,两位副总说,你就负责起草一份报告给总理请求批准吧。吴爽快地说:好,好。在离开长陵前,吴晗就和郭老商量了给总理报告的内容或由哪些人署名的问题。

1955年10月13日,吴晗给郭老写了封信,信中说:发掘长陵事,和各方面谈,都表示同意。拟一报国务院稿,可用否?请斟酌改正。并请郭领衔在报告上签名。郭当天对报告稿作了一些文字上的修改后,签了名。第二天,沈雁冰、张苏、范文澜、邓拓四人,都在报告稿上签了名。报告稿是吴晗亲笔写的。15日经修改后的报告,即打印上报。

图 0.1.2 长陵宝城、明楼

王廷芳先生的回忆，系亲身所历，应该是可信的。

根据北京市档案馆所存档案资料，1955年10月15日，中国科学院院长郭沫若、文化部部长沈雁冰、北京市副市长吴晗、《人民日报》社社长邓拓、中国科学院历史研究所第三所所长范文澜、全国人民代表大会常务委员会副秘书长张苏6人联名上书国务院，建议发掘明长陵的报告是打印件。他们在请示报告中指出：十三陵中，"长陵规模最大，地面建筑也最为完整。从过去几年北京西部青龙桥附近（明代名金山，是妃嫔王子的丛葬区）发见的明正德、万历妃嫔墓的情况（地下五间大殿，厚石壁、青琉璃瓦的建筑）推断，长陵的地下宫殿规模的宏大，是可想而知的……埋藏在地下的宫殿，今天如能使其重见天日，开放为地下博物馆，安装电灯，供人参观，不但可以丰富历史智识，也将使这个古代帝王陵墓成为具有世界意义的名胜……就历史文物说，长陵没有被盗掘的记录。如果明成祖的骨殖及殉葬物全部都被保存，对明初史事的研究将有极大贡献；即使曾被盗掘，剩下的文物也一定不少，金山的明墓就是证据；甚至殉葬物全部被盗，宫殿必然如故，整理一下，也是研究过去帝王墓葬的最完整史料……墓内的历史文物，开发后照原来陈列式样，就地保存，成为长陵博物馆。部分容易变质的文物可用科学方法保护，或者移交国家博物馆，而以仿制品放置原处……清陵是模仿明陵修建的，清陵的地下结构图现在还保存在营造学社的刊物中，作为根据，进行慎重发掘，估计不会有太大困难"。

他们还在报告中建议由科学院和文化部组织人力对长陵地下宫殿进行发掘。

报告的原件为墨书草稿。是由吴晗亲自起草，郭沫若在原稿上做了一些修改，上面还有上述六人的签名。（图0.1.3）

报告上报到国务院后，周恩来总理于11月3日批示："原则同意，责成北京市人民委员会协同科学院文化部指定专人议定开发计划送批。"陈毅副总理也批示："科学院主持，文化部、北京市参加为好。"

二、试掘陵墓的选定

为落实周总理批示，吴晗副市长于1955年11月22日，邀约中国科学院、中央文化部的有关同志，就拟定长陵开发计划问题进行研究，并在如下一些主要问题上达成了一致意见：

一是组织长陵发掘委员会。拟由余心清（全国人大常委会副秘书长）、尹达、夏

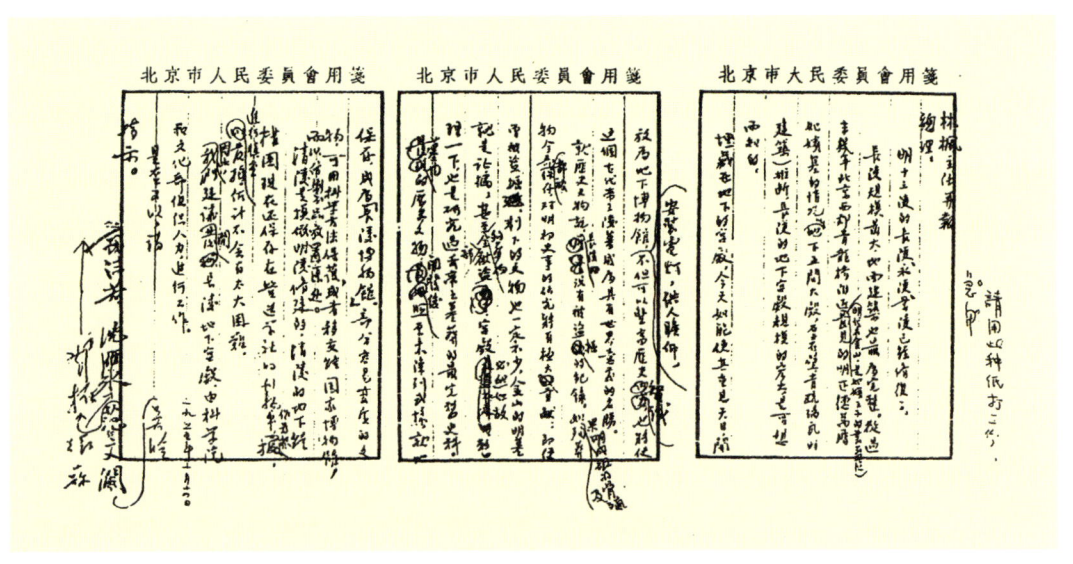

图 0.1.3 吴晗等上书国务院请示发掘明长陵手稿

鼎（中国科学院考古研究所副所长）、王冶秋（中央文化部文物局局长）、张季纯（北京市文化局局长）、刘仲华（北京市园林局局长）、吴晗（北京市副市长）等7人组成。负责草拟具体的开发计划。

二是鉴于长陵已经有600余年的历史，地层很可能起了变化，发生土壤淤积、顶部下陷，或流入地下水等现象。因此在正式开发之前，应该进行一次科学的勘测工作，了解目前地下实际状况。商定在发掘委员会的领导下，由中国科学院考古研究所、中央文化部文物局，各抽调两个有业务经验的干部，由北京市抽调一人，组成勘测小组，由北京市负责召集，组织人力，进行一次初步勘测。必要时，拟请中央有关业务部门协助进行，在年底提出勘测结果的书面报告。

三是根据勘测结果，和所掌握的资料，拟先在永陵进行部分试掘。因为永陵规模比长陵小，一部分地下门道已露出地表。深入了解永陵陵墓结构、地形和安全情况，取得经验，有利于拟定长陵开发的详细计划和编制概算。待经国务院批准后，再正式进行长陵的发掘工作。

四是今后发掘工作分工：业务技术领导工作由中国科学院和中央文化部负责。必要时可请一些历史、考古和建筑工程方面的专家协助，提供意见；行政、保卫、日常联系工作，以及劳动力的安排，均由北京市负责；勘测用款也暂由北京市垫支，待正式预算报请国务院核拨专款后，再行归还。

23日，吴晗将此意见报送给国务院秘书长习仲勋。并抄送中国科学院、中央文化部、北京市人民委员会，以及余心清、尹达、夏鼐、王冶秋、张季纯、刘仲华，和北京市副市长刘仁、张友渔、薛子正。

随后，长陵发掘委员会正式成立。并在委员会下设工作队进行发掘的实际工作。

1956年3月28日吴晗副市长代表中国科学院院长郭沫若召集有关部门会议，邀约了科学院秦力生、王崇武，考古所夏鼐、文化部陈滋德以及北京市文化局的负责同志，研究开发长陵的具体计划。

大家的意见是趁夏鼐同志在京期间，先开发定陵。因为"定陵已显露在外，有洞能入，虽规模较小，但与长陵比较，估计构造大体相同，能为开发长陵取得一些经验。俟取得经验后，再拟订开发长陵的具体计划"。

至此，试掘永陵的方案改为试掘定陵。吴晗于4月2日，将此意见写信给郭沫若，征求意见。

郭沫若同意吴晗的意见，还建议由吴晗负责长陵发掘的各项工作。他将意见上报给习仲勋。

4月11日，习仲勋致函吴晗副市长："你四月二日给郭老的信，他已转来我处。关于发掘明陵事，我请示了总理，他同意在步骤上先发掘定陵，然后再发掘长陵。发掘明陵的组织工作都由市文化局负责。现在郑振铎副部长兼考古所所长又不在京，所以有关发掘明陵工作会议的召集主持，总理和郭老的意见，还是由您担任为宜。"

同日，习仲勋回复郭沫若："关于发掘明陵事，我已请示了总理。他同意您的意见。我已函请吴晗副市长办理。"

4月13日，郭沫若致函吴晗："您给我的信，我转给了习仲勋秘书长，他并请示了总理，得到同意，是很愉快的。习秘书长已有信给您，要您负责处理，今后就可以放手做了。我望您趁早再召集文化部和科学院有关同志，商讨进一步的具体措施。"

由于吴晗在3月28日召开的会议中，曾指定北京市文化局文物调查研究组先行调查，选定试掘对象。所以北京市文化局文物调查研究组随即于3月30日派出干部3人前去陵区调查。他们在调查之后，提出了先行发掘献陵的意见。

他们的理由主要有如下四条：

第一，本次开发，以长陵为目标，从时间上看，献陵的营建年月距长陵最近，因此，陵墓内部的建筑结构当变化较小，如发掘献陵，可为长陵的发掘提供正确的材料。且仁宗统治年限短，陵墓不大，便于发掘。

第二，传言定陵已露出墓道，故有试掘定陵之议。但经查，虽然定陵宝城西南隅露有券门，但不像墓道，很可能是运土的券门。且神宗在位48年，统治时间最久，因之陵墓规模很大，不适于试掘。

第三，定陵距长陵较远，又隔一条河，夏季山洪暴发，常数日不能通行，所以试掘定陵不如献陵方便。

第四，献陵明楼、方城、围墙保存比较完整，发掘后，修复开放，所费不大。

4月13日，吴晗副市长邀集有关人员对文物调查研究组的意见进行了研究，决定由考古研究所夏鼐副所长、文化部文物局文物处陈滋德处长、市文化局文物组朱欣陶主任组成三人小组去陵区现场复勘，决定试掘对象。

4月14日，三人小组对献、定、庆三陵进行了调查，夏、陈二人基于调查情况提出：定陵封土围墙有现成缺口，可进行试掘，如不能顺利进行时再试掘献陵。

就这样，经过反复勘察研究比较，最终决定在长陵发掘之前，先对定陵进行试掘。

三、历时一年的定陵考古发掘过程

1956年5月，定陵发掘工作队进驻定陵，试掘工作正式启动。工作队的成员包括赵其昌、白万玉、于树功、刘精义、冼自强、曹国鉴、庞中威、李树兴、王杰9人。

由于在勘察定陵期间，曾发现宝城南侧外墙皮有几层砌砖塌落，里面有砖砌券门的迹象，所以，试掘工作开始后，首先在宝城墙内侧，正对发现有券门的位置挖了第一条探沟。探沟长20米，宽3.5米。在开挖探沟时，工作队在宝城墙内侧正对券门的条石上发现了"隧道门"三个刻字，接着又在宝城墙内侧其他地方的条石上先后发现了"金墙前皮""右道""宝城中""左道""大中"等刻字。这一探沟挖成后，宝城内侧露出了砖砌券门，即隧道门。同时还发现了与隧道门相连的"砖隧道"。（图0.3.1）

隧道门，由内外两道券洞组成。外券洞设于宝城城墙的下部，位当明楼的右侧，其外侧处于外罗城院内。拆通之前，该券洞的前后两面均像城墙其他部位那样垒砌城砖，不露门洞痕迹。其内部则为砖拱券结构，拱券洞长4.8米、高4.4米，宽3.8米，用砖封实。内券洞设于宝城墙内侧，其内侧为砖隧道，外侧与外券洞连成一体，其上部埋于封土之下。（图0.3.2—0.3.3）

隧道门在开始发掘时并未拆开，直到1958年9月修缮玄宫时，为运料方便才拆开。拆开后在外券洞内发现了一座小石碣，石碣上刻有纵列四行文字："宝城券门内石碣

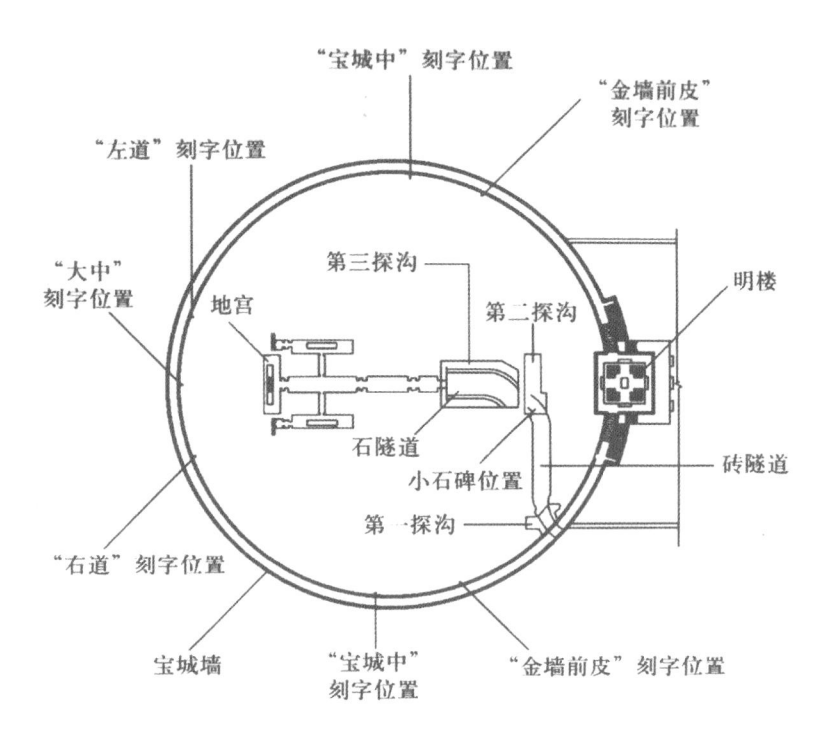

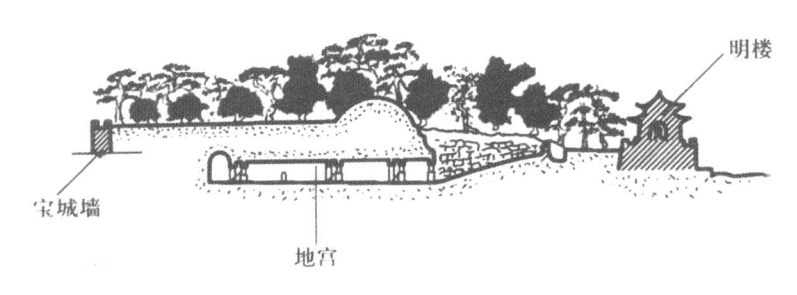

图 0.3.1 定陵发掘示意图

图 0.3.2 "隧道门"刻字拓片

图 0.3.3 定陵宝城隧道门内景

图 0.3.4 隧道门券洞内石碣刻字拓片

一座，城土衬往里一丈就是隧道，棕绳绳长三十四丈二尺是金刚墙前皮"。（图 0.3.4）显然，这座石碣同样是明朝时工部官员为帝后安葬开挖隧道所设，可惜的是发掘时，没有将此券门拆通，所以，石碣上的指示文字没有在发掘中利用。石碣上所说的棕绳则早已腐烂，未留下一点痕迹。

根据砖隧道走向略具弯度，有通向明楼之后，向宝顶方向延伸之势的情况，工作队为加快进度，减少出土量，并尽可能地少伐松柏古树，未沿砖隧道继续发掘，而是越过一段，在明楼之后正对着宝顶的方向挖了第二道探沟。

这条探沟宽 10 米，长 30 米，深 7.5 米。在这一探沟中，找到了砖隧道的尽端。

第一、第二两道探沟显示，砖隧道的走向，是从隧道门内侧开始延伸至明楼之后，然后朝着宝顶方向略呈弧形走向的。其尽端终止于一道略呈弧形，由四层城砖砌成的矮墙。隧道的宽度为 8—8.6 米，从隧道门至砖隧道终端，是由低向高，呈山坡状态的，所以隧道两侧的墙壁砌砖，也是由 31 层逐渐减少至 5 层。隧道的地面则是前段用鹅卵石、碎砖加黄土夯实夯平，下夯黄土；后段则全部用黄土夯筑。

另外，在砖隧道的尽端中心位置发现了一块刻有"此石至金刚墙前皮十六丈深三丈五尺" 16 字指路石。

这个指路石应该是当年明朝工部官员所置。因为定陵是神宗生前所建，建成后为防止雨水进入玄宫殿内，隧道必须用土填实封死。于是，为帝后安葬时开挖隧道方便，便在隧道内放置了这个指路石，帝后葬毕这个指路石仍被埋于土中。

根据这块指路石的记载，考古人员得知距离指路石十六丈，深三丈五尺的位置还有一道被称为"金刚墙"的墙体。所以，留开一段隔梁后，考古人员又向着宝顶方向挖了第三条探沟。

这道探沟宽10米，长15米。在这道探沟中发现了斜坡的石隧道。石隧道的起始处，位于前述砖隧道尽端的矮墙往里，其走向对着玄宫。其两侧墙壁，除接近金刚墙部分用城砖垒砌外，都用大块的花斑石石条砌成，而且是随着隧道的逐步加深，由一层最后递增至17层之多。花斑石石壁上留有一些墨迹如"四月二十六日张青耀""五军八营三司""神机九营七司王宣""山东胡西儿"等，应当是当年参加定陵营建采石的军民工匠或工程验收人员所书。

石隧道总长为40米，宽8米。其起始部分与砖隧道的末端并不衔接，也不恰好相对，但砖隧道尽端的矮墙中段有一缺口，明显是帝后梓宫奉安玄宫时所拆，所以，砖、石两隧道实应视为帝后梓宫所经的一条分为前后两段的玄宫主隧道。

石隧道的尽端是一道横砌的高墙，即金刚墙。金刚墙的墙基，由四层条石砌成。上面墙身由56层城墙垒砌，高8.8米。金刚墙的上部有出檐和黄琉璃瓦檐。墙身下面有呈"圭"字形上窄下宽开口，开口之内用23层砖坐灰砌死，但明显有向里错位的痕迹。这一情况的出现，应该是帝后棺椁安葬完毕后，虽以砖封砌，但由于砌砖灰浆还没有干透，所以在隧道内填土的挤压下，出现了向里错位这一情况。（图0.3.5）

指路石所记载的"金刚墙"的发现时间是1957年5月，正好是发掘工作进行一周年之际。

至此，玄宫入口终于被找到了，因为金刚墙的里面就是玄宫的石门了。

鉴于定陵的试掘工作已经进入了可

图0.3.5 定陵发掘第三探沟情况

以打开玄宫大门的阶段，吴晗副市长于6月6日又向国务院上报了关于增加发掘委员会委员及各组分工的请示意见。

6月17日，国务院下发通知，同意了吴晗副市长的意见，决定增加郭沫若、沈雁冰、张苏、齐燕铭、郑振铎、范文澜、邓拓7人为发掘委员会委员。

并同意将发掘委员会分设为三组：

第一组，负责总务、保卫、联系等项工作，由北京市文化局张季纯负责；

第二组，负责办理打开墓门后，清理地宫、整修和临时保管地宫文物工作，由中国科学院考古研究所夏鼐负责，北京市文化局协助；

第三组，负责地下博物馆的设计、布置、陈列工作，由文化部文物局王冶秋负责。

9月中旬，考古人员开始拆开金刚墙"圭"字形开口的砌砖。

然而，对金刚墙里面的情况，当时的考古人员还是充满迷茫的，他们不知道里面有没有古人设置的防盗设施，人进去会不会有什么危险。因为，在古代的文献里确实记载有墓葬设置机关防盗的情况。

例如，《史记·秦始皇本纪》记载："始皇初即位，穿治郦山。及并天下，天下徒送诣七十余万人，穿三泉，下铜而致椁，宫观百官奇器珍怪徙臧满之。令匠作机弩矢，有所穿近者，辄射之。"

《汉书·外戚传》记载，汉平帝元始五年（5），王莽下令发掘汉哀帝刘欣生母定陶王丁姬墓，结果墓中"火出炎四五丈，吏卒以水沃灭乃得入，烧燔椁中器物。"

民间甚至传言，墓中会有翻板，人进去踩上翻板就会掉下深涧中。

考古人员对这些说法虽然不一定都信，但出于谨慎和安全，还是让参与发掘的民工从附近村庄找来一条狗，想要从开口上面拆开的小洞，把狗放进去，看看有没有危险。可是，没有成功，狗根本不进去。后来又找了一只大公鸡，结果鸡一进黑洞马上飞出来。最后，考古人员还是腰系绳索，试探着进入金刚墙内。

结果发现，金刚墙里面，根本就没有什么暗箭和防盗机关。就是一个长宽各为7.9米，顶高7.3米，地铺石条的砖券室，砖券室的里侧是地宫前殿石门，它的作用实际上是保护地宫前殿石门的。

随后，地宫的各道石门相继打开，开始清理地宫出土的文物。1958年7月，清理工作基本结束，开始着手出土器物的整理。至此，定陵的试掘工作完成，整整进行了两年零两个月，用工两万余个。在发掘期间，为防止雨水的冲刷，曾在探沟之上搭盖了长60米，跨宽26米的大型保护席棚，为提高出土的工作效率，还采用了以柴油机带动卷扬机，在探沟内安装木塔，用吊斗吊运的方法出土。

定陵的试掘成功后，在地下沉睡了三百余年的地下宫殿终被打开了。它不仅为人们研究明陵的玄宫制度提供了可靠根据，也为人们了解神宗帝后的棺内情况及殉葬品的种类、数量、工艺价值、历史研究价值提供了最宝贵的实物资料。

四、宏伟神秘的地下宫殿

地下宫殿，在明代官方文献中称之为"玄宫"或"玄寝"。因为是皇帝、皇后梓宫（棺）及随葬品的奉安之处，所以自古以来就被视为陵寝建筑最核心的部分，也是最让人充满想象和最富于神秘色彩的部分。

定陵的地下宫殿由前殿、中殿、后殿、左配殿、右配殿五座石结构拱券式的大殿组成。并以中殿为中枢，通过门洞券或甬道将五座大殿通连成为一个整体。

其中，后殿，又称后室，为玄宫的主殿，在明代文献中又称之为"皇堂"或"玄堂"，是帝后棺椁的安葬之处。（图 0.4.1）

其平面作横向长方形。殿内面宽为 30.1 米，进深为 9.1 米，顶高 9.5 米。

顶部结构为横向的条石拱券，断面呈尖顶、两弧相交的"锅底券"形制。拱券石均纵联砌置，计 15 路。承托拱券的前后石壁自平水以下计由 10 层条石垒砌而成。左右两山各由 21 层石条垒成。每块条石厚 0.44 米，长 1.4—3 米不等。

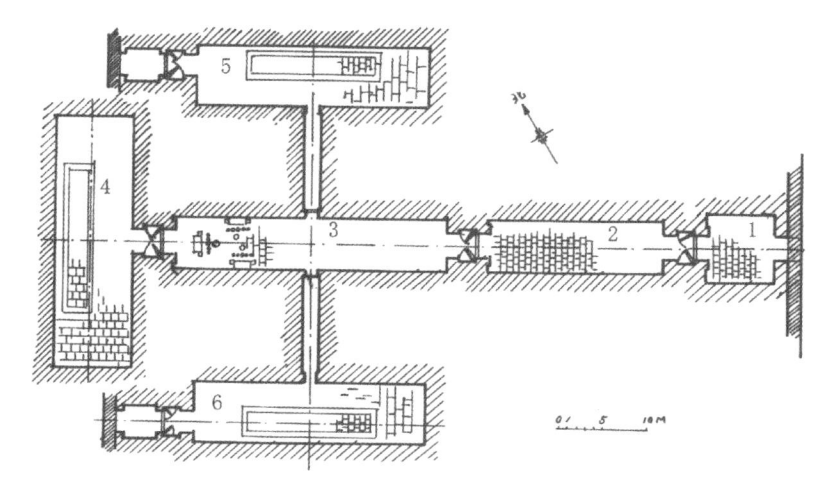

1. 隧道券　2. 前殿　3. 中殿　4. 后殿　5. 左配殿　6. 右配殿

图 0.4.1 定陵地宫平面图

室内地面铺砌着打磨平整的正方形花斑石石板，边长0.81米。里侧居中部位设有宝座（棺床），面宽17.5米，进深3.7米，高0.4米，后部距室壁0.97米。宝座之上铺砌花斑石同地面，周围以汉白玉石镶边，作须弥座形。宝座中央部位有左右长0.4米，前后宽0.2米的方孔，其内填黄土，是风水术中所讲的"金井"。

图0.4.2 定陵地宫后殿原状

帝后的棺椁及随葬器物箱安放在棺床之上。其中，神宗皇帝的棺椁居中，覆盖在金井之上；孝端、孝靖两后棺椁分置神宗棺椁的左右，孝端居左，孝靖居右。帝后随葬器物箱多置宝座两端，计有26只，表面均油饰朱漆。此外，三椁之间，还放有青花梅瓶，以及大块儿的玉料（浆水玉和菜玉）。宝座右侧偏后的地方放有孝靖皇后以皇贵妃礼埋葬时随葬的石质圹志及圹志盖，系从东井左侧原葬妃墓迁来。（图0.4.2）

中殿，又称中室，位于后殿之前。它处于前、后、左、右四殿之间，并有石门与四殿相通。室内平面作纵向长方形，面宽6米，进深32米，室顶高7.2米，为纵向的条石拱券结构。承托拱券的左右两壁自平水以下各高3.96米，由9层条石砌成。殿内地面铺砌细料方砖，边长0.668米。殿内的后部，后殿石门之前陈设着一帝二后的神座、五供和长明灯。（图0.4.3）

图0.4.3 定陵地宫中殿原状

前殿，又称前室，平面也是纵向长方形，顶高、面宽尺度及起券形式、地面铺砖均同中殿，不同的是进深为20米，且室内无任何陈设。但其地面与后殿、中殿一样，在刚刚打开时铺有一层黄松木板。板材的尺度一般在长3.9米、宽0.3

米、厚0.1米左右，是安葬帝后梓宫时保护地面用的。这前、中、后三殿，象征着帝后所居的乾清宫、交泰殿和坤宁宫。

左右配殿，又称左右室或侧穴，对称地设于中殿两侧。平面均作横向长方形，面宽各26米，进深各7米，顶高各7.4米，券顶制同前、中、后三殿，承托拱券的前后两壁自平水以下各高3.52米，由8层条石垒成。室内地面各铺青白石石板。由于地宫的左右配殿象征着妃嫔所居的东六宫和西六宫，所以，地宫两配殿的里侧也各设一座宝座（棺床），以象征妃嫔的安葬之处。两配殿宝座形制为白石须弥座镶边，长17.4米，宽3.7米，高0.4米。上部平铺方砖，中部各设一金井。由于明朝自从明英宗朱祁镇遗诏停止妃嫔殉葬后，妃嫔都另有葬地，所以，两配殿虽然都有棺床之设，但并没有神宗的妃嫔葬入，因此两配殿在打开时，殿内空无一物。

上述五殿都设有石门，总计七座。其中，前、中、后三殿之前位当中轴线之处各一座。这三座石门各于门洞券之前设有石刻的随墙式门楼，为冰盘檐、庑殿式的楼顶。瓦垄、吻兽雕刻精美，檐下有石匾额但无字。门垛下面有石刻须弥座，束腰刻玛瑙柱。门洞券内各设对开石门两扇，每扇门各高3.3米，宽1.7米，重约4吨，均为洁白无瑕的汉白玉石雕成，门扇上雕刻有乳状门钉（大部分与门扇一体雕成，只有个别的是刻好后嵌入门扇内），门钉纵横各9行，总计为81枚。门扇上还各刻有兽头纹饰的铺首衔环。（图0.4.4）

图0.4.4 定陵地宫石门上的铺首衔环和门钉雕饰

中殿左侧石门扇的背面有当时工匠用竹签蘸墨书写的"王忠下""陈洪""刘佐下""曾万叛""良叶下""王堂""王斌下""正学"等字迹。

石门扇形状的设计十分符合力学原理：门轴的一端较厚，0.4米左右，铺首一端较薄，约当门轴端的一半。由于门轴一端较厚，门轴随之加粗，因而可以承受更大的负荷；铺首一端较薄，则减轻了门扇的重量，门轴一端的受力因之减少，特别是门轴的下端采用半球形状，更使门轴下端的摩擦力减小，开关因之更加省力。

门扇的上部轴端穿在宽0.84米，厚0.3米的铜管扇内。管扇两端插在门洞券上部的石壁中，长度在3.6米以上。据明万燨《陵工纪事》所载，玄宫的铜管扇为"门之枢纽"，"冶造甚艰"，均由皇帝派遣的太监督造。

每座门内还各有顶门用的石条，明朝时称之为"自来石"。其中，前室石门的自来石上有当时人留下的墨笔楷文："玄宫七座门自来石俱未验。"（图 0.4.5）

左右两室各设石门两座：一座在室前通道内，与中室相通；另一座设于面朝玄宫后部的方向，通达室外。这四座石门，亦属对开门扇形制，但均无门楼装饰，门扇上也无门钉雕饰。其加工制作则均采用青石石料，各高 2.2 米，宽 0.9 米，上端亦各设铜管扇。

各门之内也设有顶门的自来石。

自来石既然在玄宫打开之前是从里面顶住石门的，那么，随之而来的便有两个问题需要加以说明：

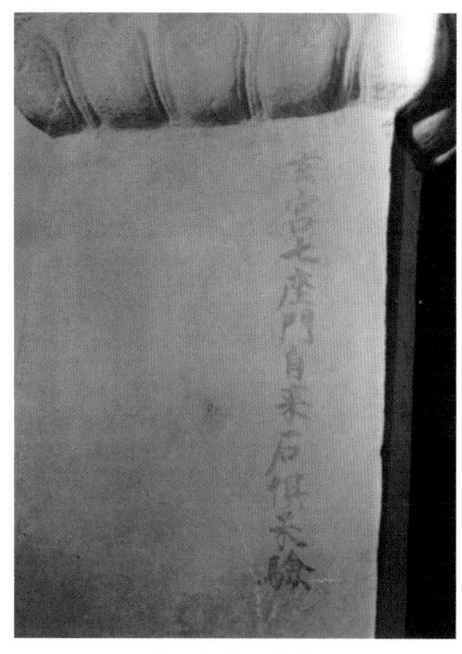

图 0.4.5 定陵地宫前殿自来石上的墨迹

其一，在玄宫发掘时，除帝后梓宫安放于后殿棺床之上外，并未发现各殿堂之内有其他人的尸体，这说明，帝后安葬时各殿室是没有人留在殿内的。那么，石门关闭后，自来石又是如何自行顶住石门呢？

其二，自来石是从门内顶住两个门扇的，这种顶门的方式在明代应不是孤例。那么，明朝时如果帝后不是同时入葬，后者入葬是怎样打开石门的呢？又，定陵考古发掘时打开石门的方法与明朝时一样吗？

我们只要认真分析一下自来石及石门的结构、放置方式，这两个问题就迎刃而解了。

原来，自来石的形状都呈上下两端略宽，中间腰部略窄的束腰状长条形的，这样不仅有了装饰的美，而且减轻了自来石的重量，更便于挪动搬移。与之相应的石门门扇的情况是：对开的两个石门扇的背面又都雕有突起的石坎，如果将自来石斜靠在两石坎之下，则自来石恰好顶住两扇石门，且自来石的顶端由于两石坎顶在其上，又不会因外力推动石门而上滑动。此外，门洞券地面的中部（正对门缝的地方）还开有一个与自来石底面大小相同的石槽。这样，自来石的下端因位处石槽内，也不会滑动。

由此我们可以推定，关闭石门时，人们只要按照如下步骤进行，就可以不在室内留人而顺利将石门关闭，并使自来石从里面将石门顶死。首先，应在室内预先将其中一扇石门关严，然后将另一扇石门推掩至门洞券地面石槽的内侧（与石门限相对的一侧），再将自来石的下端安放在石槽内，并竖起，使其上端靠在半掩的石门扇背后的石坎上。这时，关门人可以侧身从门缝钻出来，在石门外将未关严的这扇石门扇回拉关严，自来石便可在室内无人操作的情况下，随着半掩石门的关闭而顺势倾斜，其顶端从门扇背后的石坎之上逐渐下滑至石坎之下，将两扇石门全部顶牢。

古时候，人们能够从门外开启石门，也与石门的设计相关。因为对开的两扇石门关闭之后，两扇石门之间有大约3厘米的缝隙。这不是设计上的疏忽，而是为开启石门预留的。当时，人们开启石门用的工具名叫"拐钉钥匙"。据清朱孔阳《历代陵寝备考》记载，崇祯十七年（1644）安葬崇祯皇帝和皇后就是用这种工具打开地宫石门的，现无实物存世，文献也未对其样式做具体描述。但我们认为，这种工具一定是一件可以从门缝伸进去，前端像古代门钥匙那样设有卡钉的金属工具。而两卡钉之间的空隙应该正好能卡住自来石的顶部。这样，人们只要用拐钉钥匙卡住自来石的顶部，并将它推起立直，又不使其倾倒，就可以将其中一扇门推开至半掩位置。这时，人们可以从门缝进入殿内，移开自来石，两扇石门就可以顺利打开了。

定陵的发掘，据赵其昌、王岩所著《定陵》（即发掘报告）记载，当年考古人员是受"拐钉钥匙"的启示，用自制的拐钉钥匙打开地宫石门的。但20世纪50年代新闻电影制片厂拍摄的电影，中间的情景则是考古人员用铅丝套住自来石，然后用木板将自来石顶起的。这两种说法，略有不同。

地宫的另外两条隧道是左右配殿的隧道，即宝城墙内侧石条上刻写的"左道"和"右道"。其全程走向虽因未经全面发掘而不能详知，但从已发掘的局部情况看，其与左配殿、右配殿两殿相接的部分情况与主隧道和前室相接之处的做法却基本相同：第一，都有保护石门的砖券顶的券室；第二，两配殿的券室外侧都有横截于隧道末端的"金刚墙"。因此，左右两侧室都设有隧道应是毋庸置疑的事，否则两配殿与外侧相通的石门、砖券室和金刚墙之设便无意义。

五、帝后葬式与玄宫内的陪葬物

定陵发掘成功后，发现帝后的棺椁和殉葬品都是放在地宫的后殿中的。后殿的棺床上奉安的皇帝、皇后朱红色的棺椁糟朽严重。其中，神宗和孝端皇后的棺木残坏不太严重，孝靖后的棺木则腐朽严重。三椁之中，只有万历皇帝的椁保存略好，两位皇后的椁都腐朽得特别厉害。

棺材里面，都有铺叠有一层层的被褥，还有一些随葬器物和丝织匹料、衣物等。帝后尸体上的衣着情况是：神宗皇帝身着红色的刺绣十二章衮服，头戴乌纱翼善冠，腰系玉带，脚穿高筒靴；两位皇后都是头戴棕帽，上身穿夹袄，下身穿裙和裤，脚穿鞋袜。帝后尸体的肉体已经腐烂，但是骨架完好。

定陵出土的随葬物，除了长明灯、琉璃五供和神座放置在中殿外，其他的都出自后殿帝后棺内，和棺床上南北两侧的器物箱中。种类包括丝织匹料，帝后冠服、佩饰、金、银、玉、瓷等不同质地的宫廷器物，以及谥册、谥宝、圹志、明器、木俑等丧葬礼仪用品，据定陵发掘报告统计，不计钱币和纽扣总数为2648件。

这些随葬品，从大的类别看，它们有的属于皇宫内的实用物品，不仅出土数量多，而且是价值连城的工艺制品，其对明文化的诠释，有着文献不能替代的特殊研究意义；有的属于丧葬礼制用物，虽然不具有特殊的工艺价值，但却为人们研究明代的丧葬制度，特别是皇家的丧葬制度提供了绝好的实物资料。

第一章
帝后服饰与宫廷礼制

定陵出土的文物中，帝后服饰类不仅数量多，而且涉及的品类也比较多。《大明会典》所记载的皇帝、皇后服饰种类，除了皇帝的武弁服、燕弁服没有外，其余皇帝的冕服、皮弁服、常服，皇后的礼服、常服都有出土。它们与《大明会典》《明史·舆服志》的记载，既有相同之处，也有不同之处。甚至还出土了一些文献没有记载过的服饰。这些出土文物，为人们展现出了比文献记载更为生动、更为丰富多彩的明代帝后服饰的生动画卷。

一、皇帝冕服

冕服，是古帝王及身份显贵的大臣所服用的一种最高贵、最豪华、最复杂的礼服。它的起源非常久远。所以，古文献有"皇帝（黄帝）造冕垂旒"或"胡曹（黄帝时的大臣）作冕"的记载。到了周朝时，冕服制度发展到了极为完备的程度。《周礼·春官》记载，天子吉服有九种，其中六种属于冕服。当时，祀昊天上帝所服为大裘冕；享先王则服衮冕；享先公、宴宾客及与诸侯射则服鷩冕；祀四望山川则服毳冕；祭社稷，祀五谷之神、五色之帝则服绨冕；祭林泽坟衍四方百物则服玄冕。服用冕服的人，除了王（天子）外，还有公、侯、伯、子、男、孤、卿大夫等大臣。此后，历朝冕服在沿用古制的同时，又屡有变更。

明朝时，冕服只有一种，也被称为衮冕。《明史·舆服志》记载："洪武元年，学士陶安请制五冕。太祖曰：'此礼太繁。祭天地、宗庙，服衮冕。社稷等祀，服通天冠、绛纱袍[1]。余不用。'三年更定，正旦、冬至、圣节并服衮冕，祭社稷、先农、册拜，

---

[1]《明太祖实录》卷一一五记载，洪武十年（1377）十月丙午朔，新建社稷坛成。因此前礼部尚书张筹上言，将祭祀社稷坛列为中祀，"临祭之服，或具通天冠、绛纱袍，或以皮弁服行礼，制有未定……亦升为上祀，具冕服以祭。上是之"。此后，明朝的祭典，再没有出现过皇帝服用通天冠、绛纱袍的记载，说明此种服制此后已废止不行。

亦如之。"当时，只有皇帝、皇太子、亲王、郡王、世子有此种礼服。而臣子无论官职大小，都不得服用冕服。（图1.1.1）

大裘冕　　　　　　　　衮冕　　　　　　　　玄冕

鷩冕　　　　　　　　绨冕　　　　　　　　袞冕

图1.1.1 宋聂崇义《三礼图》中的古代六种冕服图

1. 明代礼制规定皇帝冕服的服用场合

《大明会典》卷八一《祭祀通例》中说："凡服，大祀冕服，中祀皮弁服。陪祀诸臣，各用本品梁冠祭服。"又说："国初，以郊、庙、社稷、先农，俱为大祀。后改先农及山川、帝王、孔子、旗纛为中祀。"此外，皇帝登极、大朝仪、万寿圣节、册拜等场合，皇帝也服冕服，以示尊严。

①祭天地

我国自古以来就有祭祀天地的礼俗，如传为周公旦所著《周礼·大司乐》就说过，冬日至，礼天神，夏日至，礼地祇。又说："凡乐……冬日至，于地上之圜丘奏之……则天神皆降，可得而礼矣。"又说："凡乐……夏日至，于泽中方丘奏之……则地示皆出，可得而礼矣。"在明代，"敬天法祖"成为君臣必须遵守的行事的最高准则。所以，祭祀天地被确定为明朝祭祀中的"大祀"。

为此，明朝建立之初，朱元璋就下令建圜丘于钟山之阳（南面），在冬至那天祭祀天神，即昊天上帝；又建方丘于钟山之阴（北面），在夏至之日，祭祀后天皇地祇。洪武二年（1369）开始，祭祀时奉仁祖淳皇帝（朱元璋父）配享。

洪武十年（1377），朱元璋认为。人君事天地犹事父母，不宜分处，遂定天地合祀之制。八月，令太师韩国公李善长督工，在圜丘旧址建坛，上建殿宇，名为"大祀殿"，又称"天地坛"。拟于每年正月的上辛日殿内行礼。因当时大祀殿工程尚未完成，洪武十一年（1378）正月的天地合祀大典，暂时在皇宫奉天殿举行祭典仪式。十月，大祀殿建成，朱元璋下令："每岁正月中旬，择日合祭，上具冕服行礼。"[1]洪武十二年（1379）正月，新建成的大祀殿正式启用，于殿内举行合祀天地的大典，仍以仁祖配享，而钟山北面的方丘遂废弃不用。

祭祀的仪程颇为复杂，按《大明会典》卷八一记载，祭祀之前二日，太常寺官先要具本奏闻，告知皇帝将要举行祭天仪式。第二天，要将礼部铸的铜人送上[2]，请皇帝制谕文武官员斋戒三日，不饮酒、不食葱蒜等味道浓重的膳食，不看病，不吊丧，不听乐，不理刑，不与妻妾同处。

此外，还要"告庙"，正祭前二日，在奉先殿，摆上酒果，诵读祝文，皇帝要告知配祀昊天上帝的祖先[3]，祭祀的时间。

还有"省牲"，不仅光禄寺官，要去牺牲所观看要屠宰的牺牛和洗涤器具，皇帝也要亲自去看，以示恭敬之礼。

祭坛的陈设，大祀殿内设三个主坛：一个是昊天上帝、一为皇地祇、一为仁祖配位。三坛祭品不仅各有牛犊、帛，还各有笾、豆、簠、簋等祭器盛放着鱼、枣、栗、榛、

---

[1]《明太祖实录》卷一二〇。
[2]《明史·礼志》："洪武三年（1370），谕礼部尚书陶凯曰：'人心操舍无常，必有所警，而后无所放。'乃命礼部铸铜人一，高尺有五寸，手执牙简，大祀则书致斋三日，中祀则书致斋二日于简上。"
[3] 洪武时期，以明太祖之父仁祖配享；洪熙元年，封太祖同配享；嘉靖九年，奉太祖、太宗同配享。

鹿脯、兔醢、白饼、黑饼、黍、粟、稻、粱等食品和粮食。另外还有共用的酒尊六件、爵九件。陈设的玉制礼器，昊天上帝和仁祖配位，均为一件苍璧，皇地祇则为黄琮。这也就是通常所说的"苍璧礼天，黄琮礼地"。

大祀殿的丹墀设有四分坛：大明、夜明各一坛，星辰二坛。此外还有由北岳、北镇、东岳、东镇、东海、太岁、帝王、山川、神祇、四渎组成的东十坛，和由北海、西岳、西镇、西海、中岳、中镇、风云雷雨、南岳、南镇、南海组成的西十坛。这些分祭坛的祭品比三主坛要略简单。（图1.1.2）

祭祀时，皇帝亲自祭祀三主坛，其余二十四分坛，则由官员分别行礼。

祭祀的仪式分为燔柴、迎神、奠帛、进俎、初献、亚献、终献、彻馔、送神、望燎十个仪程。仪式进行中，不仅皇帝要毕恭毕敬地跪拜行礼，还有神乐观的乐舞生演奏乐曲，以及文武舞蹈。

举行仪式之前，先是由典仪官宣唱：乐舞生就位，执事官各司其事，陪祀官、分献官各就位。随即，导引官导引皇帝来到皇帝的拜位前。内赞官奏：就位。所有参与祭祀者各就各位，等待仪式开始。

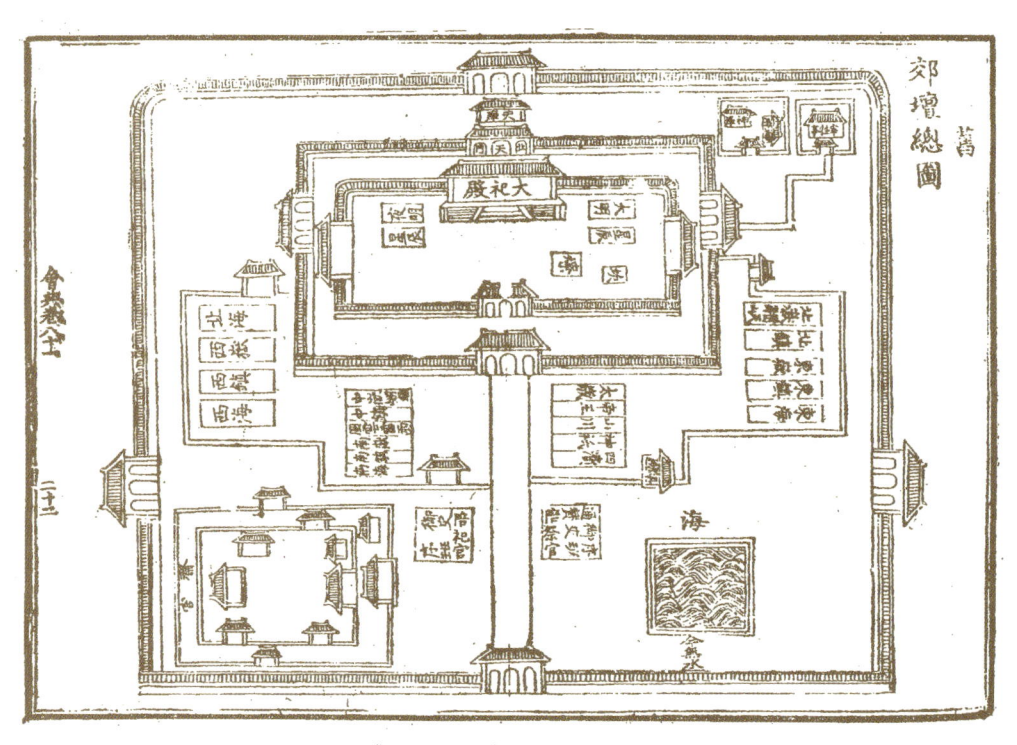

图1.1.2《大明会典》中的《旧郊坛总图》

燔柴，即对用于祭祀的犊牛进行烧烤[1]。典仪官唱：燔柴。开始燔烧犊牛。再唱：瘗毛血。执事人员将从犊牛身上弄下来的毛血瘗埋。

迎神，即迎接祭祀的神灵。典仪官唱：迎神。协律郎举麾，乐舞生乐奏"中和之曲"。其乐章为"荷蒙天地兮，君主华夷。钦承踊跃兮，备筵而祭。诚惶无已兮，寸衷微。仰瞻俯首兮，惟愿来期。想龙翔凤舞兮，庆云飞。必昭昭穆穆兮，降坛壝。"乐止，开始奠玉帛。

奠玉帛，即向神灵进献玉帛。内赞奏：四拜。皇帝四拜，百官一同四拜。典仪唱：奠玉帛。乐舞生乐奏"肃和之曲"。其乐章是："天垂风露兮，雨泽霈。黄壤氤氲兮，气化全。民勤畎亩兮，束帛鲜。臣当设宴兮，奉来前。"内赞奏：升坛。皇帝至昊天上帝祭坛前。再奏：搢圭。搢，是插的意思。也就是皇帝将手持的镇圭插在革带与大带之间。执事官将玉苍璧、帛跪进于皇帝的右侧，将玉、帛进献于昊天上帝的案上。内赞奏：出圭。皇帝将圭拿出，持圭至皇祇前。奏：搢圭，皇帝将圭插在革带与大带间。执事官以玉帛跪进于皇帝左侧，进献于皇地祇祭案上。内赞奏：出圭。皇帝将圭拿出，至仁祖祭坛前。奏：搢圭。皇帝将圭插在革带与大带间。执事官以玉帛跪进于皇帝右侧，将玉、帛进献于仁祖祭案上。奏：出圭、复位。皇帝将圭拔出，回至拜位前。乐止，接下来是"进俎"。

进俎，即进献供奉用的食馔。典仪唱：进俎。乐舞生乐奏"凝和之曲"。其乐章是"庖人兮，列鼎。肴羞兮，以成。方俎兮，再献。愿享兮，以歆。"斋郎舁馔至。内赞奏：升坛。皇帝依序先后至昊天上帝、皇祇、仁祖祭坛前，并分别重复有搢圭，进俎，出圭等步骤。奏：复位，乐止。接下来行"初献礼"。

初献，就是首次向神灵敬酒。典仪唱：行初献礼。乐舞生乐奏"寿和之曲，武功之舞[2]"。其乐章是："圣灵兮，皇皇。穆严兮，金床。臣今乐舞兮，景张。酒行初献兮，捧觞。"

内赞奏：升坛。皇帝至上帝祭坛前。奏搢圭，执事官以爵跪进于皇帝右，奏献爵，出圭。至皇祇前。奏搢圭，执事官以爵跪进于皇帝左。奏献爵，出圭，皇帝至读祝位。跪，开始读祝议程，奏乐停止。读祝官取祝文，跪于神位右，读祝文毕，乐作。祝文内容为：

---

[1] 洪武六年令，未刳净的犊牛，要放在器具中，置于燔炉之右。皇帝驾自天地坛斋宫来到坛场后，太和钟声鸣起，执事人员将炉内柴点燃，等候内赞"燔柴"，即以犊牛置其上，燔之。
[2] 武舞生舞，其特点是舞生左手执干（木制圭首盾牌），右手执戚（木制斧形）。

维洪武 年岁次 甲子正月 日，嗣天子臣（御名）敢昭告于昊天上帝、后土皇地祇：时维孟春，三阳开泰。敬率臣僚以玉、帛、牺齐、粢盛庶品，恭祀于大祀殿，备兹燎瘗。皇考仁祖淳皇帝配神尚享。

内赞奏：俯[1]、伏[2]、兴[3]、平身[4]。（百官同）。最后至仁祖祭坛前，奏搢圭，执事官以爵跪进于皇帝右，奏献爵、出圭、复位。乐止。接行"亚献礼"。

亚献，即第二次向神灵敬酒。典仪唱：行亚献礼。乐奏"豫和之曲，文德之舞[5]"。其乐章为："载斟兮，再将。百辟陪祀兮，具张。感圣情兮，无已。拜手稽首兮，愿享。"内赞奏：升坛。然后行礼献爵同初献礼。但不读祝文。

终献，即最后一次向神灵敬酒。典仪唱：行终献礼。乐奏"凝和之曲，文德之舞"。其乐章为："三献兮，乐舞扬。肴羞具纳兮，气蔼而芳。祥光朗朗兮，上下方。况日吉兮，时良。"。乐止，太常卿进，立殿西，东向，唱：赐福胙。内赞奏：诣饮福位、跪、搢圭。光禄司官以福酒跪进。奏饮福酒。光禄司官以胙跪进。奏：受胙。出圭，俯、伏、兴、平身。复位。奏四拜（百官同）。接下来，开始"撤馔"。

彻馔，即将祭品撤下。典仪唱：彻馔。乐奏"雍和之曲"。其乐章为："粗陈菲荐兮，神喜将。感圣心兮，何以忘。民福留兮，佳气昂。臣拜手兮，谢恩光。"执事官将各坛供品撤下，乐止。接下来举行"送神"仪式。

送神，即将神灵送回。典仪唱：送神。乐奏"安和之曲"。其乐章为："旌幢烨烨兮，云衢长。龙车凤辇兮，驾飞扬。遥瞻冉冉兮，上下方。必烝民兮，永康。"内赞奏：四拜（百官同）。乐止。接下来，开始"望燎"。

望燎，即站在那里恭敬地望着燔烧祝文、制帛，和掩埋饮福受胙后余下的供品。典仪唱：读祝官捧祝，进帛官捧帛，掌祭官捧馔，各诣燎、瘗位。奏乐，乐奏"时和之曲"。其乐章为："进罗列兮，燎瘗方。炬焰发兮，煌煌。神变化兮，束帛将。感至恩兮，无量。"执事官各执祝、帛、馔出。内赞奏：礼毕。至此，祭祀仪式结束。

分献官祭祀各坛也有仪注，有奠帛、初献、亚献、终献三献礼，以及彻馔、望燎

---

[1] 俯，跪下之后，身体前服。

[2] 伏，身体继续前倾，趴下去。

[3] 兴，直起上身。

[4] 平身，站起来。

[5] 文舞生舞，其特点是舞生左手执籥（yuè，竹管六孔乐器，执而不吹），右手执羽（木柄植雉羽）。

等仪式。不同的是，皇帝持圭，分献官则持笏；皇帝服衮冕，分献官以及其他陪祀官则服祭服。

永乐皇帝朱棣于永乐十八年（1420）迁都北京，继续遵照洪武时期所定的天地合祀制度，将天地坛建于正阳门的东南方（今北京外城南永定门大街东侧），作为祭祀天地的场所。

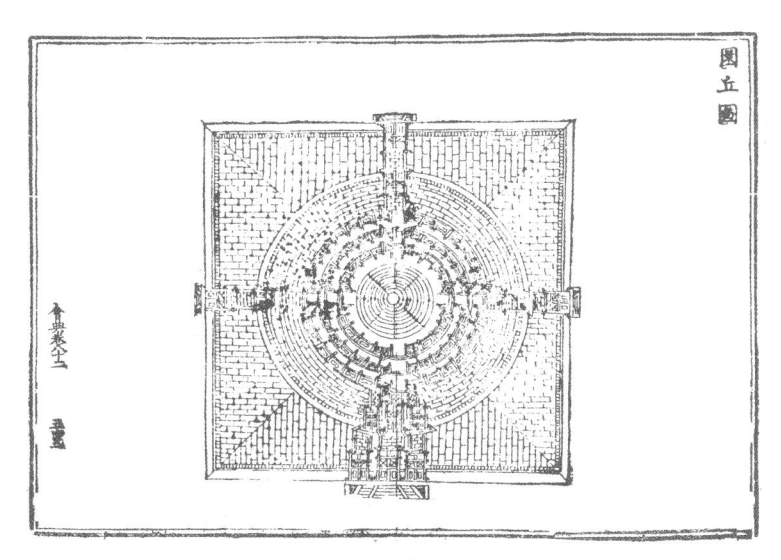

图 1.1.3《大明会典》中的《圜丘图》

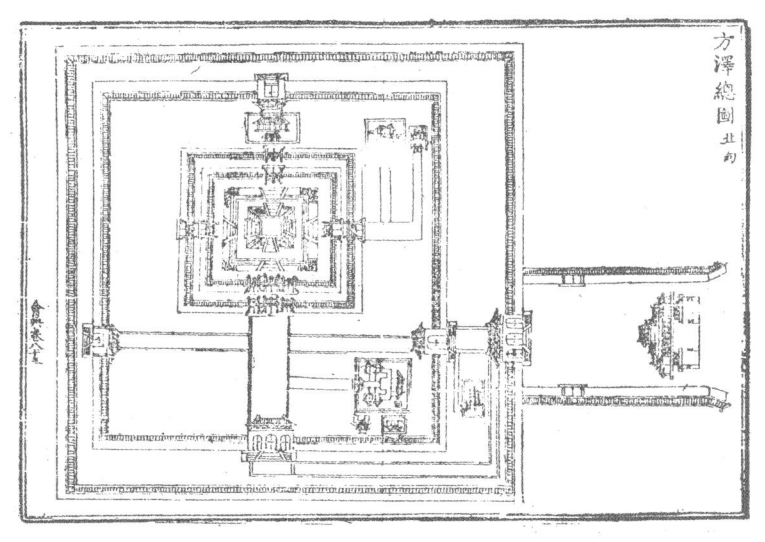

图 1.1.4《大明会典》中的《方泽总图》

嘉靖九年（1530），明世宗朱厚熜更定郊祀礼制，恢复洪武初制，改为天、地分祀制度，原天地坛，作为"圜丘坛"（亦称"天坛"），用于祭天；另于安定门外建造"方泽坛"（亦称"地坛"），用于祭地。

祭祀的时间，仍恢复为冬至日祭天，夏至日祭地。除此之外，嘉靖时期，还增加了一些与祭天相关的祀典。（图1.1.3—1.1.4）

②祭宗庙

明朝建立之初，在皇城东北修建了朱元璋四代先人的宗庙。其中，德祖（朱元璋高祖父朱百六，追谥玄皇帝）庙居中，然后依昭穆关系，懿祖（朱元璋曾祖父朱四九，追谥恒皇帝）庙位于德祖庙东面，熙祖（朱元璋祖父朱初一，追谥裕皇帝）庙位于德祖庙西面，仁祖（朱元璋父朱世珍，追谥淳皇帝）庙位于懿祖庙东面。

洪武八年（1375）五月，朱元璋认为四庙修建的位置不对，下令改建。他在躬祀后土、太岁等神的祝文中说："祖宗神室，旧建皇城东北，愚昧无知。始建之时未尝省察，是致地势少偏，兹度地阙左，以今日集材兴功，特告神知。其庙制按唐宋为：正殿，同堂异室，殿东西为两庑。殿之后为寝殿。前殿之前为正门，左右为角门，正门之前为灵星门。"[1]

洪武九年（1376）二月己亥，立太庙栋宇。十月，新太庙成。太庙的制度，按《大明会典》卷八六《庙祀一》的记载是，寝殿九间，藏四祖神主。其中室奉德祖神主，东一室奉懿祖神主，西一室奉熙祖神主，东二室奉仁祖神主，均为南向。各室之内，几、席、床榻、衾、褥、箱、架、帷幔、器皿等"皆如事生之仪"。

正殿为祭祀场所，时享祭祀时，只设四祖神座、衣冠，不奉神主。洪武十五年（1382），以孝慈皇后神主祔享太庙，其后皇后祔庙均仿此制。

建文即位，奉太祖主祔庙。正殿中太祖的神座按昭穆位次排在熙祖神座之右，东向。寝殿藏神主，太祖神主居西二室，南向。成祖迁都，建庙如南京制，也是建在了宫阙的左前方。

但是，到了嘉靖年间，宗庙制度又产生了变化。

《明史·礼志》记载，嘉靖十年（1531）九月，明世宗朱厚熜谕大学士李时等，以"宗庙之制，父子兄弟同处一堂，于礼非宜"为由，提出"太宗以下宜皆专庙，南向"。尚书夏言则提出异议："太庙两傍，隙地无几，宗庙重事，始谋宜慎。"意思是说，太

---

[1]《明太祖实录》卷一〇〇。

庙两旁没有多少空余地，宗庙这么大的事情，开始的谋划应该慎重才好，但夏言的意见没有得到世宗的回应。

于是，中允廖道南又上言说道："太宗以下宜各建特庙于两庑之地。有都宫以统庙，不必各为门垣。有夹室以藏主，不必更为寝庙。第使列圣各得全其尊，皇上躬行礼于太祖之庙，余遣亲臣代献，如古诸侯助祭之礼。"廖道南的意思，是利用左右配殿的地方，修建列圣的宗庙，列圣各有自己的庙，就都有了各自的尊崇地位。但列圣的宗庙不用再各自设置墙垣和庙门，也不用修建寝殿，把神主藏于夹室之内就行，因为列圣各庙都统归于太祖庙的范围内。皇上拜谒太庙时，可行礼于太祖庙，其他各庙可遣亲臣代替祭祀，就像古代诸侯帮助祭祀一样。

世宗非常赞同他的意见，让大臣们讨论。

但夏言等人则认为廖道南的意见不妥。他们认为，太庙地势有限，恐怕容不下众多宗庙。如果缩小规模，又不合古礼。而且，即使各庙建成，陛下遍历群庙，不仅体力达不到，而且时间也不容许。古代虽有宗伯代替王后进献的文献记载，但从来没有听说用臣子代替天子祭祀一个宗庙的。况且古诸侯多为同姓之臣，现在陪祀的执事官员，怎能比拟古代诸侯帮助祭祀呢？前朝大臣丘浚曾说，应该间隔一天祭一庙，历经十四天可祭祀一遍。这一说法，实在是太勉强了。如果认为九庙一堂，嫌于混同。我们请求皇上下令，在殿内用木材建造黄屋，就像庙庭之制一样，按庙数分置，黄屋里面再围上帷幄，这样，列圣的宗庙就有了专一的祭祀了。

然而，夏言等人的建议送上后，没有得到世宗的答复。

嘉靖十三年（1534）时，南京太庙发生了火灾。当时明世宗还是想要改建九庙。夏言因此上言说，京师宗庙，将复古制。而南京太庙马上遇到火灾，这难道不是皇天列祖的神灵在默许我们改建宗庙吗？！

嘉靖十四年（1535）二月，下令"尽撤故庙改建之。诸庙各为都宫，庙各有殿有寝。太祖庙寝后有祧庙，奉祧主藏焉。太庙门殿皆南向，群庙门东西向，内门殿寝皆南向"[1]。

嘉靖十五年（1536）十二月，新庙建成，命名其父庙名为睿宗献皇帝庙。

嘉靖二十年（1541）四月，新建成的太庙发生火灾。二十二年十月，考虑到原有庙基狭隘，下令重新规划。但大臣们三次上报规划意见，都不见回音。过了很久，世

---

[1] 清张廷玉等《明史·礼志》。

宗才下令恢复过去的同堂异室之制。宗庙制度至此最后确定下来。

嘉靖二十四年（1545）六月，礼部尚书费寀等以太庙安神，请定宗庙中列圣的位次。世宗说："既无昭穆，亦无世次，只序伦理。太祖居中，左四序成（成祖）、宣（宣宗）、宪（宪宗）、睿（睿宗），右四序仁（仁宗）、英（英宗）、孝（孝宗）、武（武宗），皆南向。"[1] 七月，以庙建礼成，百官表贺，诏告天下。"新庙仍在阙左，正殿九间，前两庑，南戟门。门左神库，右神厨。又南为庙门，门外东南宰牲亭，南神宫监，西庙街门。正殿后为寝殿，奉安列圣神主，又后为祧庙，藏祧主，皆南向。"[2]

宗庙的祭祀，主要有时享、祫祭、禘祭等不同的方式。

其中，最早作出规定的是"时享"祭祀。洪武元年（1368）定，时享的时间是每年四季的孟月，即孟春（正月）、孟夏（四月）、孟秋（七月）、孟冬（十月）。四孟的日期，孟春选择上旬的吉日，孟夏、孟秋、孟冬均用朔日（初一）。再加上岁暮（除夕）合称"五享"。洪武二年（1369）重定时享时间为，春以清明，夏以端午，秋以中元（七月十五日），冬以冬至。洪武三年（1370）又定，时享仍用四孟，孟春特享在各庙各具礼乐分别举行，其余三孟月，则三祖神主，合享于德祖庙内。（图 1.1.5）

但洪武九年新建太庙后，正殿举行的时享，则只陈设衣冠而不奉神主。洪武二十六年（1393）初，定时享祭祀仪式，不仅祭奠四祖，而且有亲王、功臣配享。祭祀的仪程，除了祭前的斋戒、省牲，礼同祭祀天地外，正式祭祀的仪程只有迎神、初献、亚献、终献、彻馔、还宫六个仪程。因此，宗庙的时享奏乐不同于祭天地的九奏，而是六奏。这六奏分别是：

迎神，奏中和之曲。乐章是"庆源发祥，世德惟崇。致我眇躬，开基建功。京都之内，亲庙在东。维我子孙，永怀祖宗。气体则同，呼吸相通。来格来崇，皇灵显融。"

初献，奏寿和之曲，武功之舞。乐章是："思皇先祖，耀灵于天。源衍庆流，繇高逮玄。玄孙受命，追远其先。明禋世崇，亿万斯年。"

亚献，奏豫和之曲，文德之舞。乐章是："对越至亲，俨然如生。其气昭明，感格在庭。如见其形，如闻其声。爱而敬之，发乎中情。其形如阒其声爱而敬之发乎中情。"

终献，奏熙和之曲。文德之舞。乐章是："承前人之德，化家为国。毋曰予小子，基命成绩。欲报其德，昊天罔极。殷勤三献，我心悦怿。"

彻馔，奏雍和之曲。其乐章是："乐奏仪肃，神其燕娱。告成于祖，亦佑皇妣。

---

[1] 清张廷玉等《明史·礼志》。
[2] 清张廷玉等《明史·礼志》。

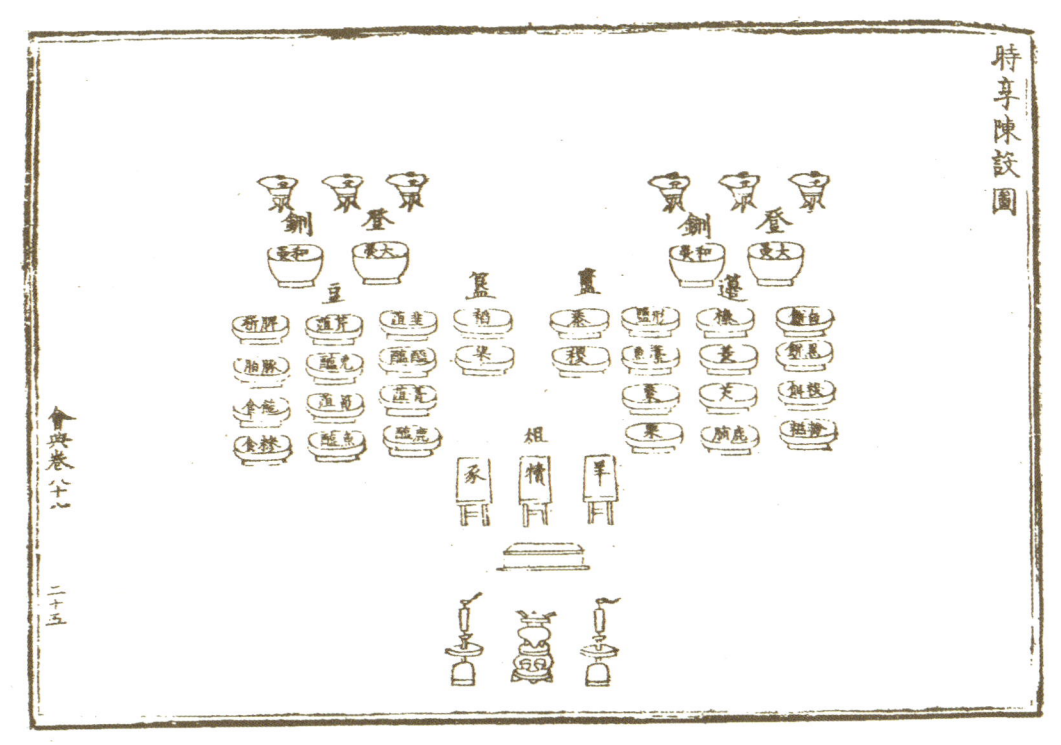

图 1.1.5《大明会典》中的《时享陈设图》

敬撤不迟,以终祀礼。祥光焕扬,锡以嘉祉。"

还宫,奏安和之曲。其乐章为:"显兮幽兮,神运无迹。鸾驭逍遥,安其所适。其灵在天,其主在室。子子孙孙,孝思无斁。"

皇帝行礼时,手执镇圭,也像祭天地那样,有跪拜行礼,搢圭、出圭、奠帛、读祝,饮福受胙等各个环节,但没有燔柴、奠玉、望燎等内容。

而嘉靖十年(1531)所定的孟春特享仪(时享之一),则另设有"捧主官",祭祀时,从太庙寝殿中将列圣神主奉安于正殿内,祭毕,仍捧至寝殿奉安,这与洪武时期的礼仪是不同的。

祫祭,是古代帝王合祭先祖的一种祭祀礼仪。按成化二十三年(1487)十一月,礼部尚书周洪谟的上言:"古有祫祭,谓合祧庙与未祧之主于太祖之庙而祭之。故为之祫,祫者,合也。"[1]

---

[1]《明孝宗实录》卷七。

《明太祖实录》卷三一记载，洪武元年三月丁未已经有"祫享太庙"之举。但因当时明朝的宗庙，还没有出现"奉祧"的情况，所以，所以，那次的祫祭其实只是时享的一种形式。

到了成化二十三年（1487），明宪宗朱见濡去世，当时太庙寝殿九室已满，为奉安宪宗神主，将懿祖神主暂时祧迁于德祖室内。《大明会典》记载："弘治初，既祧懿祖，始以其日奉祧主至太庙，行祫祭礼。"

嘉靖十五年（1536）复定庙飨制。立春特享，各出主于殿。立夏、立秋、立冬出太祖、成祖七宗主，飨太祖殿，为时祫。季冬中旬，卜日出四祖及太祖、成祖七宗主，飨太祖殿，为大祫。祭毕，各归主于其寝。十七年定大祫祝文，九庙帝后谥号俱全书，时祫止书某祖、某宗某皇帝。更定季冬大祫日，奉德、懿、熙、仁及太祖异室皆南向，成祖西向北上，仁宗以下七宗东西相向。礼三献，乐六奏，舞八佾。皇帝献德祖帝后，大臣十二人分献诸帝，内臣十二人分献诸后。二十年十一月，礼官议，岁暮大祫，当陈祧主，而景神殿隘，请暂祭四祖于后寝，用连几，陈笾豆，以便周旋。诏可。二十二年定时享。大祫，罢出主、上香、奠献等仪，临期捧衣冠出纳，太常及神宫监官奉行。二十四年罢季冬中旬大祫，并罢告祭，仍以岁除日行大祫，礼同时享。二十八年复告祭仪。穆宗即位，礼部以大行皇帝服制未除，请遵弘治十八年例，岁暮大祫、孟春时享两祭，皆遣官摄事。乐设而不作，帝即丧次致斋，陪祀官亦在二十七日之内，宜令暂免。从之。

禘祭，是古代帝王祭祀始祖及其祖先的宗庙祭祀礼仪。

洪武七年（1374），御史答禄与权上言："皇上受命七年，而禘祭未举。宜参酌古今，成一代之典。"诏下礼部、太常司、翰林院议，以为："虞、夏、商、周，世系明白，故禘礼可行。汉、唐以来，莫能明其始祖所出，当时所谓禘祭，不过祫已祧之祖而祭之，乃古之大祫，非禘也。宋神宗尝曰：'禘者，所以审谛祖之所自出。'是则莫知祖之所自出，禘礼不可行也。今国家追尊四庙，而始祖所自出者未有所考，则禘难遽行。"太祖是其议[1]。

嘉靖十年（1531），世宗命大学士张璁与夏言考证"禘祫"的含义。于是，夏言撰写《禘义》一篇献给世宗。文章的大意是：自汉朝以后，谱牒难考，要想像虞、夏朝禘黄帝，商、周朝禘帝喾那样有根有据，是做不到的。他认为，应该"推明古典，

---

[1] 清张廷玉等《明史·礼志》，又见《明太祖实录》卷九二，洪武七年八月辛酉。

采酌先儒精微之论","为虚位以祀。"[1] 世宗很赞同夏言的说法。

但中允廖道南却认为，朱氏应该是颛顼的后裔。他奏请以《太祖实录》为据，禘颛顼。于是，世宗又下诏，让礼部召集群臣讨论夏言、廖道南两人的说法谁对。

结果，大臣们对两说都不赞同。他们认为，"称虚位者，茫昧无据；尊颛顼者，世远难稽"[2]。他们提出，庙制既然确定太祖高皇帝的始祖之位，就应当禘德祖。

但世宗皇帝意主虚位，下令群臣再议。

夏言再次上疏，论及禘德祖不妥。他说，现在所定太祖为太庙中之始祖，并不是帝王所立始祖庙之始祖。世宗将夏言的奏章下发群臣看，于是，诸臣顺承皇帝的意见，请设虚位，以禘皇初祖。皇初祖的牌位面朝南，奉太祖配享，面向西。

礼部大臣因此上言建议，既然大祫每年举办，大禘请三年举行一次。随后，世宗亲自撰文祭告皇祖，并确定每逢丙、辛年举行一次。四月，礼部上《大禘仪注》。其内容包括，前期告庙，致斋三日，备香帛牲醴如时享仪，锦衣卫设仪卫，太常卿奉"皇初祖"神牌、太祖神位于太庙正殿等。禘祭至万历时期已停止不行。

③祭社稷

祭社稷，明朝时从京师，到藩王封国，再到各府、州、县都有。其中，明朝初年，皇家的社稷坛在宫城的西南方，名为太社稷。太社、太稷是分开祭祀的。古人认为，社祭的是五土之祇，稷祭的是五谷之神。所以，当时建坛的方式是太社在东，太稷在西，两坛都是北向，但在一个围墙范围内，即《大明会典》所说的"异坛同壝"。

洪武元年（1367），中书省提议，以春、秋二仲月的上戊日祭祀社稷。二月，明太祖亲自祭祀太社、太稷。太社以后土勾龙氏配享，朝向西方；太稷以后稷氏配享，朝向东方。帝服皮弁服，省牲；通天冠、绛纱袍，行三献礼。

洪武十年（1377），明太祖认为社、稷分祭，配祀不当，下令礼官讨论。礼部官员认为："'稷为五谷之长，稷生于土，则社与稷固不可分'。其宜合祭……请社稷共为一坛。"[3]

于是，将社稷坛改于午门之右，社稷共为一坛。并改勾龙、后稷的配享，为以仁祖配享。

原社稷之祀属于中祀，因仁祖配享，而升格为大祀。皇帝具冕服以祭。洪武十一

---

[1] 清张廷玉等《明史·礼志》。
[2] 清张廷玉等《明史·礼志》。
[3] 清张廷玉等《明史·礼志》。

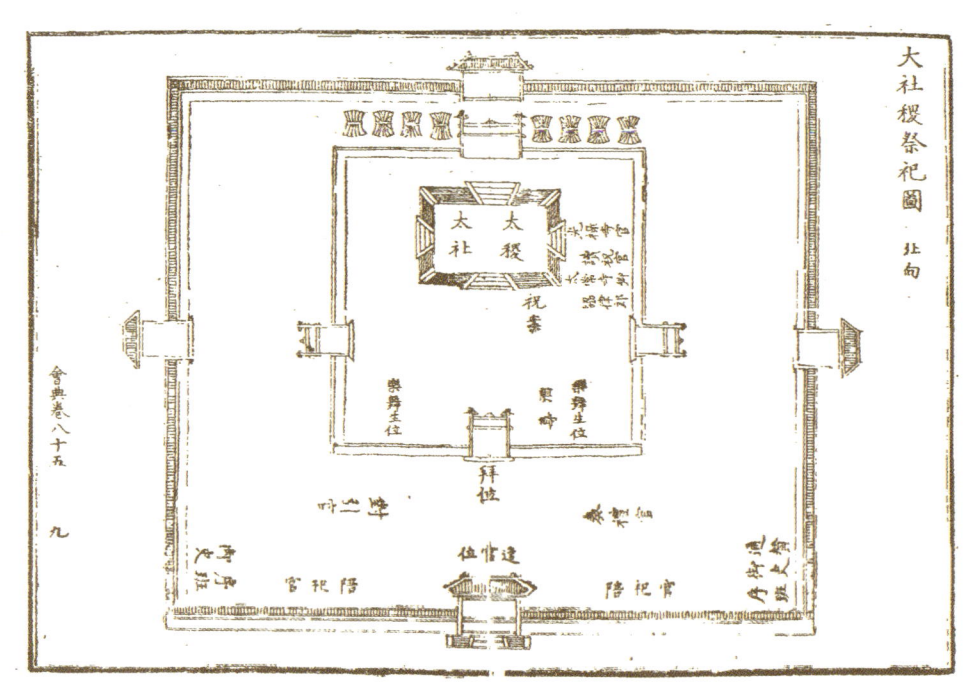

图1.1.6《大明会典》中的《大社稷祭祀图》

年（1378）春，祭祀社稷，按新定仪式，迎神、饮福、送神，凡十二拜。建文时，又奉太祖配享。（图1.1.6）

永乐迁都北京，建社稷坛制如南京。洪熙后，奉太祖、太宗共同配享。嘉靖九年（1530）世宗谕礼部："天地至尊，次则宗庙，又次则社稷。今奉祖配天，又奉祖配社，此礼官之失也。宜改从皇祖旧制，太社以勾龙配，太稷以后稷配。"于是，更正社稷坛配位礼，奉太祖、太宗二配位奉于太庙寝庙。

另外，嘉靖十年（1531），世宗下令在西苑豳风亭之西修建了帝社稷坛。东帝社，西帝稷，均为北向。开始名西苑土谷坛。后来世宗改名为帝社、帝稷。每年的仲春和仲秋的次戊日，皇帝具皮弁服躬行祈报礼。如果次戊日为该月十五望日，则改为上巳日。隆庆元年（1567），礼部言："帝社稷之名，自古所无，嫌于烦数，宜罢。"[1] 从此，取消了帝社稷坛的祭祀。

④祭先农

先农，是古代传说中最早教民农耕的神。洪武元年（1368），明太祖对大臣们说，

---

[1] 清张廷玉等《明史·礼志》。

来年春天，举行耤（jí）田礼。所谓的耤田礼，就是皇帝亲自耕田的一种仪式。于是，礼官钱用壬等上言："享先农与躬耕同日，礼无明文……至汉以耤田之日祀先农，而其礼始著。由晋至唐、宋相沿不废。政和间，命有司享先农，止行亲耕之礼。南渡后，复亲祀。元虽议耕耤，竟不亲行。其祀先农，命有司摄事。今议耕耤之日，皇帝躬祀先农，礼毕，躬耕耤田。以仲春择日行事。"[1]

礼部官员的意见，被明太祖采纳。洪武二年（1369）二月，明太祖命建先农坛于南郊。先农坛的南面紧邻皇帝亲耕的那块土地。先农坛的祭祀，是皇帝亲祭，并以后稷配享。祭祀的器物、祀仪都与祭社稷相同。祭祀完毕，行耕耤礼。

明太祖亲自手持耒[2]耜[3]两种农具，农具上套着青绢，驾御四头身披青衣的耕牛，到田地里劳作一下。耕耤礼完毕，明太祖来到临时设的大帐篷里休息。应天府尹及上元、江宁两县令，率领农民把田里的活全部干完。当天，在先农坛宴请百官及耆老。

洪武十年（1377）二月，遣官祭先农，命应天府官率农民耆老陪祀。二十一年（1388），明太祖命更定先农祭仪，不再设置配享神位。

永乐迁都北京，建先农坛于天坛之西，制如南京。坛有石阶九级，其西为瘗位，东为斋宫、銮驾库，东北为神仓，东南为具服殿。殿前为观耕之所。护坛地600亩，另有供黍、稷，及荐新品物地90余亩。每年仲春（二月）上戊日，由顺天府尹致祭。后来，凡遇皇帝登极之初，都要躬行耕耤礼，亲祭先农坛。

弘治元年（1488），明孝宗朱祐樘，定耕耤仪为：前期，百官致斋。顺天府官将耒、耜及农作物的种子进呈，内官仍捧出，由午门左面出来，放置彩舆内，鼓乐齐奏，送至耤田处所。到了祭祀先农坛那天，皇帝头戴翼善冠，身着黄袍，来到先农坛具服殿，换服衮冕，祭祀先农坛。

祭完之后，皇帝换服翼善冠、黄袍。在太常卿导引下来到耕耤田，面朝南站立。三公以下各就各位，户部尚书面向北跪进耒、耜，顺天府官面向北跪进鞭。皇帝持耒，三次正推，三次反推。完毕之后，户部尚书跪接耒、耜，顺天府官跪接鞭，太常卿奏请复位。顺天府尹挟青箱，将种子播入地中，然后用土掩埋好。随后，皇帝来到外门，朝南坐观三公五推，尚书九卿九推。太常卿奏：耕毕。皇帝回到具服殿，升座。顺天府尹率领两位县令，以及耆老人等行礼完毕，引上、中、下农夫各十人，执农器朝见，

---

[1] 清张廷玉等《明史·礼志》。
[2] 耒（lěi），一种像锸的农具。
[3] 耜（sì），一种像犁、铧、锹一类的农具。

让他们把田里的活干完。接着，百官行庆贺礼，赐百官酒馔。三品以上，在丹陛上东西两面坐，四品以下在台下坐，并宴劳耆老于坛旁。宴会结束，皇帝还宫，随驾大乐鼓吹振作，农夫每人赐布一匹。

嘉靖十年（1531），世宗朱厚熜认为其礼仪过于繁复，命礼部更定为迎神、送神只行二拜礼。祭前两天，顺天府尹将耒、耜、种子等放置彩舆中，送至耕耤处，并免去了百官庆贺。后来，又决定造耕根车装载耒、耜，由顺天府尹在祭日进呈，然后以耒、耜载车内，在皇帝乘坐的玉辂[1]前面行走。至于皇帝御门观耕，礼部认为，显得地位卑下，建议修建一座观耕台，以便皇帝在台上观看。礼部的这些意见，得到了世宗的同意。嘉靖十六年（1537）世宗下令，凡遇亲耕，则户部尚书先祭先农。皇帝至，只行三推礼。三十八年又下令免去亲耕礼，只遣官祭祀先农坛。

⑤皇帝登极仪

在明朝，皇帝登极举行大典时，亦服用衮冕服。

洪武元年（1368）正月初四日，明太祖朱元璋即位于南京。吴元年（1367）十二月，左丞相李善长等奉命拟定即位仪程：

> 即位日，先告祀天地。礼成，即帝位于南郊。丞相率百官以下及都民耆老，拜贺舞蹈，三呼万岁。随后，具卤簿导从，至太庙，奉上追尊四世册宝，告祀社稷。还宫，皇帝具衮冕，御奉天殿，百官上表祝贺。

《大明会典》卷四五，详细记载了明太祖登极的盛况：

> 圜丘告祭礼成，校尉设金椅于郊坛前之东，南向。设冕服案于金椅前，候望瘗毕。丞相诸大臣率百官于望瘗位跪奏曰：告祭礼成，请即皇帝位。群臣扶拥至金椅上坐。百官先排班，执事官举冕服案、宝案至前。丞相、诸大臣奉衮冕跪进置于案上。丞相等就取衮冕加于圣躬。
>
> 丞相等入班，通赞唱：排班。班齐，鞠躬，乐作。拜、兴、拜、兴、拜、兴、拜、兴，平身，乐止。百官拜兴如之。通赞唱：班首诣前，引礼引丞相至上位前，通赞唱：跪，搢笏。丞相跪，搢笏。承传唱：众官皆跪。百官跪。捧宝官开盝，

---

[1] 玉辂，皇帝乘坐的装饰华丽，用两头大象拉的车。

取玉宝[1]，跪授丞相。丞相捧宝上言：皇帝进登大位，臣等谨上御宝。尚宝卿受宝，收入盝内。通赞唱：就位。拜、兴、平身。百官拜、兴如之。通赞唱：复位。引礼官引丞相自西降复位。通赞唱：鞠躬，拜、兴、拜、兴、平身，搢笏，鞠躬，三舞蹈，跪左膝，三叩头，山呼、山呼、再山呼。跪右膝，出笏。赞俯、伏、兴、平身、鞠躬、拜、兴、拜、兴、拜、兴、拜、兴、平身。皇帝解严，通赞唱：卷班。百官退，礼毕。

具卤簿导从，诣太庙奉上册宝，追尊四代考妣。仍告祀社稷，还具衮冕御奉天殿，百官上表称贺。

前期，侍仪司设表案于丹墀中。内道之西北，设丞相以下百官拜位于内道上下之东西。每等异位重行，北面。捧表官、宣表官、展表官位于表案之西，东向。纠仪御史二人，位于表案之南，东西相向。宿卫镇抚二人位于东西陛下，护卫百户二十四人位于宿卫镇抚之南稍后。知班二人，位于文武官拜位之北，东西相向。通赞、赞礼二人，位于知班之北。通赞在西，赞礼在东。引文武班四人，位于文武官拜位之北稍后，皆东西相向。引殿前班二人，位于引武班之南。举表案二人，位于引武班之北。举殿上表案二人，位于西阶之下，东向。其丹陛上，设殿前班，指挥司官三员侍立，位于陛上之西，东向。宣徽院官三员侍立，位于陛上之东，西向。仪鸾司官位于殿中门之左右。护卫千户八人，位于殿东西门之左右，俱东西相向。鸣鞭四人，列于殿前班之南，北向。将军六人，位于殿门之左右。天武将军四人，位于陛上之四隅，皆东西相向。殿上尚宝司，设宝案于正中。侍仪司设表案于宝案之南。文官侍从班、起居注、给事中、殿中侍御史、尚宝卿位于殿上之东，西向。武官侍从班，悬刀指挥，位于殿上之西，东向。受表官位于文官侍从班之南，西向。内赞二人，位于受表官之南。卷帘将军二人，位于帘前，俱东西相向。

是日清晨，拱卫司陈设卤簿，列甲士于午门外之东西，列旗仗于奉天门外之东西，龙旗十二，分左右，用甲士十二人，北斗旗一、纛一居前，豹尾一居后，俱用甲士三人。虎豹各二，驯象六，分左右。左右布旗六十四：门旗，日旗，月旗，青龙、白虎旗，风、

---

[1] 宝，皇帝大印，或称"玉玺"。《明史》卷六八《皇帝宝玺》："明初宝玺十七。其大者曰'皇帝奉天之宝'，曰'皇帝之宝'，曰'皇帝行宝'，曰'皇帝信宝'，曰'天子之宝'，曰'天子行宝'，曰'天子信宝'，曰'制诰之宝'，曰'敕命之宝'，曰'广运之宝'，曰'皇帝尊亲之宝'，曰'皇帝亲亲之宝'，曰'敬天勤民之宝'；又有'御前之宝''表章经史之宝'及'钦文之玺'。"后成祖、世宗又有增加，总计达24方之多。

云、雷、雨、江、河、淮、济旗，天马、天禄、白泽、朱雀、玄武等旗，木、火、土、金、水五星，五岳旗，熊旗、鸾旗及二十八宿旗，各六行。每旗用甲士五人：一人执旗，四人执弓弩。设五辂于奉天门外：玉辂居中，左金辂，次革辂，右象辂，次木辂。俱并列丹墀左右，布黄麾仗、黄盖华盖、曲盖紫方伞、红方伞、雉扇、朱团扇、羽葆幢、豹尾、龙头竿、信旛、传教旛、告止旛、绛引旛、戟氅、戈氅、仪锽氅等各三行。丹陛左右陈幢节，响节，金节，灯笼，青龙、白虎幢，班剑，吾杖，立瓜，卧瓜，仪刀，铠杖，戟，骨朵，朱雀、玄武幢等各三行。殿门左右设圆盖一、金交椅、金脚踏、水盆、水罐、团黄扇、红扇，皆校尉擎执。侍仪舍人二人举表案入就殿上。

鼓初严[1]，百官具朝服。次严，各依品从齐班于午门外。以北为上，东西相向。通班赞礼，及宿卫镇抚等官入就位。诸侍卫官各服其器服，及尚宝卿、侍从官入。

鼓三严[2]，丞相以下文武官，以次入，各就位。皇帝衮冕升御座，大乐鼓吹振作。乐止，将军卷帘，尚宝卿以宝置于案。拱卫司鸣鞭，引班引文武百官入丹墀拜位，北面立。初行乐作，至位乐止。知班唱：班齐。赞礼唱：鞠躬，拜。乐作，四拜、兴、平身，乐止。捧表以下官，由殿西门入。内赞唱：进表。捧表官捧表，跪进于案前。受表官搢笏，跪于案东，受表置于案。出笏，兴，退立于殿内之西，东向。内赞唱：宣表。宣表官诣案前，搢笏，取表，跪宣于殿内之西。展表官搢笏，同跪。展宣讫，展表官出笏，一人以表复置于案。俱退立于位。宣表官俯、伏、兴同。捧表以下官出殿西门，降自西阶复位。赞礼唱：鞠躬。乐作，四拜，乐止。唱：搢笏、鞠躬、三舞蹈。唱：跪。唱：山呼。各拱手加额，呼万岁者三。乐工、军校齐声击鼓应之。唱：出笏，俯、伏、兴，乐作，四拜，贺毕。

遂遣官册皇后，册立皇太子。以即位诏告天下。

明仁宗朱高炽，永乐二十二年（1424）八月十五日的登极礼仪是，先期，司设监陈御座于奉天门。钦天监设定时鼓，尚宝司设宝案，教坊司设中和韶乐[3]，设而不作。

登极日一早，先遣官祭告天地、宗社。然后，皇帝具孝服，在永乐皇帝停灵的几筵殿祭告。登极仪式开始，鸣钟鼓，设卤簿。皇帝服衮冕，御奉天门。百官朝服，入午门。鸿胪寺导执事官行礼，请升御座。皇帝由中门出，升座，鸣鞭。百官上表，行礼，

---

1 鼓初严，第一次击鼓，以示戒严。
2 鼓三严，第三次击鼓，以示戒严。
3 中和韶乐，明清两代用于祭祀、朝会、宴会的皇家音乐。在古代被称为雅乐。其特点是，八音迭奏，玉振金声，融礼、乐、歌、舞为一体。

颁诏，均按规定礼仪。

宣宗以后，以皇太子身份登极者仪式没有大的变化。

正德十六年（1521）四月二十二日，明世宗朱厚熜入承大统，登极即位。先期，设行殿于宣武门外，设帷幄御座，备翼善冠服及卤簿大驾以候。至期，百官郊迎。驾入行殿，行四拜礼。明日，由大明门入。素服诣大行几筵谒告。毕，设香案奉天殿丹陛上。皇帝衮冕，行告天地礼。然后至奉先殿、奉慈殿谒告，至大行皇帝武宗停灵几筵殿祭告行礼。并至慈寿皇太后（武宗母）、庄肃皇后（武宗皇后）前各行礼，遂御华盖殿。百官朝服入。传旨免贺，五拜三稽首。鸿胪寺官请升殿，皇帝出御奉天殿。鸣鞭，赞拜，颁诏如制。

⑥ **大朝仪**

大朝仪，也称为大朝会。起源于汉代的正会礼，皇帝在朝会群臣，接受朝贺。夜漏未尽七刻，钟鸣受贺。公卿以下执贽来庭，二千石以上升殿，称万岁，然后宴飨。唐制，凡正旦、冬至、五月朔、千秋节，咸受朝贺。宋代仍继续沿用。

明太祖于洪武元年（1368）九月，定正旦朝会仪，与登极略相仿。其后屡诏更定，立为中制。凡正旦（正月初一）、冬至举行大朝仪。

前一日，尚宝司设御座于奉天殿，并宝案于御座东，香案于丹陛南。教坊司设中和韶乐于殿内东西两侧，均为北向。陈设的乐器包括：一麾、十二箫、十二笙、四排箫、十二横笛、四埙、四篪、十琴、四瑟、二编钟、二编磬、三应鼓、一柷、一敔、二搏拊。

第二天天明，锦衣卫陈卤簿、仪仗于丹陛及丹墀，设明扇于殿内，列车辂于丹墀。鸣鞭四人，左右北向。教坊司陈大乐于丹陛东西，北向。

陈设的乐器有一麾、二戏竹、十二箫、十二笙、十二笛、十二头管、八筑[1]、八琵琶、八二十弦、二方响、二鼓、八拍板、十二杖鼓。（图1.1.7—1.1.8）

仪礼司设同文（纹）玉、帛两案于丹陛之东。金吾卫设护卫官于殿内及丹陛，陈甲士于丹墀至午门外，锦衣卫设将军于丹陛至奉天门外，陈旗帜于奉天门外，俱东西列。典牧所陈仗马、犀、象于文、武楼南，东西向。司晨郎报时，位于内道东，近北。纠仪御史二人，位于丹墀北侧，内赞礼官二人，位于殿内，外赞礼官二人，位于丹墀北面，传制、宣表等官位于殿内，俱东西向。

鼓初严，百官朝服，列班于午门外。

---

[1] 古乐器，制如筝而七弦，有柱，以竹轧之。

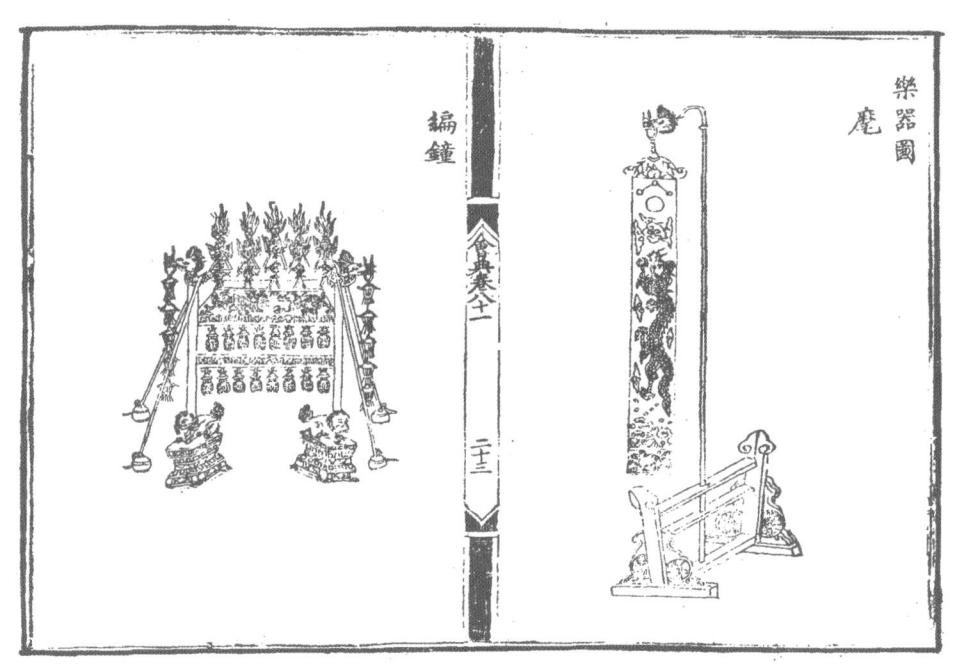

图 1.1.7《大明会典》中的《乐器图》

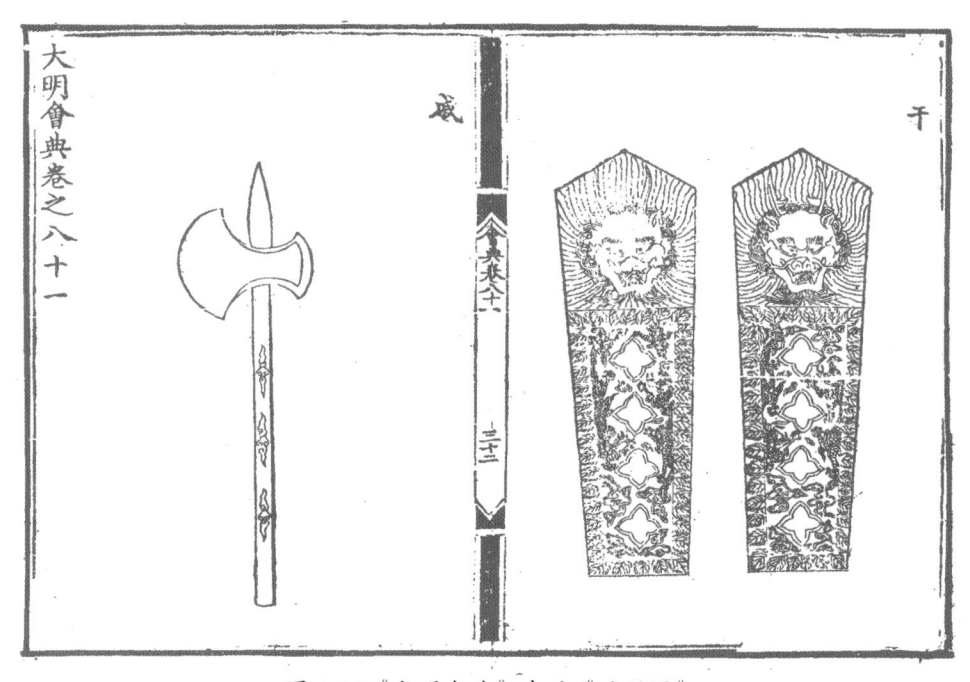

图 1.1.8《大明会典》中的《乐器图》

次严，由左、右两侧掖门进入，至丹墀东西两面，北向站立。

鼓三严，执事官至华盖殿，皇帝具衮冕服升座，钟声停止。

仪礼司奏：执事官行礼。赞五拜，毕。奏请升殿。皇帝从华盖殿出，将至奉天殿升宝座，中和韶乐奏起，乐奏"圣安之曲"。其乐章是："乾坤日月明，八方四海庆太平。龙楼凤阁中，扇开帘卷帝王兴。圣感天地灵保万寿，洪福增。祥光王气生，升宝座，永康宁。"尚宝司捧宝前行，导驾官前导，扇开帘卷，皇帝于奉天殿内升座，皇帝的大宝（玺印）放置于案上，乐止。

鸣鞭报时，对赞唱：排班。文武官员朝班列齐。赞礼唱：鞠躬。大乐作。乐奏"治安之曲"。其乐章为："忠良为股肱，昊天之德承主恩。森罗拱北辰，御炉香绕奉天门。江山社稷兴，安天下军与民。龙虎会风云，贺万寿圣明君。"

赞唱：四拜，兴。百官四拜，兴。乐止。典仪唱：进表。乐作。给事中二人，诣同文（纹）玉、帛案前，导引序班举案由东门入，置于殿中，乐止。内赞唱：宣表目。宣表目官跪下宣读，宣读完毕，跪、俯、伏、兴。唱：宣表。展表官取表，宣表官至帘前，外赞唱，众官皆跪。宣表官宣读完毕，内、外赞礼官皆唱：俯、伏、兴。众官俯、伏、兴。序班举表案于殿东，外赞唱：众官皆跪。代致词官跪丹陛中致词。

正旦的贺词是："具官臣某等，兹遇正旦，三阳开泰，万物咸新。恭惟皇帝陛下，膺乾纳祐，奉天永昌。"

冬至的贺词是："具官臣某等，兹遇冬至，律应黄钟，日当长至。恭惟皇帝陛下，膺乾纳祐，奉天永昌。"

贺毕，外赞唱：众官皆俯、伏、兴。乐作，四拜，兴。乐止。

传制官至御前跪奏传制，俯、伏、兴，由东门出，至丹陛，东向立，称：有制。赞礼唱：跪，宣制。传制官宣读皇帝给百官的制文：

正旦的制文是："履端之庆，与卿等同之。"

冬至的制文是："履长之庆，与卿等同之。"

赞礼唱：俯、伏、兴。乐止。赞礼唱：搢笏，鞠躬三，舞蹈。赞跪唱：山呼，百官拱手加额曰"万岁"；唱：山呼，曰"万岁"；唱：再山呼，曰"万万岁"。凡呼万岁，乐工、军校齐声应之。这时，大乐奏"万岁乐之曲"。

"万岁乐之曲"的乐章是："雨顺风调升平世，万万年山河社稷。八方四面干戈息，庆龙虎风云会。"

赞礼唱：出笏，俯、伏、兴。百官出笏，俯、伏、兴。乐作，奏"朝天子之曲"。

乐章是："圣德圣威，洪福齐天地。御阶前文武两班，齐摆列在丹墀内。舞蹈扬尘，山呼万岁，统山河，壮帝畿。"

紧接着，赞礼唱：四拜，兴。百官四拜，兴。乐止。

仪礼司奏：礼毕。中和韶乐大作，奏"安定之曲"。乐章是："九五飞圣龙，千邦万国敬依从。鸣鞭三下同，公卿环佩响叮咚，掌扇护御容。中和乐，音吕浓，翡翠锦绣拥。还华盖，赴龙宫。"

随后鸣鞭，皇帝起驾。尚宝官捧宝，导驾官前导，至华盖殿，乐止。百官以次出。

⑦ 万寿圣节

万寿圣节，又称"圣旦"，就是皇帝的生日。洪武二十六年（1393）定，其礼仪与正旦、冬至百官朝贺仪相同。不同的是贺词内容。万寿圣节的贺词为："恭惟皇帝陛下万寿令节（洪武三十年改'令节'为'圣节'），臣某等，诚欢诚忭，敬祝万万岁寿。"而皇帝则不再传制给群臣。

⑧ 册拜

册拜，就是指的皇帝册立皇后、妃嫔、皇太子、亲王、公主等仪式。其中，在册立皇后、皇太子、亲王的仪式上，皇帝服用衮冕服。

以皇后册立仪式为例，册立仪式举行的前一天，先要做好相应的准备工作。奉天殿内要陈设皇帝的御座，将皇后的册案和宝案陈设在御座之南，册案在东，宝案在西。为什么要设册宝案呢？

因为皇后的册立，要给皇后一个类似聘书一样的凭证，这就是"册"。皇后的册，由两片金片组成。每片按照周尺[1]长一尺二寸，宽五寸二分，厚二分五厘。上面用楷书镌刻册文。两片册页，其中一边打孔，用红色丝绦穿起来，就像书一样可以翻开。册页的背面装饰红锦，还有红锦小褥衬在下面，然后放在一个浑金沥粉蟠龙纹木匣内，匣外还有红罗销金包袱包裹。

皇后的宝，就是皇后的大印。也是用金制成，形制是龟钮和红色的绶带，印文刻的也是篆书。篆文为"皇后之宝"，皇后宝的尺度，依周尺为方五寸九分，厚一寸七分。宝池用金。宝箧二副，一置宝，一置宝池。每副三重：外箧用木，饰以浑金沥粉蟠龙，红纻丝衬里；中箧用金钑蟠龙；内小箧饰如外箧，内置宝座，四角雕蟠龙，饰以浑金。

---

[1] 周尺与明清营造尺之间的换算关系，前人说法各异。清孙承泽《春明梦余录》卷三九《礼部·律尺》在言及周尺与明代律尺关系时说："今之八寸，即古之一尺。"20世纪50年代金梁《天坛志略》认为"每一周尺，合清代工部营造尺的八寸一分"。

座上用锦褥，以销金红罗小夹袱裹宝，其箧外各用红罗销金大夹袱覆盖。临册之日，册宝俱置于红髹舆案，案顶有红罗沥水，用担床举之。

除此之外，还要事先安排掌节官、奉节官、承制官、宣制官、奉册官、奉宝官、典仪、赞礼、鸣鞭等官的位置，以及文武百官、侍卫等位置。

到了册立仪式举行那天，午门之外甲士、仪仗东西布列。龙亭、大乐等陈设于午门之南，等候迎送册宝到皇后的中宫——坤宁宫。

天刚亮的时候，第一次击鼓戒严，催班舍人就催促百官穿好朝服，导驾官、侍从官入宫迎接皇帝车驾。

第二次击鼓戒严，引班舍人引领文武百官进入侍立位置，引礼官引正使、副使具朝服来到丹墀内接受皇帝制文的位置，各个执事者都各就各位。

第三次击鼓戒严，侍仪奏：外办（警卫宫禁）。御用监奏请皇帝服衮冕，御舆以出。尚宝卿前导，侍从警跸出如常仪。皇帝将出乾清宫，仪仗先动，大乐鼓吹振作。至奉天殿升御座，乐止。尚宝卿以宝置于案，卷帘鸣鞭，报时鸡唱讫，礼部官捧册、宝各置于案。奉节官、奉制官、奉册官、奉宝官及掌节者，各入就殿上位置，面向西立定。举册、宝案四人进入，立于奉册、奉宝官之后。典仪唱：鞠躬。乐作，百官四拜，平身。乐止。承制官进至御座前，跪下奏请发给皇后册、宝。承制请示完毕，由奉天殿中门出，从中间的阶陛下来，来到宣读制文位置。称：有制。典仪唱：跪。正使、副使跪。承制官宣制说：册妃某氏为皇后。命卿等持节展礼。宣读完毕，由奉天殿西门入，恢复原位。赞礼唱：俯、伏、兴。奉册、奉宝官率执事者，举册、宝案由中门出，从中陛走下来。奉节官率掌节者，前导至正使、副使接受册、宝褥位，以案置于褥位之北，册案在东，宝案在西。掌节者脱下节衣，以节授奉节官。奉节官搢笏，受节，以授册使。册使搢笏跪受，以授掌节者。掌节者跪受，兴，立于册使之左。奉节官出笏，退下。引礼官引导册使至受册褥位立定，奉册官搢笏，从案上取册授给册使，册使搢笏，跪下受册，再放置案上。奉册官及册使，均出笏退至原位。接下来，引礼官引副使至接受宝褥位，奉宝官搢笏，就案取宝，以授副使。副使搢笏，跪受宝。兴，复置于案。副使及奉宝官均出笏退复位。典仪唱：鞠躬。乐作，四拜、兴、平身。乐止。引礼引册使押册，副使押宝，掌节者前导，举案者随其后。

刚刚行进时，乐作。出奉天门，乐止。掌节者加节衣，奉册宝官皆搢笏，诣案取册、宝，安置龙亭中。奉册、宝官退，执事者举案退。仪仗、大乐，迎龙亭以行。执节者行于龙亭之前，正使、副使行于龙亭之后，迎送至中宫（坤宁宫）门外。

此前，册、宝将出奉天殿门，侍仪跪奏：礼毕。皇帝兴，乐作。皇帝还宫，乐止。引班引文武官以次出皇宫。

随后，皇后还要在坤宁宫举行受册和受贺的仪式。所谓受册，就是接受正使、副使押送来的册宝；受贺，就是接受内外命妇的祝贺。再后，皇帝还要奉天殿接受百官的上表称贺。皇帝、皇后还要拜谒宗庙，告知祖先。

⑨上皇太后尊号仪

明朝制度，皇帝登极，则奉母后或母妃为皇太后。因此，需要为母后或母妃上皇太后的尊号。其后，遇到庆典，还要推崇皇太后，给皇太后加上二字或四字，称为"徽号"。上徽号，则需要致词，上尊号，则只进册、宝。

例如，洪熙元年（1425）六月庚午，宣宗朱瞻基即皇帝位，七月乙亥，尊母后张氏为皇太后。其上尊号仪式如下：

前期，太常寺官员具奏致斋三日，遣官祭告天地、宗庙、社稷。宣宗亲告太宗皇帝（成祖）几筵、大行皇帝（仁宗）几筵。

礼部移文各衙门。是日，鸣钟鼓，百官具朝服随班行礼。前一日，内侍官于奉天门设册、宝彩舆，册东，宝西。设香亭一，于册宝彩舆之南正中。教坊司设中和韶乐及大乐，设而不作。

是日早，锦衣卫陈设如常仪。内官设皇太后宝座于宫中，陈设仪仗于丹陛及丹墀内。设册宝案一，于皇太后宝座前。又设香案一，于册宝案前。设皇帝拜位于丹陛上正中。设亲王拜位于丹墀内，设内赞二人、引礼二人，设女乐于丹陛上，设而不作。

至期，皇帝临奉天门内，捧册、宝官捧册、宝，俟皇帝具冕服出，捧置于彩舆。内侍官举舆，导驾官导引皇帝随彩舆后，降阶陛辂。百官于金水桥南，北向序立，俟册宝舆至，皆跪。既过，兴。随至思善门外桥南，北向序立。皇帝至思善门内，降辂。女官请皇太后陞座。册、宝舆由中门进至宫中丹陛上，置于皇帝皇帝拜位前，册东、宝西。内引礼官导引皇帝由左门入至丹陛上右边，北向立。内赞唱：执事官各司其事。引礼官导引皇帝至拜位。亲王各具冕服就拜位。奏：四拜。传唱、鸿胪寺赞、百官皆四拜。毕，捧册、宝官于彩舆内取册、宝，捧由殿中门入至皇太后前，左边立。皇帝由殿左门入至拜位，奏：跪。传唱：亲王百官皆跪。奏：搢圭，进册。捧册官以册跪进于皇帝右。皇帝受册，献讫，以授执事官。执事官跪受，置于案上之左。奏：进宝。捧宝官以宝跪进于皇帝右，皇帝受宝，献讫，以授执事官。执事官跪受，置于案上之右。奏：出圭。奏：宣册。执事官跪，宣读讫。奏：宣宝。执事官跪，宣读讫。奏：俯、伏、兴、平身。传唱同。奏：复位。导引皇帝由左门出，至拜位。奏：四拜。亲王同传唱，百官同四拜。毕，奏：礼毕。驾兴。

是日，皇太后受册、宝毕，候皇后、皇妃俱受册宝毕，内官先具谒告仪物，翰林院具谒谢文。皇太后、皇帝、皇后、皇妃各具服讫。皇帝奉皇太后，及率皇后、皇妃祗谒奉先殿，及诣太宗文皇帝几筵、大行皇帝几筵前，行谒谢礼如常仪。

皇太后行谒谢礼毕，仍于宫中服燕居冠服，升座，仪仗、女乐如前陈设。女官具服，侍班如常仪。内引礼官引皇帝、皇后、皇妃、亲王、公主及六尚等女官，行庆贺礼如常仪。次日，外命妇四品以上入进表笺。女官先于皇太后宫中左门外，设表笺案。仪仗、女乐陈设，及侍班如前仪。命妇是日早，于长安左、右门入，由西华门进至宫门外，候引礼内官引入丹墀内，东西相向立。皇太后服燕居冠服升座。引礼官引命妇入班，赞四拜，赞跪，赞进表。引表案女官二人前导，女官举表案，由左门入至皇太后前。置讫，赞兴，赞四拜，赞礼毕，驾兴。

太皇太后的上尊号仪与皇太后上尊号仪式相同。皇太后的上徽号仪式，则有致词。致词官在仪式中跪奏于皇帝左面，代皇帝诵读致词："嗣皇帝臣　，伏惟皇太后陛下，功德兼隆，显崇徽号，永膺福寿，率土同欢。"

另外，皇太后上徽号因为不在已故皇帝的丧礼期间，所以，教坊司所设中和韶乐和大乐，并不是"设而不作"，而是随着仪式的进行，按部就班地进行演奏。

⑩进书仪

《明实录》，是记述明朝皇帝一生事迹的官修史书。明朝制度，每一位皇帝去世，新皇帝即位后，都要派遣重臣主持编纂前朝皇帝的《实录》。例如，《明神宗实录》就是万历皇帝之孙明熹宗朱由校下令纂修的。太子太保、礼部尚书兼文渊阁大学士周如磐担任《神宗实录》的总裁官；南京礼部右侍郎林欲楫，南京翰林院掌院事、太子宾客、礼部右侍郎成基命，少詹事曾楚卿任《神宗实录》副总裁官。

明朝的列圣《实录》，在皇家是被视作"万世信史"的，因此，其编纂完成后进呈皇帝的仪式，就成了"进书仪"中最重要、最隆重的进书仪式。

《大明会典》卷七四《礼部·进书仪》："进书仪惟《实录》最重。上具衮冕，百官朝服进表称贺。其余纂修书成，则以表进，重录书及《玉牒》止捧进。"

如，永乐元年（1403）永乐皇帝定《明太祖实录》进书仪：

前一日，设香案于奉天殿丹陛之东，锦衣卫设卤簿驾、教坊司设中和韶乐及大乐如常仪，设宝舆于奉天门。

是日早，史官捧《实录》置其中。上御华盖殿，具衮冕。鸿胪寺官奏：执事官行礼。赞五拜。奏请升殿，导驾官前导，乐作。上御奉天殿，乐止。文武官各具朝服，诣丹墀分左右侍班。鸿胪寺官导引宝舆至丹陛上，史官举《实录》置于案。史官入班，鸿胪寺官奏：进《实录》。序班举《实录》案，以次由殿中门入，班首由左门入。上兴。序班以《实录》案置于殿中。班首跪于案前，赞、史官皆跪。序班并内侍官举《实录》案入谨身殿，置于中。上复座，赞俯、伏。班首俯、伏、兴，复位。赞四拜，赞进表。序班举表案由左门入，置于殿中。赞宣表，赞、众官皆跪。宣讫，赞俯、伏、兴。赞四拜、兴。进《实录》官退于东班侍立。文武百官入班，鸿胪寺官奏："某官臣某，同文武百官，恭遇《太祖圣神文武钦明启运俊德成功统天大孝高皇帝、孝慈昭宪至仁文德承天顺圣高皇后实录》纂成，群臣欢忭，礼当庆贺。"

宣讫，各官四拜，兴。赞：有制。史官仍入班。赞跪宣云："太祖圣神文武钦明启运俊德成功统天大孝高皇帝、孝慈昭宪至仁文德承天顺圣高皇后，功德光华，纂述详实。朕心欢庆，与卿等同之。"

宣讫，俯、伏、兴。三舞蹈，山呼。又四拜，礼毕。

嘉靖十五年（1536），嘉靖皇帝下令将太祖高皇帝训、录，列圣训、录，尊藏于皇史宬金柜内，"不掩，恭候上亲临阅视，阖固"。

⑪皇帝冠礼

《大明会典》卷六三《礼部·冠礼》："按冠礼，天子止一加，用衮冕。太尉设缅[1]，太师受冕。太子、皇孙年十二或十五，始冠。天子自为主，择三公、太常为宾、赞。凡三加冠、一祝醴。成化间，始定祝词、醮词。"

据洪武三年（1370）所定皇帝冠礼，分三次逐次加冠。

先在三大殿最后的大殿谨身殿内，在御用监的奏请下，皇帝服空顶帻，双童髻、双玉导，绛纱袍。然后，仪仗出动，奏乐，在太常寺博士的引导下，乘舆至三大殿最前面的大殿奉天殿。

在奉天殿内，侍仪跪奏请"加元服"。元服，就是冕服。因为冕加于首（头），首

---

[1] 缅（xī），束发的帛。

称为"元",所以冕服也称为"元服"。然后,太尉进至皇帝席前稍右,跪下来把笏板插入腰间,把皇帝的空顶帻脱下来,交给内使。内使将空顶帻放入栉箱内。

这时,太师进至御前,北向立。内使监令内使从案上取冕,立于太师左面。太师读祝文:

令月吉日,始加元服。寿考维祺,以介景福。

内使捧冕跪授太师,太师插笏,跪下接过冕,为皇帝戴上,并系好簪缨。然后,皇帝将衮服穿好。

太师再进至御前,北向立。光禄卿奉酒进授太师。太师插笏,受酒。至御前诵读祝文:

甘醴维厚,嘉荐令芳。承天之休,寿考不忘。

读完祝文,太师跪下将酒授予内使,内使捧酒送给皇帝。皇帝受酒,默祭片刻,将酒啐出。将空盏交给内使,内使交太师,太师交光禄卿。

然后,百官插笏,鞠躬,三舞蹈,跪下,以手加额,山呼"万岁""万岁""万万岁"。拿出笏板,行四拜礼,俯、伏、兴、平身,乐止。

最后,百官退出。皇帝改服通天冠、绛纱袍,入宫拜谒皇太后,并择日拜谒太庙。第二天,百官具公服称贺。皇帝赐宴于谨身殿。冠礼结束。

⑫ 皇子诞生仪

据《大明会典》卷四九《礼部·皇子诞生仪》记载,嘉靖十五年(1536)定,皇子出生三日,皇帝亲至南郊(天坛),同日,祭告奉先殿、崇先殿。遣官分告方泽、朝日、夕月、太社稷、帝社稷、天神、地祇。次日,皇帝御奉天门,文武百官吉服称贺。并择日颁诏天下。

万历十年(1582)更定,皇子出生三日,遣官祭告南北郊、太庙、社稷坛。是日,皇帝具衮冕服,御皇极殿。文武百官及天下诸司进表。官员各具朝服,鸿胪寺官致词称贺,其余礼仪不变。

2.明代冕服的规定制式

明代的冕服制度，始自洪武时期，此后永乐、嘉靖时期又有不同程度的变革。万历时期所修订的《大明会典》记载了其变革的时间和内容。所以，《大明会典》卷六十记载："国朝上下冠服，皆损益前代之制，具载《大明集礼》及《职掌》。嘉靖初，又厘正衮冕及朝祭等服。"

①洪武十六年（1383）定皇帝冕服制度

早在朱元璋定鼎金陵，在南京祭祀天地，举行登极大典时，朱元璋就已经身穿衮冕服行礼了，《明太祖实录》记载了仪式举行的完整过程。但因处开国之初，百业待兴，还没有一套完整的服饰制度颁行。直到洪武十六年（1383）才有了明确的制度规定。按《大明会典》所记当时的制度规定是："冕，前圆后方，玄表纁[1]里，前后十二旒；每旒五采玉十二珠、五采缫[2]十有二就[3]，就相去一寸；红丝组为缨，黈[4]纩[5]充耳，玉簪导。衮，玄衣、黄裳；十二章：日、月、星辰、山、龙、华虫六章，织在衣；宗彝、藻、火、粉米、黼、黻六章，绣在裳。白罗大带，红里。蔽膝，随裳色，绣龙、火、山文。玉革带。玉佩。大绶，六采：赤、黄、黑、白、缥、绿纁[6]；小绶，三色，同大绶，间施三玉环。白罗中单，黻领，青缘襈。黄袜、黄舄，金饰。"

②洪武二十六年（1393）定皇帝冕服制度

洪武二十六年（1393）进而对衮冕制度做了一些补充和调整，按《大明会典》所记，其制度为："衮冕十二章：冕，版广一尺二寸，长一尺四寸；冠上有覆，玄表朱里，前后各有十二旒，旒五采玉珠十二，玉簪导，朱缨。圭长一尺二寸。衮，玄衣纁裳，衣六章，织日、月、星辰、山、龙、华虫，裳六章，织宗彝、藻、火、粉米、黼、黻。中单，以素纱为之。红罗蔽膝，上广一尺，下广二尺，长三尺，织火、龙、山三章。革带。佩玉长二尺三寸。大带，素表朱里，两边用缘，上以朱锦，下以绿锦。大绶，六采，用黄、白、赤、玄、缥、绿织成，纯玄质，五百首[7]。小绶三色，同大绶，间织

---

[1] 纁（xūn）浅红色。

[2] 缫（sāo），把蚕茧浸在热水里抽出的蚕丝。

[3] 就，不见文献解释。笔者认为，每旒用五采缫系结一珠即为一就。每旒五采玉十二珠，每就相隔一寸，则每旒长一尺二寸，说明当时的冕旒是可以遮住整个面部，垂至下颔部位的。

[4] 黈（tǒu），黄色。

[5] 纩（kuàng），丝绵。

[6] 襈（zhuàn），衣缘。

[7] 首，《明史·舆服志》："凡单纺为一系，四系为一扶，五扶为一首。"

三玉环。朱袜赤舄[1]。"

这次的规定，一是对一些衣物的尺度，有了规定，如冕板、蔽膝、玉佩都增加了相关的尺度规定；二是把裳的颜色，由"黄"改为了"纁"色。总体来说，是规定得更细致了。

③永乐三年（1405）定皇帝冕服制度

永乐三年（1405）再次对冕服制度进行了更为细致的规定，《大明会典》记："冕冠十有二旒，冠以皂纱为之，上覆曰綖，桐板为质，衣之以绮，玄表朱里，前圆后方，广一尺二寸，长二尺四寸（书中有注：用周尺），前后各十有二旒，每旒各五采，缫十有二就，贯五采玉珠十二，赤、白、青、黄、黑相次，以玉衡维冠，玉簪贯纽，纽与冠武[2]并系缨处，皆饰以金，綖以左右垂黈纩充耳（书中有注：用黄玉），系以玄紞[3]，承以白玉瑱[4]、朱纮[5]。玉圭，长一尺二寸，剡其上，刻山四，盖周镇圭之制，以黄绮约其下，别以袋韬[6]之，金龙文。衮服，十有二章，玄衣八章：日、月、龙在肩，星辰、山在背，火、华虫、宗彝在袖（书中有注：每袖各三）皆织成，本色领、褾[7]、襈、裾[8]；纁裳四章，织藻、粉米、黼、黻各二；前三幅，后四幅，前后不相属；共腰有襞积[9]，本色綼裼[10]。中单，以素纱为之，青领、褾、襈、裾，领织黻文十三。蔽膝，随裳色，四章，织藻、粉米、黼、黻各二，本色缘。有紃[11]，施于缝中，其上有玉钩二。玉佩二，各有玉珩一、瑀一、琚二、冲牙一、璜二，瑀下有玉花，玉花下又垂二玉滴，瑑饰云龙文，描金，自珩而下系组五，贯以玉珠，行则冲牙、二滴与璜相触有声；其上金钩二，有二小绶，六采，以副之，六采：黄、白、赤、玄、缥、绿，纁质。大带，素表朱里，在腰及垂皆有绅，上绅以朱，下绅以绿，纽约用素组。大绶，六采：黄、白、

---

[1] 舄（xì），鞋。
[2] 武，又称"冠卷"，即帽壳。汉郑玄注《礼记·玉藻》："武，冠卷也。"
[3] 紞（dǎn），古代，冠冕两旁用来悬挂塞耳玉坠的带子。
[4] 瑱（tiàn），冠冕塞耳的玉。
[5] 纮（hóng），古代冠冕上的带子。
[6] 韬，即套。
[7] 褾（biǎo），袖子的前端。
[8] 裾（jū），衣服的大襟，或衣服的前后部分。
[9] 襞（bì）积，衣服上的褶叠。
[10] 綼（bì）裼（xī），裳幅的侧面有缘，称为綼；裳幅的下面有缘，称为裼。
[11] 紃（xún），似绳的细带。

49

赤、玄、缥、绿、纁质；小绶，三色同大绶，间施三玉环，龙文皆织成。袜、舄皆赤色，舄用黑绚[1]，纯以黄饰舄首。"

这次的规定，除了增加了不少尺度、材质等方面的规定，还有就是将上衣的六章，改成了八章，而且还去掉了"革带"这一重要的服饰内容。

④嘉靖八年（1529）定皇帝冕服制度

嘉靖皇帝朱厚熜，即位之后，因"大礼议"之争，对古代的礼制格外重视，不仅对坛庙、陵寝祭祀等制度多有更定，而且在服饰制度方面也做了诸多改变。

《明史·舆服志》在皇帝冕服制度中记载，嘉靖八年（1529）嘉靖皇帝对阁臣张璁谈起了衮冕服不配革带的问题。

他说："衮冕有革带，今何不用？"张璁回答说："按陈祥道《礼书》，古革带、大带，皆谓之鞶。革带以系佩韨，然后加以大带，而笏搢于二带之间，夫革带前系韨，后系绶，左右系佩，自古冕弁恒用之。今惟不用革带，以至前后佩服皆无所系，遂附属裳要之间，失古制矣。"于是，嘉靖皇帝说："冕服祀天地，享祖宗，若阙革带，非齐明盛服之意。及观《会典》载蔽膝用罗，上织火、山、龙三章，并大带缘用锦，皆与今所服不合。卿可并革带系蔽膝、佩、绶之式，详考绘图以进。"而这一情况的出现，与永乐三年对冕服制度的更改有直接的关系，所以，嘉靖皇帝才下令让张璁等人"详考绘图以进"。

接着，嘉靖皇帝又对上衣长度以及所配章数提出了置疑。他说："衣裳分上下服，而今衣恒掩裳。裳制如帷，而今两幅。朕意衣但当与裳要下齐，而露裳之六章，何如？"接着他又对可否变更祖制产生疑问。于是，张璁回答说："臣考礼制，衣不掩裳，与圣意允合。夫衣六章，裳六章，义各有取，衣自不容掩裳。《大明集礼》及《会典》与古制不异。今衣八章，裳四章，故衣常掩裳，然后典籍无所准。内阁所藏图注，盖因官司织造，循习讹谬。今订正之，乃复祖制，非有变更。"

至此，嘉靖皇帝的疑问得到解决，决定对衮冕制度加以调整。他对张璁说："衣有六章，古以绘，今当以织。朕命织染局考国初冕服，日月各径五寸，当从之。裳六章，古用绣，亦当从之。古色用玄黄，取象天地。今裳用纁，于义无取，当从古。革带即束带，后当用玉，以佩绶系之于下。蔽膝随裳色，其绣上龙下火，可不用山。卿与内阁诸臣同考之。"

---

[1] 绚（qú），古代鞋头上的装饰，有孔，可以系鞋带。

于是，大学士杨一清等大臣根据嘉靖皇帝的意见进行了详细的讨论，表示完全赞同嘉靖皇帝的意见："衮冕之服，自黄、虞以来，玄衣黄裳。为十二章：日、月、星辰、山、龙、华虫，其序自上而下，为衣之六章；宗彝、藻、火、粉米、黼、黻，其序自下而上，为裳之六章。自周以后浸变其制，或八章，或九章，已戾于古矣。我太祖皇帝复定为十二章之制，司造之官仍习舛讹，非制作之初意。伏乞圣断不疑。"

嘉靖皇帝因此下令，选择吉日，正式对冕服制度进行更正。他的更正意见是："冠以圆匡，乌纱冒之，旒缀七采玉珠十二，青纩充耳，缀玉珠二，余如旧制。玄衣黄裳，衣、裳各六章。洪武间旧制，日月径五寸，裳前后连属如帷，六章用绣。蔽膝随裳色，罗为之，上绣龙一，下绣火三，系于革带。大带素表朱里，上缘以朱，下以绿。革带前用玉，其后无玉，以佩绶系而掩之。中单及圭，俱如永乐间制。朱袜，赤舄，黄绦缘、玄缨结。"

可以看出，嘉靖皇帝对冕服制度的更正，实际是对永乐时期的改制进行了否定，又基本上回到了洪武时期原来的制度。

《大明会典》对嘉靖八年（1529）所定的冕服制度做了详细阐述："冠制以圆匡，乌纱冒之，冠上有覆板，长二尺四寸、广二尺二寸，玄表朱里，前圆后方，前后各七采玉珠，十二旒，以黄、赤、青、白、黑、红、绿为之；玉珩，玉簪导，朱缨，青纩充耳，缀以玉珠二，凡尺皆以周尺为度。衣玄色，凡织六章：日、月在肩，各径五寸；星、山在后，龙、华虫在两袖；长不掩裳之六章。裳黄色，为幅七，前三幅、后四幅，连属如帷；凡绣六章，分作四行：火、宗彝、藻为二行，米、黼、黻为二行。中单，素纱为之，青缘，领织黻文十二。蔽膝随裳色，罗为之，上绣龙一、下绣火三，系于革带。大带，素表朱里，上缘以朱，下以绿，不用锦。革带，前用玉，其后无玉，以佩绶系而掩之。圭，白玉为之，长尺二寸，剡其上，下以黄绮约之，上刻山形四，盛以黄绮囊，藉以黄锦。朱袜、赤舄，黄绦缘，玄缨结。"

此后，终明之世，皇帝的冕服制度形成定制，没有大的更改。今台湾故宫博物院保存有一幅明神宗身着衮冕服的画像。画像中，明神宗端坐御座之上，其服饰与《大明会典》所记嘉靖八年所定制度基本一致。神宗像中，头戴的是十二旒冕冠，上身着黑色上衣，衣章左肩为红色的日，右肩为白色的月，均呈圆形；两袖，各饰有金色龙一条，龙头在上，为升龙形象，袖下端各有华虫（雉鸡）三只，背后星辰和山二章不可见。衣内衬中单，露出领部黻纹。神宗的两手持一刻有四镇山的玉制镇圭。腰间系玉革带和大带，下裳为黄色，其六章分布情况为纵列四行：中间两行自上而下分别为火、宗彝、藻，外面两行分别为粉米、黼、黻。六章全部露出，符合上衣"长不掩裳之六章"之说。蔽膝，显红色，与《大明会典》"蔽膝随裳色"不同，但其上二章，上面龙一，下面火三，则与《大明会典》相一致。神宗的鞋子为红色。左右玉佩，和臀后的大绶、小绶均不可见。（图1.1.9—1.1.15）

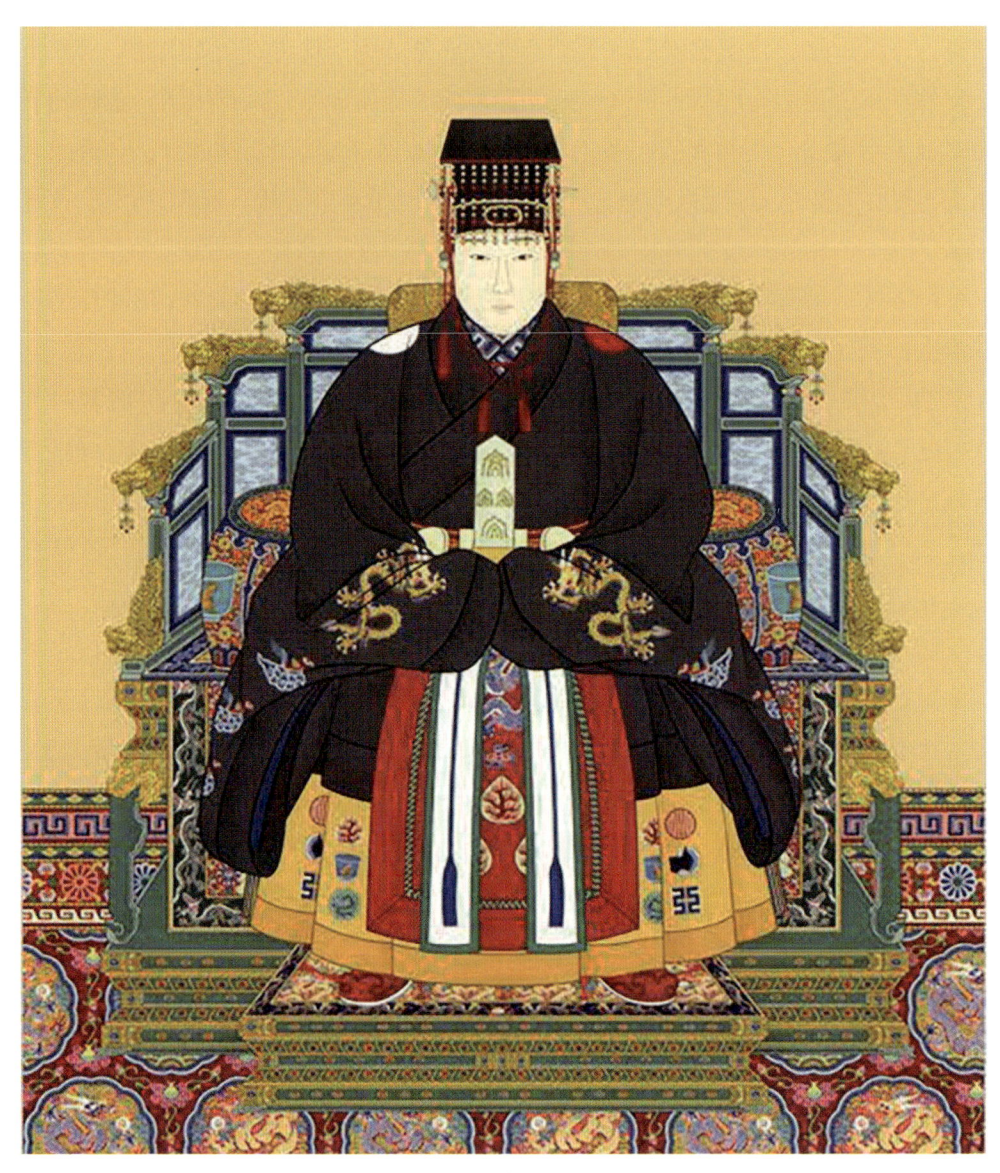

图1.1.9 明神宗朱翊钧冕服画像

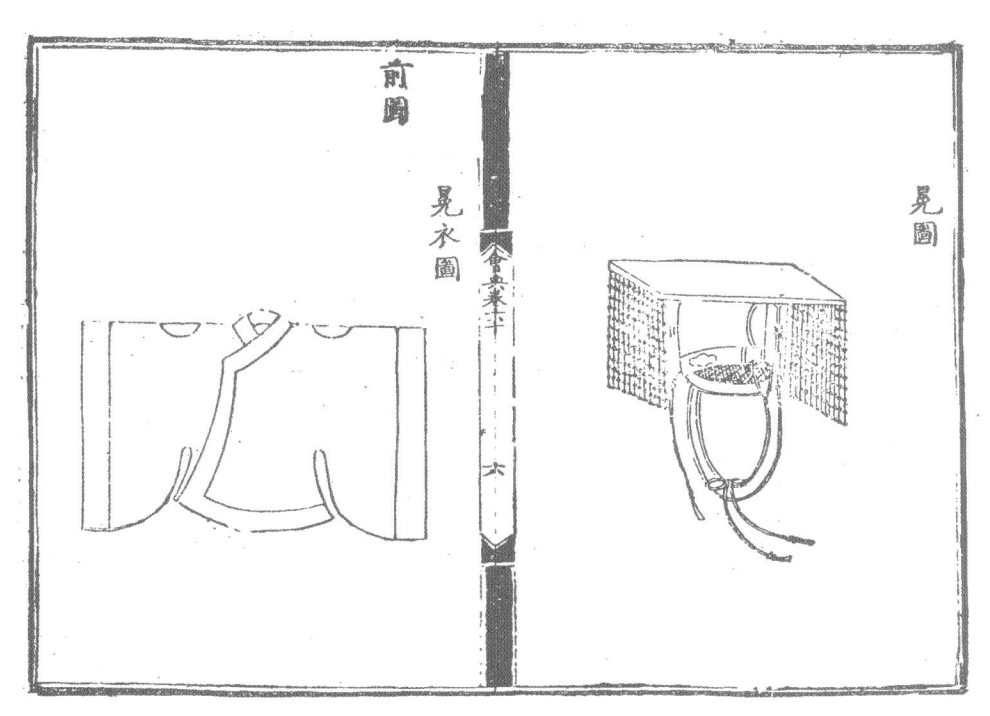

图 1.1.10《大明会典》中的《冕图》和《冕衣图》

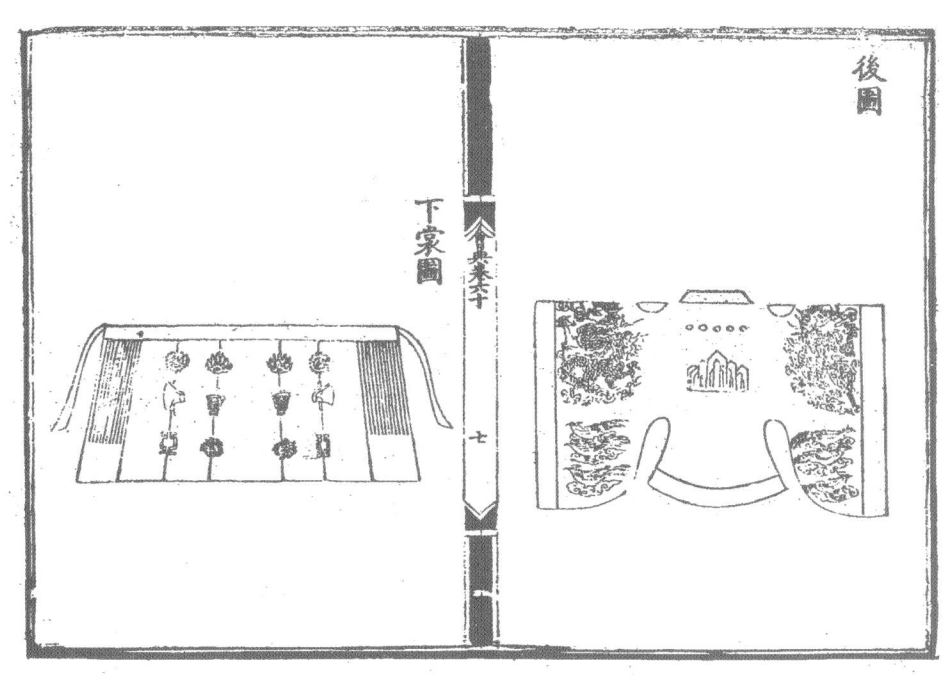

图 1.1.11《大明会典》中的《冕衣后图》和《下裳图》

大明风华　典制之最

图1.1.12《大明会典》中的《中单图》和《大带图》

图1.1.13《大明会典》中的《革带图》和《革带系蔽膝图》

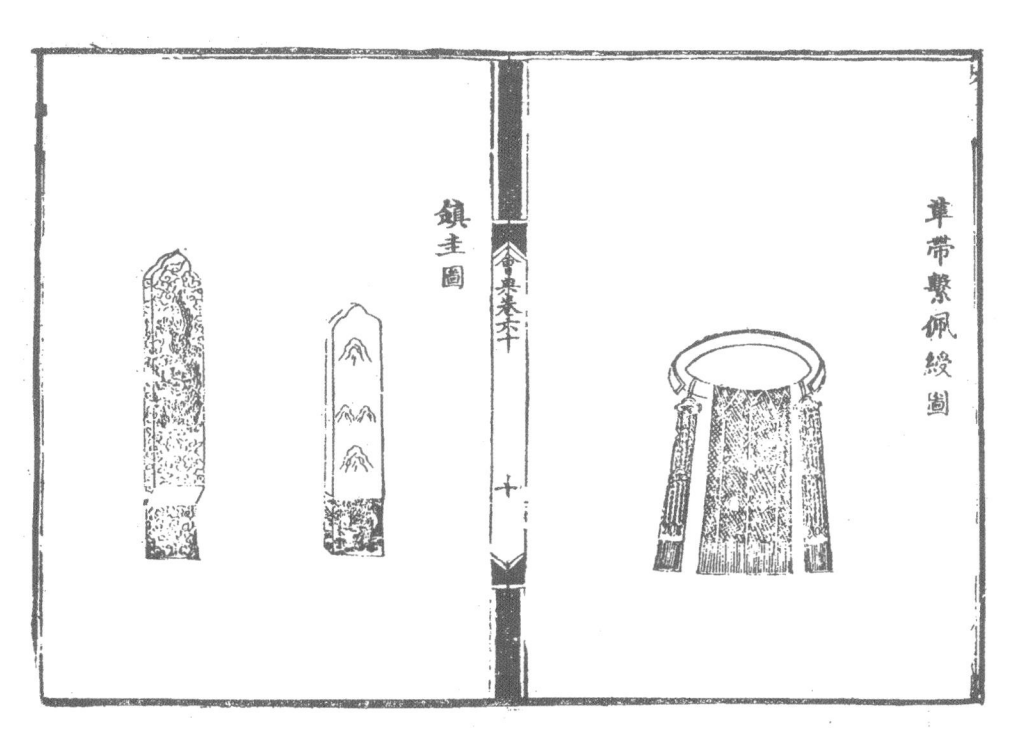

图 1.1.14《大明会典》中的《革带系佩绶图》和《镇圭图》

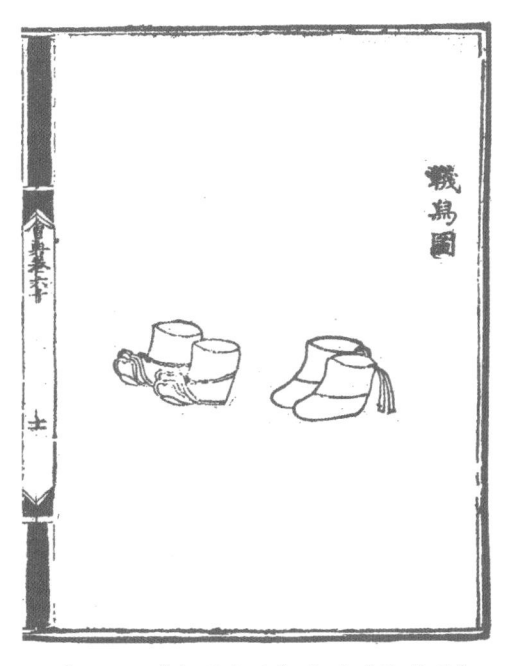

图 1.1.15《大明会典》中的《袜舄图》

当然，以上讲的是皇帝衮冕服的制度，皇太子、亲王、世子、郡王，其冕冠旒数及衮服章数则依次递减。其中，皇太子和亲王，冕冠为九旒，衮服九章（无日、月、星辰三章）；世子（亲王储位）冕七旒，衮服七章（无日、月、星辰、山、龙五章），郡王冕七旒，衮服五章（无日、月、星辰、山、龙、华虫、火七章）。

而大臣服装，如果在参加朝贺等庆典活动时，服用的是朝服。其冠服规定的制度，头戴的是梁冠，冠制以梁数区别品级：一品官为七梁冠，二品为六梁冠，三品为五梁冠，四品为四梁冠，五品为三梁冠，六品、七品为二梁冠，八品、九品为一梁冠。功臣则梁冠外还要罩有笼巾貂蝉。其中，公冠为八梁，笼巾四柱，立笔五折，左额角位置插雉尾，前后用玉为蝉；侯冠，七梁，笼巾四柱，立笔四折，左额亦插雉尾，前后饰金蝉；驸马笼巾貂蝉制同侯冠，但不插雉尾；伯冠七梁，笼巾立笔二折，前后玳瑁为蝉，亦插雉尾。

朝服衣饰含赤罗上衣、白纱中单、赤罗下裳、腰前悬赤罗蔽膝，均饰青色边缘；腰后悬挂织成花锦制成的绶，并结绶环两个；腰系大带及革带，左右悬挂玉佩，白袜、黑履。手持笏板。其中，绶的织成图案以及革带、笏板的材质，根据官员品级的不同也是有所不同的。如，绶的织成图案，一品、二品为云凤，三品、四品为云鹤，五品

图 1.1.16 身着朝服的官员（明人绘《北京宫殿图》摹本）

图 1.1.17 头戴笼巾貂蝉的功臣像

图 1.1.18 身着祭服的官员（明人绘《王琼事迹图·钦赏银牌》）

花锦，六品、七品练鹊，八品、九品溪鹅；革带，则一品玉，二品犀，三品、四品金，五品银钑花，六品、七品银，八品、九品乌角。笏板，五品以上用象牙，六品以下用槐木。

如果作为陪祀官员，参加皇帝的祭祀天地、宗庙等大典活动，则须服祭服。祭服与朝服大致相同，亦为上衣、下裳式的服装。不同的是，上衣为青罗衣，其余均同朝服。另外项部挂有方心曲领，嘉靖八年始下令去除。（图 1.1.16—1.1.18）

3. 定陵出土的冕服与礼制规定比较
①冕冠

定陵出土神宗的冕有两顶：一顶出自神宗棺内，另一顶出自随葬器物箱内。

两顶冕的形制与《大明会典》所记基本相合。与礼书所记周制的冕冠制度亦一脉相承。

两顶冕冠完残状况不一。一顶稍好，一顶残坏严重，仅存金玉饰件。

保存较好的那一顶（W32），其冠卷（帽壳）部分作圆柱形，高 17 厘米，宽 16 厘米。外蒙以黑纱，内衬以红素绢。冠卷之上覆有前圆后方形状的"延"。其以桐木板为骨，长 38.7 厘米，宽 19 厘米。（图 1.1.19）从延的尺寸看，与洪武、永乐、嘉靖时所规定尺寸均不吻合。说明冕冠的制作，实际上并不泥于制度规定。延板上部贴有黑素缎，下贴红素缎，与制度规定的"玄表朱里"相吻合。

延的前后各缀有十二串珠饰，古代称为"旒"或"玉藻"。《礼记·玉藻》"天子玉藻十有二旒"，所讲就是冕延前后的珠饰。因为在周朝时天子的冕为十二旒，均以五彩丝绳为藻，并按朱、白、苍、黄、玄的顺序以藻穿五色玉珠，所以有"玉藻"之称。

定陵出土的这二顶冕，每旒的丝绳五股均为红色。珠饰配备，两顶各不相同。其中一顶，每串有白色玉珠三颗，红、蓝、绿玉珠各二颗，余为珍珠；另一顶珠串已散，见存者有红石珠、白玉珠、青玉珠、黄琥珀珠及黑石珠。

两顶冕的冠卷内顶部各置有玉衡用来维系冠卷。冠卷左右（玉衡之下）各有钮孔，内穿簪（一顶穿玉簪，但簪头、簪尾分为两段；另一顶穿金簪），以使冕冠能与发髻相插结。

冠卷的下部都有一圈用金箔制成装饰。其左右部位设钮孔，穿丝带，以备戴用时系于颔下。

此外，冠的两侧还悬有红丝绳和玉瑱（又称"黈纩充耳"）。戴上冠以后，两耳之

图 1.1.19 万历皇帝冕冠 W32∶2（复制品）

侧各有由上下两个玉珠串连组合的玉瑱垂下，这也是采自周礼古制。

上述情况说明，这两顶冕冠虽基本沿用明代礼制的，但也有稍加变化之处。

冕冠的装饰，都有一定的文化含义。

冕板前后各有12旒，每旒贯玉珠12颗，象征着每日12个时辰；玉珠为朱、白、苍、黄、玄五色，象征火、金、木、土、水五行生克之理。

冕冠悬旒，据《淮南子·主术训》记载，整体意义在于"蔽明"，即示王者不视非、不视邪。唐杜佑《通典》卷五七《冕篇》也说："皇帝作冕垂旒，目不视邪也。"

而黈纩充耳的设置，则是意在"不惑视听"，或者说是不要听谗言及不急之言。用《通典》的话说，就是"充纩，耳不听谗言也。"《淮南子·主术训》谓此种装饰意在"掩聪"，而《汉书·东方朔传》则谓之"塞聪"，《大戴礼·子张问入官篇》又释之为"弇聪"，三者用词虽异，但均表示王者不听谗言，不听不急之言。

另外，冕冠的总体形象呈前低后高之式，又表王者虽位号至高至大，但却应有弥下之气志，以防骄矜念头产生。

②裳

定陵万历皇帝的黄素罗裳（W407）一件，出自万历皇帝棺内。出土时，残坏较严重，已经难以辨别裳幅的数量。其样式与《大明会典》嘉靖八年（1529）所定制度一致。腰部内收，两层罗在内，两层纱在外，共由四层缝制而成。下摆部分有罗贴边。整体残长82.5厘米，残宽160厘米，腰宽8.2厘米。裳的前片下部，钉有刺绣的六章装饰。每章图案作圆形，直径5.7厘米。都是以绒线绣于绢上，再用金线钉边。

六章的图案，分别是宗彝、藻、火、粉米、黼、黻。每章两件，左右对称布列。总体分布三排四行。其中，上面一排，处于中间两行的是"火"，外侧两行是"粉米"；中间一排，处于中间两行是"宗彝"，外侧两列是"黼"；下面一排，处于中间两行的是"藻"，外侧两行是"黻"。

这六章图案在古代是赋予各自不同的含义的。

宗彝，作敞口圆腹圈足的尊的形象，本为宗庙祭器。按宋夏僎《尚书详解》是"宗彝，取其祀享之意。"而一图中绣虎，一图中绣蜼，则还另有一番含义。虎，取其威猛。也有的说是取其义。宋王安石《周官新义·附考工记解》："宗彝，则虎、蜼之彝。虎，义也；蜼，智也。"这说明，蜼是智的象征。晋郭璞注《山海经》说："蜼，似猕猴，鼻露向上，尾四五尺，头有岐，苍黄色。雨则自悬树，以尾塞鼻孔，或以两指塞之。"可见其是有智慧的。另有一说，认为宗彝饰蜼，是取其孝。明人许浩《复斋日记》记载："贵州思南有山曰甑峰，居大山中……有兽曰宗彝。类猕猴，巢于树。老者直居上，子孙以次居下。老者不多出，子孙居下者出。得果，即传递至上。上者食，然后传递至下，下者始食。上者未食，下者不敢食也。先儒谓，先王用以绘于衮者，取其孝也。"

藻，作水草形象。取其有文和洁净之意。《尚书详解》："藻，水草之有文者，取其有文，取其洁。"《周官新义·附考工记解》也说："柔顺清洁，可以荐羞者，藻。"

火，作火炎状，取其光明，火炎向上之意。《尚书详解》："火，取其明，取其炎上。"

粉米，作众多米粒状。取其能养人。《尚书详解》："粉米，白米，取其洁白能养人。"引申天子不忘济养之德。

黼，作斧状，刃白而身黑。寓意天子处事善断，或乾阳之位。《康熙字典》引《尔雅·释器》："斧谓之黼。"《疏》（注解）："黼盖半白半黑，似斧刃白而身黑，取能断意。一说，白，西方色；黑，北方色。西北，黑白之交，乾阳位焉。刚健能断，故画黼以黑白为文。"

黻，图形作篆书两"弓"相背之形（也有认为是两"己"相背），其线画取青白

图 1.1.20 万历皇帝黄素罗绣六章裳 W407

图 1.1.21 黄素罗绣六章裳 W407（复制品）

两色。《尔雅·释名》认为是古"弗"字。《周礼·司服》的《注疏》称："黻，取臣民背恶向善，亦取合离之义，去就之理。"《尚书详解》也有类似的解释："黻，青与白，两弓相背，取臣民从善背恶及君臣离合之意。"

其实，本来，皇帝冕服中的"衮"，是由上衣和下裳两部分组成的。下"裳"的六章，与上"衣"的六章，应该是组合在一起，来显示天子尽善尽美的崇高品德的。但是，定陵出土文物中却只有下裳。而没有上衣。然而，宫廷之内是不可能没有衮服中的上衣的，只能说这反映出皇帝的陪葬物的选定，其实是并没有细致的规划和考量，因此是带有很大的随意性的。（图 1.1.20—1.1.21）

上面讲的下裳六章的含义，但为了对衮服十二章有个完整认识，下面再对上衣的六章含义加以阐述。

上衣的六章由日、月、星辰、山、龙、华虫组成，其图案在衣上的分布，《大明会典》已有文字介绍和图样说明，这里不再赘述。

这六章也同样分别有各自的含义。

日、月都是圆形的，日为红色，月为白色。星辰，则由五个圆形的小星点排列而成，其颜色有黑、白、黄、青、红五种，以象征水、金、土、木、火五行。《周官新义·附考工记解》认为，这是"一阴一阳为之道"的体现，"道之在天，日、月以运之，星辰以纪之"，三者一体在天，形成了"道"。《尚书详解》则解释为："日、月、星辰，称为'三辰'，取其照临也。"

山，为中高侧低五座山峰连成一体的形状。《尚书详解》解释其意为"山，能行云雨,人所仰望,取其镇也",也就是取其镇重之意。而图成五山连体,则应是"五岳"(中岳,河南登封嵩山;东岳,山东泰安泰山;南岳,湖南衡阳衡山;西岳,陕西华阴华山;北岳,山西大同恒山)的象征。因为五岳代表着天下五方之山。

龙,是皇权的象征,为皇帝衮服中的必备图案。《尚书详解》又谓:"龙,变化无方,取其神也。"也就是是说,它象征人君应机布教,而善于变化。

华虫,形状为雉鸡。《尚书详解》解释说:"华虫为雉,文采昭著,取其文也。"表示王者有文章之德。

总之,衮服的十二章图案,体现了古天子集天下的种种美德于一身,它是王(皇)权的象征,也是对王(皇)者的赞美。

③中单

中单,即衮服或皮弁服里面的衬袍,再里面为贴身衬衣。所以,这些中单也可称为衮服、皮弁服的"中衣"。因为,按《释名·释衣服》所说:"中衣,言在小衣之外,大衣之中也。"

按《定陵》(发掘报告),定陵出土的中单共有40件,全部出自万历帝棺内。按《大明会典》记载,中单在洪武十六年(1383)定,应该是用白色罗制作,洪武二十六年始定制为"以白纱为之"。但定陵出土的中单并没有纱制品或罗制品。而是用缎、绸、绫制作的。而且不仅有单层的,还有夹衣式、棉衣式,其样式既有长袖式的,也有半袖式的,甚至还有无袖式的。领子的样式,也有交领和圆领之别。这应该是根据季节和天气变化实际需要所做的变通处理。

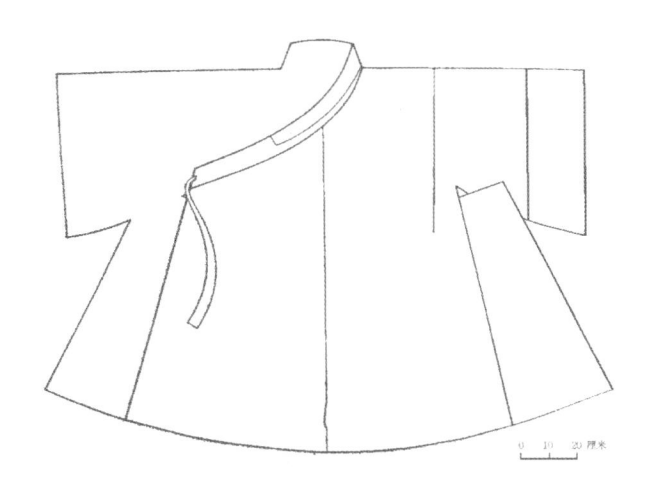

图 1.1.22 万历皇帝柘黄缎交领中单 W336:1 前视图样(采自《定陵》)

另外，按《大明会典》的记载，衮服的中单，领部应该是黻领，即应该有黻纹。永乐三年更是明确为"领织黻文十三"。但是，定陵出土的中单中，仅套在衮服之内的W336：1柘黄缎交领中单（图1.1.22），发现领部钉有绒绣黻文十三个，与《大明会典》的记载一致。其余的领部都没有黻文装饰。其中，有30件在小襟或掩襟内侧保留有制作时的绣字，内容有制作时间、尺寸等，但是就是没有出现"中单"的字样。因此，这40件衣物，除了套在五件衮服内的可以确认属于中单外，其余35件被视为"中衣"似更为妥当。

④革带、大带

革带，是古代用来系束袍服的。古代的革带，以皮革为之，名为鞶。其上往往缀有各种饰牌。这种饰牌古人称之为"铐"。铐的用料有玉、金、银、乌角、透犀等，而以玉铐等级最高。明朝时除了皇室人员，只有功臣及一品官员可以系玉带，其他人非皇帝赏赐一概不得服用。

定陵出土的玉革带有10条。其中，属于万历皇帝的应该是7条。其中，一条系于神宗腰部，其余出自神宗棺内及随葬器物箱中。带上所饰玉铐，有6条均为20块，是明朝时皇帝服用衮冕服及皮弁服时系束的。

20块玉铐的排列位置和名称是：处于腰围前面正中一块稍大的长方形玉铐，与其左右两块竖式窄条形的小玉铐，合称为"三台"（该处为革带前半圈左右两段的合口处）；两侧左右各排有三块桃形玉铐，名为"圆桃"；圆桃之后又各有一小块竖式窄条形玉铐，分称"辅""弼"（该处处腰部左右位置，为革带前后两个半圈的接口处，左侧的称为"辅"，右侧的称为"弼"）；辅弼之后，在前半圈革带的左右尾端分饰有一前为方形、后为弧形的长条形玉铐，名为"鱼尾"；革带的后半圈饰方形玉铐七枚，依次而排。据朝鲜在明朝初期增补的汉语会话读本《朴通事》记载，三台又叫"三台板儿"，左右三圆桃又称"南斗六星板儿"，辅、弼两小方又称"左辅、右弼板儿"，腰后的七个排方，则称"北斗七星板儿"。（图1.1.23—1.1.25）

定陵出土的玉带，玉质纯正。白玉细腻滑润，碧玉光洁明亮，均为上等玉料。饰有20块玉铐的白玉革带W160，在"三台"正中的玉版的侧面有描金刻字："大明万历丙午年制"。据此知该玉带制于明万历三十四年，即1606年。

另外有一条（X13：2），用棕色玉料加工而成，由"三台"、排桃（左右各三，其中各有一桃形饰件带有方孔）、左辅、右弼和左、右鱼尾共计13块玉铐组成。13块玉铐的革带，其制始自嘉靖时期。《大明会典》"皇帝冕服"条记："嘉靖八年定……革

图 1.1.23 万历皇帝玉革带 W165 侧面

图 1.1.24 万历皇帝玉革带 W165 后面

图 1.1.25 万历皇帝玉革带 W165 正面

带前用玉,其后无玉,以佩绶系而掩之。"因此,出现了这种只在革带前半圈缀有13块玉銙的革带。这条玉革带,从形制上看,符合嘉靖改制后的冕服革带规定,因此也应该属于皇帝的冕服革带。其中左右带方孔的桃形玉銙,应当是为悬挂玉佩而设的。

明朝君臣的革带,"带宽而圆,束不着腰;圆领两胁各有系钮贯带于巾而悬之,取其严正整饬而已"[1]。所以,腰系这种革带,更多的是出于礼制的需要,并没有实际的系腰作用。所以,永乐三年所规定的冕服制度,竟然取消了革带这一项,直到嘉靖八年,才在制度中重新做出了规定。

大带,是系在革带里面的腰带。定陵出土的大带有2件,均出自万历帝棺内。其质料、样式、结构与《大明会典》的记载基本相同,带的左右各有垂带。但颜色稍有不同。按《大明会典》的记载,应该是"素表朱里",但定陵出土的这两条大带都是红褐色罗制成。另外,定陵出土的大带,左右两端各钉有黄色的细绸带,中间部位,下垂有圆形的丝绦带,下结丝穗。这是文献所没有记载的细部结构。

其中,大带 W404,长度为106厘米,垂带长64厘米,宽8.8厘米;丝绦带长114厘米,丝穗长12.5厘米。(图1.1.26)

---

[1] 清叶梦珠《阅世篇》。

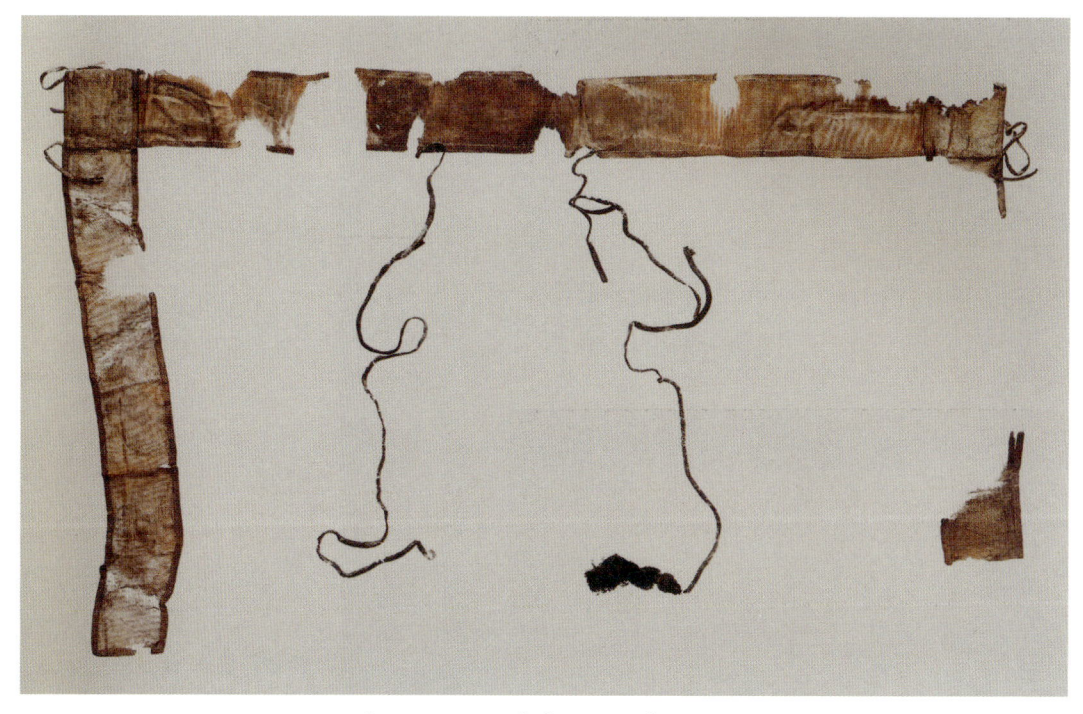

图 1.1.26 万历皇帝罗制大带 W404

⑤ 蔽膝

定陵出土的衮冕服蔽膝仅有一件，出自万历帝棺内（W409）（图 1.1.27）。其面料为红素罗，纱里，按《大明会典》记载，嘉靖八年（1529）定制，蔽膝的颜色应该是"随裳色"，也就是应该是黄色才对。但定陵出土的蔽膝，却是红色。与万历皇帝的冕服画像一致，说明万历年间皇帝冕服的蔽膝，与永乐时期是一样的，用的是"纁"色，并没有随裳的颜色。

蔽膝长 64.5 厘米，上宽 25.7 厘米，下宽 41.2 厘米，呈倒梯形。上面钉有纱地绒绣、金线绞边的龙、火二章图案。龙的图案一个，位于上部，下面是三个火的图案。蔽膝的上部两端残留有用来钉挂钩的丝线。总起来看，其章

图 1.1.27 万历皇帝蔽膝 W409

数的设置是符合嘉靖八年（1529）的规定的。

⑥大绶、小绶

定陵出土大绶、小绶两套，均出自万历帝棺内。每套含大绶一件，小绶两件，均织金锦织成料制成，背衬素纱。

大绶，纵长方形，红黑地，顶部织金纱缘边，下部在红黑纬线之间，用红、黑、绿、黄、月白五色织成菱形纹，最下部分作竖条形状。另外，在其上部还用深红、浅红、黑、黄、绿五色纱、罗做成的扁平长带，结成上、中、下三排的四方结。而且，方结纵向走势也是三路。大绶两侧各有一小绶，尖顶似圭形，其纹样、颜色均与大绶相同且对应。其中，大绶W405：1（图1.1.28），长65厘米，宽20厘米；小绶同大绶长，宽9.6厘米。从《大明会典》的记载和所附图样看，大绶、小绶应该是并排系在革带上的，而且大绶上的方结应该拴住三个玉环。（图1.1.29）定陵出土的小绶尖顶，大绶方结未系玉环，似与制度不符。会不会是大绶放入棺内时，玉环早已脱落，或者尚未拴系玉环，不得而知。

图1.1.28 万历皇帝大绶、小绶 W405：1

图1.1.29 《大明礼器》中的皇帝大绶、小绶图

⑦玉佩

我国古代很早就有佩玉的习惯，并用它来区别人的身份地位，显示品德的高尚和行为的合度。

《礼记》所记载的"古之君子必佩玉","在车则闻鸾和之声,行则鸣佩玉","君子无故,玉不去身",以及"天子佩白玉而玄组绶,公侯佩山玄玉而朱组绶,大夫佩水苍玉而纯组绶,世子佩瑜玉而綦组绶,士佩瓀玟而缊组绶",说的就是这种情况。

玉佩,在古代有德佩、事佩之分。凡仅作为装饰物的称为德佩,有实用价值的则称之为事佩。德佩中有单件独立佩用的,也有成组连缀使用的,后者又称组佩。组佩中最贵重的是大佩(又称杂佩),其特点是由珩、璜、琚、瑀、冲牙等玉件连缀组成。

其中,珩,又作衡,横置在佩的上部,可与玉革带拴挂在一起;璜,其形状相当于璧的一半;瑀为正方形玉件;琚为长方形玉件;冲牙则与兽齿形状相似。《礼记·玉藻》说:"凡带必有佩玉,惟丧否。佩玉有冲牙。"唐孔颖达解释说:"凡佩玉,必上系于衡(原书作'衝',系笔误),下垂三道,穿以玭(pín)珠,下端前后系于璜,中央下端系以冲牙,动则冲牙前后触璜为声。所触之玉,其形似牙,故曰'冲牙'。"

《释名·释衣服》又说,"佩,倍也。言其非一物,有倍贰也",说明玉佩的使用,是两件成组的使用。

明代皇帝的冕服、皮弁服,皇后的礼服,以及大臣的朝服和祭服也都有配带玉佩的规定。

定陵出土玉佩,属于万历皇帝的有2副,均出自万历皇帝棺内。

万历皇帝玉佩的形制,两副并不完全一致。

其中,玉佩(W45)(图1.1.30)与《大明会典》所记最为接近。玉佩通长为55厘米,上有玉件10件,除珩、璜、琚、瑀、冲牙等饰件外,还有玉花、玉滴,并且串有玉珠291颗。玉珠、玉饰件均用白玉琢磨而成。与《大明会典》相比较,其不同之处仅为玉件的琢饰纹饰为云凤及牡丹花,而非云龙。另外,该玉佩的冲牙形状与玉珩相似,也是一显著特点。

另一副(W238)(图1.1.31)的玉件配置则比《大明会典》的规定更为复杂。玉佩通长79.5厘米,玉件的组成多达19件,分作五行七排布列。其中,顶端最上一排是一件玉珩;第二排三个玉饰件:中间是菱形玉饰件,两边是云形玉饰件;第三排三个玉饰件:中间为多边形玉饰件,两边是长头花形玉饰件;第四排三个玉饰件:中间是八角形玉饰件,两边是磬形玉饰件;第五排是一个玉花形饰件;第六排三个玉饰件:中间是八角形玉饰件,两边是云形玉饰件;最下边一排,有五个玉饰件:中间是玉花作冲牙,两旁是玉滴,再两旁是菱形玉饰件。玉饰件上均刻有纹饰,并描金。其中,除了云形纹外,大多为云龙纹饰。整件玉佩,在玉饰件之间穿有玉珠373颗。

图 1.1.30　万历皇帝玉佩 W45　　　　　　　图 1.1.31　万历皇帝玉佩 W238

这两副玉佩，玉珩上都有两个小孔，其中玉佩（W45）小孔中穿有黄色粗丝线，应该是用于拴结挂钩或革带上的。下面有 5 个小孔，用来穿系合股的黄色丝线，将玉珠、玉饰件串接在一起。

玉佩出土时均装在黄纱袋内，佩钩露于袋外以便悬挂。明朝这种玉佩带袋悬挂腰间的做法始自嘉靖时期。

明沈德符《万历野获编》卷十三《礼部》"笏囊佩袋"记载：

> 古今制度，有一时创获，其后循用不可变者。如前代之笏囊，与本朝之佩袋是也。凡大朝会时，百僚俱朝服佩玉。殿陛之间，声韵甚美。嘉靖初年，世宗升殿，尚宝卿谢敏行以故事捧宝逼近宸旒。其佩忽与上佩相纠结，赖中官始得解。敏行惶怖伏罪，上特宥之。命自今普用佩袋，以红纱囊之。虽中外称便，而广除中，

清越之音减矣。

这说明，佩袋的使用，自嘉靖时始，其目的是为了避免君臣接近后，玉佩缠绕在一起，产生尴尬情况。但这也使得"殿陛之间，声韵甚美"的感觉难以听到了。定陵出土的玉佩配有佩袋，说明这一做法直到万历时仍在沿用。

⑧**镇圭**

镇圭，是古代天子身份的一种凭证，类似于印信的作用，在古代又被视为天子之节。唐苏鹗纂《苏氏演义》说："节者，操也，瑞信也。"又引《三礼义宗》说："天子以圭为节。天子大圭，尺有二寸，以四镇之山为饰也。尺二寸者，法十二辰[1]也。上公镇、桓圭九寸，侯镇信圭七寸，子镇谷五寸，男镇蒲圭五寸。凡诸侯之圭、璧，各依其命数大小也。"说明上古时期，不仅天子有圭，公、侯、子、男也有圭，只不过尺寸要比天子依次递减。

明朝时，则皇帝、皇太子、亲王、郡王有圭，臣子用笏而无圭，即使是公侯伯等高官也不例外。

定陵出土万历皇帝镇圭一件（W43）（图1.1.32），出自万历皇帝棺内。圭长27.3厘米，宽6.4厘米，厚1厘米。白玉琢成，圭形上尖下方，正面刻四镇之山，山纹分布上、下、左、右四方，描金。是符合古代礼制传统的。镇圭出土时，还附带

图1.1.32 万历皇帝镇圭W43

有丝织玉圭垫三件、玉圭套一件、套手玉圭套五件，以及玉圭袋一件。这说明，玉圭平时是放在袋子里保存，为防止磕碰，伤及玉圭，还配有套、垫加以保护。皇帝持圭时，手上也是戴上手套，而非徒手持圭。

⑨**玉璧**

玉璧，为礼天祭器。《丛书集成》辑《周礼郑氏注·春官宗伯》说："以玉作六器，以礼天地四方。"东汉郑玄注："礼，谓始告神时，荐于神座。"郑玄在注《周礼》"以苍璧礼天，以黄琮礼地"时，说："礼神者，必象其类：璧圆，象天；琮八方，象地。"

定陵的出土玉璧共有6件，分别出自帝后棺外。这6件玉璧，材质、形制、尺寸

---

[1] 古人把一昼夜分为十二个时辰。

相同，均白玉制成，素面，无纹饰雕饰。玉质均不佳，杂质明显。外廓直径 7 厘米，中间孔径 2.5 厘米，厚 0.7 厘米。（图 1.1.33）

从玉璧的颜色看，也不属于苍璧，即深绿颜色的璧。这说明，明代祭天大礼，虽然从礼制上讲，应该用苍璧，但条件所限，或者也会有采用白玉璧的时候。

上面说到了镇圭、玉璧，定陵还出土有两件素面的青色玉圭，很可能与玉璧存在关联。

图 1.1.33 万历皇帝玉璧 WW23

这两件青色玉圭，一件出自万历皇帝棺内（W244），高 25.8 厘米，底部有对穿三孔。皇帝在何种场合使用这种青圭，明代文献没有明确记载。

笔者推测，《周礼·春官·大宗伯》："以青圭礼东方，以赤璋礼南方。"宋文彦博《青圭礼东方赋》也说："青圭之秘宝，爰资苍帝之明灵。"《明史·礼志》："玉三等：上帝，苍璧；皇地祇，黄琮。太社、太稷，两圭有邸。朝日、夕月，圭璧五寸。"朝日坛位于朝阳门之外，史称"东郊"。祭祀时间在春分，正合"以青圭礼东方"之意。而且，《大明会典》记载朝日坛的"送神乐章"中有"祀礼既周分，乐舞扬；神享以纳分，还青乡"的句子，说明朝日坛所祭祀的"大明之神"，正是明朝皇帝要礼拜的东方之神。另外，这件圭的下部有三孔，疑为系璧之用。或者这就是明代特有的专门用来祭祀东方之神的"圭璧"合体的形式。

另一件素面青圭（X13∶6），出自随葬器物箱内，比上一件略小，高 19.8 厘米，疑为皇后"助祭"之用。

⑩ 袜、舄

定陵出土云履毡袜两双，均出自万历皇帝棺内（图 1.1.34）。出土时，鞋袜是套在一起的。鞋面为红素缎，鞋尖部位钉有云头形装饰。鞋底绢内加棕。鞋帮钉上有黄色丝绦带，前端缀红色丝缨一对。鞋内套有红素缎面，黄素绫里的毡袜。与《大明会典》所规定的袜、舄制度完全吻合。

图 1.1.34 万历皇帝云履毡袜 W358

4. 定陵出土的袍式衮服及其服用场合分析

定陵出土文物中，有五件不见文献记载的十二章衮服，其形制颇为特殊，系国内首次出土的珍贵文物。

① 定陵出土十二章袍式衮服的特点

这五件衮服，虽名为"衮服"，但却不像《大明会典》所规定的那样，由上衣和下裳两部分组成，而是上衣与下裳连成一体的袍式服装。

这五件袍式的衮服，通体或黄或红，不仅不像上衣、下裳分体那样，或玄衣纁裳，或玄衣黄裳，上下颜色不同，而且相配合的冠戴也不是皇帝冕服中的冕冠，而是皇帝常服所佩戴的乌纱翼善冠。腰间所系大带，以及蔽膝、大绶、小绶、玉佩等也一概不用。

由于这五件袍式的衮服，在章服制度上将上衣六章和下裳六章全部设计在服装上，形成了独立于典章制度之外另一种特殊的服装。

定陵出土的这五件袍式衮服，均出自万历皇帝的棺内，其中有一件还穿在万历皇帝的尸体之上。

这五件衮服，从颜色上看有红、黄两种；从制造的工艺看，有缂丝和刺绣两种。

缂丝制品有两件：

一件是黄缂丝十二章福寿如意衮服（W232）（图 1.1.35—1.1.37），出自万历皇帝棺内西端南侧，里面套有中单一件。其袍身长 136 厘米，通袖长 233 厘米。上放有墨书标签书："万历四十五年……衮服……"

另一件是红缂丝十二章福寿如意衮服（W239），出自万历皇帝棺内西端北侧，里面也套有中单一件。这件衮服，出土时已经残坏。衮服上也有墨书标签书："万历四十五年衮服一套，收口。"小襟内侧有绣字："万历三十二年十一月初二日造，长四尺一寸，夹合。"说明这套衮服的制作大约用了十三年的时间。

刺绣制品有三件：

一件是红卍字四合如意云纹缎绣十二章衮服（W336），出自万历皇帝棺内西端南侧，内套中单一件。袍身长 135 厘米，通袖长 250 厘米。略残，小襟内侧有绣字："万历四十五年十一月初二日造，长四尺一寸。"

另一件是红四合云纹缎绣十二章衮服（W157∶1），出自万历皇帝棺内中部北侧，里面套有中单一件。也已残坏，袍身长 128 厘米，通袖长度不详。小襟内绣字："万历三十八年十月二十六日造，长四尺一寸。"

还有一件是红七巧云纹缎绣十二章衮服（W174），即穿在万历皇帝尸骨上那件。

第一章 帝后服饰与宫廷礼制

图 1.1.35 万历皇帝黄缂丝十二章福寿如意衮服 W232

图 1.1.36 万历皇帝黄缂丝十二章福寿如意衮服（复制品）

图 1.1.37 万历皇帝黄缂丝十二章福寿如意衮服复制品背后图样

已残坏，内套中单一件。

这五件袍式衮服有如下三个特点：

第一，这五件袍式衮服的十二章图案虽然与《大明会典》规定的内容相同，但分布却有同有异，并不完全一致。

其分布相同之处，是日、月、星辰三章。即，左肩日，右肩月，星辰在身后领下，横排。其余九章与《大明会典》比较，则或多或少都存在不同之处。

其中，山，按《大明会典》中的上衣图，虽然在后背是一致的。但《会典》图式，山在后背的中间部位，是一组；而定陵出土袍式衮服，则在后背两腋之上，是两组。

龙，按《大明会典》嘉靖八年所定是在两袖，且从上衣图中可见是每袖一龙。而定陵出土袍式衮服，则共有十二团龙。其中，前胸、后背从上到下各饰三团龙，两肩（日、月之外）各一团龙，左右两胁（两侧横摆）各两团龙。

华虫，按《大明会典》所绘图式，在上衣两袖，各有华虫（雉鸡）三个，而定陵出土袍式衮服，则华虫虽在两袖，但每袖只有两只。

其余六章，按《大明会典》的规定，是安排在下裳前面的部位，而且，被分布在三行三排之中。而定陵出土的袍式衮服，则是在前胸、后背三个团龙的两侧，按照宗彝、藻、火、粉米、黼、黻的顺序，自上而下依次排列。

袍式衮服十二章图案这样的设计，不仅显得左右十分对称，而且在十二章中，突出了龙这一章的主导地位，因而更加突显了皇权的至高无上地位，同时也使衮服图案的主题更为突出，更具有庄重、和谐的大方之美。

第二，是十二章的图案，构图精美，寓意吉祥，色彩搭配富丽堂皇。

十二章每章的图案及其周围的图案构成，内容则丰富多彩，统一中见变化，充满吉祥意向。例如，团龙的造型，不同的位置都有不同的变化。以黄缂丝十二章福寿如意衮服（W232）为例，前襟正面的三个团龙，虽然都是升龙形象，但龙头的朝向各不相同。上面的团龙龙头面朝正前方，中间的团龙，头部朝向左侧方，而下面的团龙则头向右侧方；左右两肩的团龙，也都是升龙，但左肩团龙为右向，右肩龙头为左向；两胁的上下团龙，上龙为升龙（头部在上），下龙为降龙（头部在下）。

团龙图案内，龙的下面均以海水江牙作衬托，龙身四周分布佛家八吉祥图案。以正面三团龙为例，上面和中间的团龙，龙身四面分布轮、螺、伞、盖四吉祥图案；而下面的团龙，龙身四周则分布花、罐、鱼、长四吉祥图案。据北京雍和宫《法物说明册》记载，佛家的这八吉祥图案，有着不同的吉祥寓意：轮，即"法论"，象征"大法圆转，万劫不息"；螺，即"法螺"，象征"妙音吉祥，具菩萨意"；伞，即"宝伞"，表示"张弛自如，曲复众生"；盖，即"白盖"，表示"遍复三千，净一切药"；花，即"莲花"，表示"出五浊世，无所染着"；罐，即"宝瓶"，表示"福智圆满，具完无漏"；鱼，即"金鱼"，表示"坚固活泼，解脱坏劫"；长，即"盘长"，表示"回环贯彻，一切通明"。

另外，这件衮服还织有279个"卍"字纹、256个"寿"字、301只蝙蝠，以及271个"如意"纹。这些图案的寓意一是"万寿"，二是"福寿如意"，吉祥意味浓厚。

在色彩的搭配上，以宫黄色织地，"寿"字织金，"卍"字则金带蓝，再加上木红、朱红色的"蝙蝠"，蓝、绿、红三色兼施的"如意云"，有力地衬托出十二章图案的异彩纷呈。

十二章图案作为衮服的主要装饰，其色彩的运用，更是丰富多彩。红日；白月；五色星辰；月白织边，以蓝为主的晕色的山纹；金线勾云，红冠绿尾的华虫；白地，赭色的宗彝；深浅绿色的藻纹；红色的火焰纹；红地牙白的粉米；柄边织金，蓝白晕色的黼纹；深浅普蓝晕色的黻纹；使之在底色中更为突出。总之，十二团龙的色调处理，给人以富丽堂皇之感。特别是龙身的制造使用大量的孔雀羽绒线，并以金线织出鳞片的边缘，更显金翠生辉。

第三，是缂丝、刺绣工艺精湛。

缂丝，是我国传统的丝织工艺之一。其织造工艺特点是"通经断纬"。即用本色经丝挣在木制织机之上，然后用手工使用小梭子将各种颜色的纬丝按照花纹图形的轮廓，一块一块地盘织出来。织造时，经丝是不断，而纬丝则会根据图形的需要会有断开。从效果看，因为花纹轮廓有可能处于垂直线上，就会有断痕出现。看起来就像刀刻的感觉，所以，有"刻丝"或"缂丝"之称。

刻丝工艺，起源很早，早在汉魏时已经出现。明太祖朱元璋鉴于元制繁缛，下诏停止岁织缎匹，禁用刻丝。直至宣德时期，设内造司，南匠北来，刻丝工艺才再度兴旺起来，几乎达到了宋宣和时期的水平。《大明会典·工部·工匠》则记载，嘉靖十年时，织染局的刻丝匠有23人，说明刻丝工艺，在织染局内是有专人掌握的。

据苏州刺绣研究所专家孙佩兰鉴定，这件黄缂丝十二章衮服，织造技法丰富，使用了平织、结、掼、构、盘梭、子母经、搭梭法七种技法。这些不同技法的使用，使衮服的纹样更为生动。

三件刺绣的缎衮服，刺绣工艺也同样不同凡响。其十二章图案，都是先绣在绢地上，然后钉在衮服上。刺绣的手法均采用彩绒抢针绣法。抢针，也称"戗针"，就是用较短的针脚并列成块面，按纹饰形状分层刺绣。这三件刺绣衮服的十二章图案，针法细密，自然工整，具有较高的刺绣工艺水平。

②袍式衮服的定性与服用场合分析

这种袍式的十二章衮服，属于皇帝服装中的哪一种，应该在什么场合服用？这是学术界有待深入研讨的问题。

从万历皇帝尸骨的着装看，这种带有十二章纹饰的袍式衮服，应该是与明代皇帝的常服冠戴——乌纱翼善冠配合穿戴的。由于无论是《大明会典》，还是《明史·舆服志》都没有关于这种服装的记载，也与文献记载的皇帝冕服、皮弁服、常服等服装都不尽相同，人们所能看到的仅是明朝南薰殿遗存明代皇帝画像中，从明英宗开始，往后所有的皇帝，都是身穿这种带有十二章图案的袍服，头戴乌纱翼善冠。但令人困惑的是，这些画像，并没有画出服用这种袍服时的场合背景。所以，这种带有十二章纹饰的袍式衮服，与乌纱翼善冠配合穿戴，到底属于皇帝的什么服装，如何给它定性，在学术界就出现了不同的观点。

第一种观点，认为这种服装属于皇帝常服。上海市戏曲学校中国服装史研究组编著的《中国历代服饰》认为："这是明代皇帝的常服，以黄色绫罗制成，上绣龙纹、翟纹及十二章纹。"这种观点的形成，应该是与这种袍服，配合的冠戴是皇帝常服中的乌纱翼善冠有关。

第二种观点，认为是次于衮冕服而高于常服的一种礼服。周锡保著《中国古代服饰史》在谈到《历代帝王像》中的宪宗像时说："戴翼善冠，穿有团龙及十二章纹样的服饰。按此制虽有十二章纹，但不是衮冕服……在《历代帝王像》中自英宗始作此种形制，大抵在常服的基础上加以十二章等用作次于衮冕服而高于常服的一种礼服。"

第三种观点，认为这是明英宗改制后的衮服式样。黄能馥、陈娟娟编著的《中国服装史》第九章《明代服饰艺术》中说："《历代帝王像》中明宣宗（笔者注：当是英宗之误）像，戴翼善冠，穿十二团龙十二章衮服，腰围玉带，脚穿粉底靴，与北京定陵出土的万历皇帝缂丝衮服形制相同，出土时有黄签记明为衮服，与《明史·舆服志》关于衮服的记载不同，这是明英宗改制后的衮服式样。"

笔者认为，常服之说肯定是不符合事实的。因为定陵出土的五件衮服，其中的二件都附有墨书标签，明确标注有"衮服"的字样。其中，黄缂丝十二章福寿如意衮服有墨书标签，写着"万历四十五年……衮服……"；红缂丝十二章福寿如意衮服的墨书标签写有"万历四十五年衮服一套收口"。而且，按《大明会典》记载，皇帝常服的袍服形制是"袍黄色，盘领，窄袖，前后及两肩各金织盘龙一"。定陵出土的十二章袍式衮服显然与此不符。因此，这种袍服是衮服而不是常服是确定无疑的。

认为是次于衮冕服而高于常服的一种礼服，也不妥当。因为，按明末憨融上人（据谢国桢考证为天启张皇后之弟）所撰《宫廷睹记》记载："冕服亦不常服，止朝贺用之。其郊天祀祖，俱服冲天冠，以便跪拜。"

这里所说的冲天冠，就是乌纱翼善冠。明黄一正《事物绀珠》记载："国朝，转脚不交向前，其冠缨象'善'字，名翼善冠。后改转脚向上，名曰冲天冠。"

《宫廷睹记》尽管没有谈到服用冲天冠与之相配的是何种衣服，但朝鲜《李朝实录》曾经记载明孝宗和明世宗祭天时服用的是黄色袍服。（图1.1.38—1.1.39）

《李朝实录·成宗康靖大王实录》记载，弘治元年（1488）闰正月戊子，朝鲜国王问登极使臣卢思慎："闻皇帝法令严明，信乎？"卢思慎在回答了朝鲜国王提问后，又说，孝宗皇帝登极后，"虽风雪不废朝会，临群臣皆以丧服，惟祀天祭用黄袍"。

《李朝实录·中宗大王实录》记载，嘉靖七年（1528）三月丙申，朝鲜的正朝使洪景霖回国复命。朝鲜国王问他中国有什么新鲜事。洪景霖向朝鲜国王讲了他参加明世宗祭天大礼的事情。朝鲜国王又问皇帝的冠服情况，洪景霖说："祀天祭时则黄袍，常时则黑袍而黄色胸背矣。"

图 1.1.38 明孝宗朱祐樘衮服画像　　　　　　图 1.1.39 明世宗朱厚熜衮服画像

　　按照《大明会典》的规定："凡祭天地、宗庙及正旦、冬至、圣节则服衮冕。"既然《宫廷睹记》说郊天祀祖时皇帝戴的是冲天冠（乌纱翼善冠），《朝鲜李朝实录》又曾经记载，孝宗、世宗在祭天时，服用的是黄袍，则笔者认为，皇帝头戴冲天冠"郊天祀祖"时，身上所穿的黄袍，自然应是与衮冕服制度同等级的十二章袍式衮服，而不会是常服的四团龙龙袍，因为常服的龙袍等级不够，体现不出对天帝和祖先的崇敬心理。

　　那么，既然《大明会典》明确记载，早在洪武时期朱元璋就定下制度，祭祀天地宗庙，服用冕服。为什么后来出现了以乌纱翼善冠配十二章袍式衮服的服装进行替代呢？笔者以为，《宫廷睹记》所说的"以便跪拜"，应是其原因所在。

　　因为，在祭祀天地、宗庙时，按照礼仪规定，皇帝要向昊天上帝、皇地祇，或祖先的牌位跪拜行礼。可以想象，皇帝头戴冕冠，身穿上衣、下裳式的衮服，还要系上大带、革带，革带上还要挂系玉佩、蔽膝、大绶、小绶，跪拜的时候，的确不够方便。

　　但是，如果头戴冲天冠、身穿袍式衮服，向昊天上帝、皇地祇，或祖先的牌位跪拜行礼，比起服用冕服跪拜行礼，自然要方便得多。而且袍式衮服，上有象征皇帝身份地位的十二章图案，用来郊天祀祖也没有降低服装的等级。

因此，将这种服装定格在"次于衮冕服，高于常服"也是不妥的，因为，"郊天祀祖"，属于最高等级的"大祀"活动，所以，尽管冲天冠（乌纱翼善冠）与袍式十二章衮服相配的服装仅是衮冕服的一种简约版的替代形式，但其定位仍应是与衮冕服同种等级的服装。

而认为袍式衮服是"明英宗改制后的衮服式样"的观点，也是存在问题的。

首先，虽然在明朝皇帝的画像中，十二章袍式衮服与乌纱翼善冠配合穿戴，是始自明英宗朱祁镇，但从文献记载看，这种袍式的衮服的出现，可能早于英宗，甚至可能上溯到永乐、仁宗时期。

例如，《明太宗实录》卷二六五，记载永乐皇帝第四次亲征漠北回师途径居庸关时的情景："永乐二十一年十一月……辛巳，车驾入居庸关。是日，天气清朗。上服衮龙金绣袍，乘玉花龙马。既入关，按辔徐行，军容甚盛。金鼓喧阗，旗旄辉映，连亘数十里。中外文武群臣皆盛服，暨缁黄之流、耄耋之叟、四夷朝贡之使，百十万人骈跪道左。大驾至，欢呼万岁，声震天地。忠勇王金忠在后，于马上遥望，顾其所亲曰：今日真随从天上行也。"这里所说的"衮龙金绣袍"应该就是刺绣的十二章袍式衮服。因为只有衮服才有十二章纹饰，没有十二章纹饰的衣裳是不能称为衮服的。

另据《大明会典》和《明实录》记载，明朝时皇帝有一种服装被称为"祭服"。这种服装虽然没有出现《大明会典》的冠服制度中，也没有对这种服装的具体描述，但均出现祭祀天地、宗庙的礼仪记载中。据此，笔者认为，这种服装应该是与衮冕服等级相同，但服用场合彼此有着分工的不同：衮冕服是皇帝在大朝会、登极等隆重场合服用，而"祭服"则是在祭祀天地、宗庙时服用。结合前述《宫廷睹记》所说的"冕服亦不常服，止朝贺用之，其郊天祀祖，俱服冲天冠，以便跪拜"进行推测，这种"祭服"应该就是冲天冠配以十二章袍式衮服的一种主要用于"郊天祀祖"的服装。

而且，这种被称之为"祭服"的服装，不仅出现在明朝的中晚期的祭祀天地场合中，而且早在明仁宗朱高炽时就已经出现在祭祀宗庙的场合中。

例如，《大明会典》卷八七《礼部·庙祀二》记载永乐二十二年（1424）《太宗文皇帝祔庙仪》，在仪式举行之前，仁宗朱高炽先服衰服至永乐皇帝几筵殿跪拜行礼，然后在思善门外"易祭服，升辂后，随至太庙南门之外"，然后至太庙内举行祭拜仪式。

《明仁宗实录》卷八也同样记载永乐二十二年十二月壬子，礼部进《会议葬祭等仪》："至思善门外，皇帝易祭服升辂后，随至午门外。仪卫伞扇分列于太庙南门外之左右。导引官导皇帝诣御辇前。赞跪,皇帝跪。太常卿跪,奏请太宗体天弘道高明广运圣武神功纯仁至孝文皇帝神主降辇,诣太庙祔享。"而后,仁宗又"释祭服易衰服,随御辇至几筵殿前……神主升座讫,内导引官导皇帝由殿左门入行安神礼如前仪。礼毕,皇帝释服还宫。明日,百官素服乌纱帽黑角带行奉慰礼"。

这是文献中关于仁宗皇帝服用"祭服"祭祀太庙的事例。

又如,嘉靖皇帝祭祀天地、宗庙同样服用的是"祭服"。

《大明会典》卷八三《礼部·郊祀三》记载明世宗朱厚熜祭方泽(地坛)礼仪:"一正祭,是日五鼓,太常卿候上御奉天门,跪奏请圣驾诣地坛。锦衣卫备随朝驾。上常服乘舆,由长安左门出,入坛之西门。太常官导上至具服殿,易祭服出。导驾官导上由方泽右门入。典仪唱:乐舞生就位,执事官各司其事……礼毕,导驾官导上至具服殿易服,……驾还,诣庙参拜……还宫。"

《明世宗实录》卷二一六记载嘉靖十七年(1538)九月,礼部更定《上成祖、睿宗尊谥礼仪注》中,有"是日,车驾至郊(天坛),上即大次易祭服,诣圜丘行奏告礼"的记载。

《大明会典》卷八七《礼部·庙祀二》记载嘉靖十年所定"大禘"礼中,也有大致相同的记载:"是日早,上具翼善冠、黄袍,御奉天门。太常卿跪奏请圣驾诣太庙。上至太庙门外,降轿。导引官导上入御幄,具祭服出,由殿左门入……"

万历皇帝祭天时服用的也是"祭服"。《大明会典》卷八二《礼部·郊祀二》记载,万历三年亲祀圜丘仪:"正祭前六日早,上常服,以亲诣南郊视牲预告于太庙……前一日质明……至一更时……候报时。上常服乘舆,出至外墙神路之西,降舆,导驾官导上至神路东大次。礼部同太常寺复命毕。上具祭服出,由内墙左棂星门入,行大祀礼如常仪,毕。上至大次易常服,至斋宫少憩,驾还,仍诣太庙参谒,毕,具衮冕服御皇极殿,行庆成礼。"

如上资料表明,这种冲天冠(乌纱翼善冠)与袍式十二章衮服搭配服用的"祭服"的出现时间,最早可以追溯到在永乐年间,显然是早于英宗的。

其次,这种冲天冠(乌纱翼善冠)与袍式十二章衮服搭配服用的服装,尽管在"郊天祀祖"的场合,成为衮冕服的一种简约版的替代服装,但是在其他场合则并没有取代衮冕服的制度。也就是说,衮冕服制度并没有因为这种替代服装的出现,而被废止不行。

例如,《明史·礼志》记载,明孝宗朱祐樘,弘治元年(1488)定耕耤仪。就有"至期,帝翼善冠黄袍,诣坛所具服殿,服衮冕,祭先农。毕,还,更翼善冠黄袍"的记载。这是明孝宗祭祀先农之神服用衮冕服的事例。

另外,据《大明会典》卷四三《礼部》"朝贺"的记载,自洪武以后大朝会朝贺时皇帝都是服用衮冕服,到了明朝中后期也始终没有发生改变。如,嘉靖十六年(1537)朝贺时,依然是"皇帝具衮冕升座"或"上具衮冕升座"。而且,皇帝的登极仪、万寿圣节百官朝贺仪、冬至大祀庆成仪,皇帝同样都是服衮冕服的。

另外,前述《万历野获编》谈到明世宗在大朝会时君臣玉佩绞在一起后下令大臣佩戴玉佩时,增设佩袋,也间接证明,明世宗在大朝会时服用的是衮冕服,而祭祀天地时,则服用的是乌纱翼善冠配袍式衮服。因为书中接着又讲道:"惟郊天大礼,不敢用袋。"

为什么大朝会时,大臣们的玉佩需要装袋,而祭祀天地时,大臣们不需将玉佩装袋呢?其原因不难推测。因为皇帝祭祀天地时,为了跪拜方便,穿的是袍式衮服,不用系玉佩,所以不可能再出现大臣与皇帝的玉佩绞在一起的尴尬情况。而大朝会等庆典活动则不然,因为皇帝服用的是衮冕服,系有玉佩,所以为避免出现嘉靖初年发生的事情,大臣们必须遵旨配置佩袋,而且,从定陵出土文物看,皇帝的玉佩也是有佩袋的。

不过有一段史料,很容易让人误以为明世宗登极大典穿的是龙袍而不是衮冕服。明焦竑《玉堂丛语》卷一《言语》记载:"世庙登极之日,御龙袍颇长。上俛视不已。大学士杨廷和奏云:'陛下垂衣裳而天下治。'"但实际上,这应该是误解。因为明朝的衮冕制度,在永乐三年时将上衣六章,改成了八章,因此上衣便长了一些,有点像袍的感觉了。也正是如此,世宗后来在嘉靖八年,再次调整冕服制度,将上衣的八章,改回了六章。而且限定上衣的长度,要"衣不掩裳之六章"。杨廷和说"陛下垂衣裳而天下治"的话,也表明世宗登极时,服用的是衮冕服,而不是龙袍。

另外,《明世宗实录》卷一记载正德十六年(1521)四月二十二日世宗即位前,礼部尚书毛澄等进《即位仪注》,也说世宗在即位礼上穿衮冕服:"是日早,设酒果,具孝服,上亲诣大行皇帝几筵前只告受命。毕,即于奉天殿前设香案酒果等物,具衮冕服,行告天地之礼。后就赴奉先殿谒告祖宗。毕,具衮冕谒奉慈殿,谒告孝肃太皇太后、孝穆皇太后,谒大行皇帝几筵前,俱行五拜三叩头礼。次诣慈寿皇太后前,行五拜三叩头礼。次诣奉天殿即位。"

世宗刚刚入继大统,根基还不牢固,不可能产生更改制度的想法。所以,世宗即位礼上服用衮冕服,是确定无疑的。

另外,陈娟娟著《中国织绣服饰论集·织花篇·明代丝绸艺术》说:"万寿圣节,皇帝生日穿'万万寿''洪福齐天'纹样,'洪福齐天'纹于'齐天'文字之旁左右各有红蝙蝠一枚。"并提及定陵出土有"万寿如意孔雀羽十二团龙十二章缂丝衮服"和"织金万寿无疆圣寿洪福齐天八团龙缂丝袍"就是这类供皇帝生日穿的服装。但这些服装,虽有"万寿""福寿如意"的吉祥含义,但按照《大明会典》的记载,万寿圣节皇帝接受百官庆贺,服用的是衮冕服。这些有"万寿无疆、圣寿、洪福齐天"等吉祥用语的服装,应该只能是在万寿圣节的大典仪式举行前后,皇帝在宫中休息时所穿,不可能是大典时服用的服装。

明代这种冲天冠(乌纱翼善冠)与袍式十二章衮服配合的方式,除了"郊天祀祖"时服用外,还可以作为皇帝的"寿衣"来使用。定陵发掘情况证实了这一情况。另外,文献记载崇祯皇帝的殡葬情况也证实了这一点。清朱孔阳《历代陵寝备考》卷五〇引谷应泰《明史纪事本末》记载,李自成农民起义军打入北京城后,崇祯皇帝在煤山自缢。"崇祯十七年三月……二十三日辛亥,改殡先帝后。出梓宫二。以丹漆殡先帝,黝漆殡先后。加帝翼善冠、衮玉渗金袍;后袍带亦如之。"这里所说的"衮玉渗金袍",应该指的就是带有十二章图案的袍式衮服。

③南薰殿藏明代袍式衮服皇帝画像的真实性

存世古代帝王画像,有的是根据后人想象所画,所以,其并不全都具有真实性。例如,伏羲、帝尧、夏禹、商汤、周武王等古帝王画像就属于这种情况,有研究者认为,宋朝帝王的画像也是后人所绘。其理由是,如果画像是当时画的,应该保存在皇室家族后人中。

然而,明代遗留下来的明代帝后画像则不是这样。除朱元璋像相貌差异较大外,其余画像就每位帝王而言,如果是同一位皇帝出现两张或两张以上画像的,相貌都没有明显差异。据此,这些画像应该大都是当时画家按照真人容貌画出的。

清嘉庆二十一年(1816)翰林院编修胡敬曾作《南薰殿图像考》。其卷上,列有明代皇帝像(全身像,坐像为主)。

其中明太祖朱元璋的画像有12轴之多。其服饰包括冕服像、皮弁服像、常服像等。

有关明太祖画像的事,文献也多有记载。明陆容《菽园杂记》卷十四:"高皇尝集画工,传写御容,多不称旨。有笔意逼真者,自以为必见赏。及进览,亦然。一工探知上意,稍于形似之外,加穆穆之容以进。上览之,甚喜。仍命传数本以赐诸王。

盖上之意有在，它工不能知也。"

又，明周晖《金陵琐事》记载，陈遇善山水，曾为太祖写御容。

明李天麟《祥符志》记载，孙文宗，洪武三年（1370）被召至京城，传写太祖御容。

明朱谋垔《画史会要》记载："沈希远，昆山人，山水宗马远，亦善传神。洪武中写御容，称旨。"又记，陈远，"尝写太祖御容，称旨，授文渊阁待诏"。

朱元璋画像，之所以相貌不同，由此看来，是有人追求形似，有人则在形似的基础上，加以润色，形成肃穆之气。

明成祖像一轴，翼善冠、黄袍，为皇帝常服。《画史会要》记载："陈扬，字仲谦武昌人。永乐中，写太宗御容，称旨。"

明仁宗像一轴，冠服同成祖像，常服。

明宣宗像三轴，其中坐像一轴，亦常服。另外两轴，马上像和戎服立像。

明英宗像一轴，身穿龙衮袍（即十二章袍式衮服）。

明宪宗、明孝宗、明武宗、明世宗、明穆宗、明神宗像均为一轴。而明光宗、明熹宗、明睿宗像均为两轴。这些画像的服饰均同明英宗像。

其中，明孝宗像，绘画者有可能为蒋宥。《画史会要》："蒋宥，弘治中，都御史朱瑄荐，入京应制，写御容。"而明睿宗（嘉靖皇帝父朱祐杬，原为兴献王，葬钟祥，后嘉靖皇帝追尊其为睿宗献皇帝）像，据胡敬考证，"此像冠服皆同帝制，签称兴献王者，乃属后来改题"。

此外，又有明孝慈高皇后像一轴。

而明朝的建文皇帝朱允炆、景泰皇帝朱祁钰、崇祯皇帝朱由检，则没有留下遗像。其原因分别是，朱允炆，因"靖难之役"，丢失皇位，下落不明，实际上，已经被永乐皇帝剥夺了皇帝的身份；景泰皇帝，因英宗复辟而失去皇位，被贬为郕王，即使生前绘有画像，也会被销毁的；崇祯皇帝亡国之君，或许生前就没画过像，死后已经改朝换代，自然也不会有人再按照真人的相貌去画遗像了。

其实，在明代时，人死之后，依据遗容或据知情人回忆，补画遗像的情况也是存在的。

清光绪二十七年（1901）重刊的《兴邑衣锦三僚廖氏族谱》记载，奉命卜选长陵陵址的江西风水术士廖均卿，永乐十一年（1413）五月二日因病去世，永乐皇帝特下旨为他画像。（图1.1.40）廖均卿第四子廖信厚随父在京，记述了事情经过：

"上曰：'正想均卿，如何即逝矣。着画像官描廖均卿容图，入朕一观。'其画像官有一姓者，即描献上。上曰：'不相似均卿之容。'圣怒，将画工枭首。又取画工三人描之，皆不相似，俱以斩首矣。惟姓蒋者，画如活人。帝王一观，不觉泪下。诏存一幅，赐一幅回家。"今江西三僚廖氏家族中还保存有廖均卿的传世画像。

甚至在明朝皇帝的后妃中也有死后补画遗像的。

例如，崇祯皇帝登极后，得知母亲刘太后没有遗像，非常悲痛。但母亲去世时，自己才五岁，不记得母亲容貌是什么样了。恰巧，有个傅懿妃，原来曾与刘太后同为淑女，两人居住的宫殿紧挨着，声称知道刘太后容貌。她找了一位和刘太后相貌近似的宫女，让刘太后的母亲瀛国太夫人徐氏指导画工为刘太后画像。（图1.1.41）画像画成后，由正阳门用皇太后法驾迎入。崇祯帝在午门跪迎宫中悬挂。崇祯帝让年老的宫婢去看，结果，有人说像，有人说不像。崇祯帝泪如雨下，六宫妃嫔也都伤心泪下。

明朝的皇帝，生前让画师为自己绘制画像的情况是有的，明太祖朱元璋、明成祖朱棣生前让人为自己画像，均见于文献记载。（图1.1.42）但会不会有皇帝死后或弥留之际画的遗像？从有些画像所显示皇帝的年龄与其驾崩年龄比较一致看，或者不能排除这种可能性。例如，明太祖朱元璋享年71岁，是明代皇帝享年最久的皇帝，而朱元璋的确有白发苍苍，龙钟老态，与年龄相适合的画像。明熹宗朱由校去世时23岁，其存世画像，的确是个年轻人的形象。（图1.1.43）

《南薰殿图像考》卷下，还有明朝帝后设色

图1.1.40 廖均卿传世画像

1.1.41 崇祯皇帝生母孝纯皇后刘氏画像

1.1.42 明太祖朱元璋画像　　　　　1.1.43 明熹宗朱由校画像

冠服半身像 16 对幅。

这些明朝皇帝像，在明朝时由朝廷珍藏，并有专人管理。清孙承泽《春明梦余录》卷十八记载："景神殿在太庙东北，奉藏列圣御容……每岁六月六日，本寺[1]具吉服，诣太庙暨景神殿晒晾。"这说明，正是由于这些画像都是写真画像，是被皇家认可的，所以才被奉藏景神殿，并供奉于太庙。

这些画像，得以珍存至今，特别是身着十二章袍式衮服的皇帝画像，证实了定陵出土的这种十二章衮服，虽然不见载于《大明会典》卷六十《礼部·冠服》，以及《明史·舆服志》中，但能够出现在这么多的皇帝写真画像中，绝非偶然，说明这种衮服在明朝的历史长河中的确曾被皇帝服用。

---

1 应指太常寺。

二、皇帝皮弁服

皮弁服，是古代次于冕服的一种服装。古代的弁服，有爵弁服、皮弁服、韦弁服、冠弁服等。其中，爵弁服，其冠略似冕而无旒，是古代士助君祭祀的服装；皮弁服，是古天子视朝、或朝宾，以及诸侯的视朔之服，天子皮弁用白鹿皮制作，鹿皮上尖下广，缝合有缝，以五采玉十二装饰缝中，诸侯、卿、大夫均有此服；韦弁服，系天子兵事时所服；冠弁服为天子田猎时所服。

明朝时，自洪武始，有皮弁服制度，服用的范围，为皇帝朔望视朝等场合的服装。又有武弁服，为天子亲征、遣将的礼服，嘉靖时武弁服制度则更为详尽。（图1.2.1）

图 1.2.1 明神宗皮弁服画像

1. 皇帝皮弁服的服用场合

按《大明会典》卷六十《礼部·冠服》记载："凡朔、望视朝，降诏，降香，进表，四夷朝贡，朝觐则服皮弁服。嘉靖嘉靖间，令祭太岁、山川等神皆服。"

①朔望视朝

朔望视朝，就是每月的初一（朔）十五（望），皇帝上朝的仪式。明太祖洪武三年（1370）定，凡朔望日，皇上服皮弁服御奉天殿。百官公服[1]于奉天殿丹墀东西对立，然后，由引班引领众官面朝北站立，跪拜行礼。鞠躬，自报姓名，称某官（官职）臣某（姓名）某起居（住处）。赞礼官唱："圣躬万福"。百官再拜，分东西两班对面站立。各衙门有事上奏，则从西面台阶上去进殿上奏。奏毕，再从西面台阶退下。随后引班引百官一次退出。

②降诏、降香

降诏，即将诏书颁命四方。其程序是先于阙廷宣读，然后颁行。

洪武二十六年（1393）定颁诏仪：设御座于奉天殿，设宝案于殿东，陈中和韶乐于殿内，设大乐于午门及承天门外，设宣读案于承天门上，西南向。

清晨，校尉擎云盖于殿内帘前，百官朝服列班承天门外，公、侯班午门外，均为东西对立向。皇帝皮弁服，升殿（奉天殿）如仪。礼部官捧诏书诣案前，用宝讫，置云盖中。校尉擎云盖，由殿东门出。大乐作，自东陛降，由奉天门至金水桥南午门外。乐作，公、侯前导，迎至承天门上。鸣赞唱：排班。文武官就位。乐作，四拜，乐止。宣读、展读官升案，称：有制。众官跪。礼部官捧诏书，授宣读官。宣讫，礼部官捧置云盖中。赞礼唱：俯、伏、兴。乐作，四拜，乐止。舞蹈山呼，又四拜。仪礼司奏礼毕，驾兴。礼部官捧诏书分授使者，百官退。

嘉靖六年（1527）续定新制，皇帝升殿服装，改皮弁服为冕服。

降香，是皇帝在祭祀前亲自主持的烧香活动。例如，洪武元年（1368）二月，明太祖下诏，以太牢祀孔子于国学。又定制："每岁仲春、秋上丁，皇帝降香，遣官祀于国学。以丞相初献，翰林学士亚献，国子祭酒终献。先期，皇帝斋戒。献官、陪祀、执事官皆散斋二日，致斋一日。前祀一日，皇帝服皮弁服，御奉天殿降香。"[2]

---

[1] 公服，官员朔望日上朝穿的衣服。头上戴的帽子称为"幞头"，帽壳用纱漆制作，左右展角，各长一尺二寸。身穿盘领右衽袍，一品至四品，为绯（红色）袍，五品至七品为青袍，八品、九品绿袍。袍身按品级不同有大小独科花或散答花、小杂花纹。腰系革带，手持笏板。

[2]《明史·礼志》。

③妃、嫔册立仪

洪武三年（1370）定，皇妃册立仪。前期一日，礼部官奉册、印进入，放置于谨身殿御座宝案之前，册东、印西。侍仪司设册礼使、受制位于奉天殿横街南稍东处，副使位于其西。设承制官、奉节官、奉册奉印官位于册使之东。设副使、受册、受印绶位于受制位之南。典仪、赞礼、文武官各有固定位置。奉天门外陈设龙亭，及仪卫、鼓吹人员。

第二天，天一亮即举行册封仪式，位置在奉天殿横街南。并有受册。宣读制文等相关议程。册、印送往皇妃宫中，皇妃接受册、印，接受命妇祝贺。并向皇帝、皇后致谢。

永乐七年（1409）续定制度，"其日质明，锦衣卫设卤簿大驾，教坊司设中和韶乐及大乐，鸿胪寺设节、册案于奉天殿内，设正副使拜位于丹墀。内官设皇妃受册位于各宫中，设节册案于皇妃受册位之北……上御华盖殿，具皮弁服"[1]。

嘉靖九年（1530）十月，少傅兼太子太傅吏部尚书张璁奏："古者天子立后，并建六宫、三夫人、九嫔、二十七世妇、八十一御妻，所以广储嗣也。伏惟中宫皇后正位有年，前星未耀，嗣续未蕃。臣愿皇上当此春秋鼎盛之年，广为储嗣兆祥之计。"[2]

于是，嘉靖十年（1531）三月，世宗朱厚熜册立淑女方氏、郑氏、王氏、阎氏、韦氏、沈氏、卢氏、沈氏、杜氏为九嫔。其册立仪式基本与册立皇妃仪式相同。仅内府所造九嫔的服饰，"九翟冠，次皇妃之凤者；大衫、鞠衣如皇妃制；圭用次玉谷文；银册，少杀于皇妃五分之一，以金饰之"[3]。略低于皇妃。

此外，公主、太子妃、亲王妃的册立，皇帝御殿，都服用的是皮弁服。

④皇太子、亲王冠礼

皇太子、亲王的冠礼，皇帝服用的也是皮弁服。以皇太子冠礼为例，洪武三年，所定的是皇帝服用通天冠、绛纱袍。成化十四年（1478）续定制度，皇帝则服用的是皮弁服。

《大明会典》卷十四《礼部·冠礼》"皇太子冠礼"记载，皇太子冠礼举行的前一天，要派遣官员祭告太庙。锦衣卫在皇太子观政之所文华殿的东配殿布置帷幕；鸿胪寺在文华殿内北面正中设置节案，设香案于节案之南。设醴席于西。东配殿帷幄之内，设

---

[1]《大明会典》卷四六《礼部·皇妃册立仪》。
[2]《明世宗实录》卷一一八。
[3]《明世宗实录》卷一二二。

座椅、几案、祵褥之类。东配殿之外，又搭张帷幄，陈设皇太子冠礼所需的冠服。

冠礼举行日一早，皇帝具皮弁服，御华盖殿。鸿胪寺奏请升座，百官侍班各就位。传制官宣皇帝制文："朕皇太子某冠，命卿等持节行礼。"

礼部官至文华殿，请皇太子迎节。乐作，礼部官引导皇太子出迎至殿门外，持节官捧节置于节案上，退至节案之东，乐止。

随后，皇太子在礼部官的引导下，由内侍二人夹侍，来到冠席。有宾、赞等为皇太子加冠，最先加的是翼善冠。其祝文说："吉月令辰，乃加元服。懋敬是承，永介景福。"

皇太子再入帷幄，换新袍出来，再加冠礼，祝文说："冠礼申举，以成令德。敬慎威仪，维民之式。"内侍为皇太子脱下翼善冠，宾跪进皮弁冠，赞礼官为皇太子加上皮弁冠。

礼部官奏请皇太子更换袍服，皇太子入帷幄换上皮弁服和鞋袜等。随后行三加冠礼，其祝文说："章服咸加，伤敬有虔。永固皇图，于千万年。"内侍为皇太子脱下皮弁冠，宾跪进冕旒，赞礼官为皇太子加上冕冠。皇太子入帷幄换上冕服。

三次加冠、诵读祝文，都有大乐承应。

礼部启奏皇太子至醴席。皇太子至文华殿内醴席。光禄寺官安置醴桌，乐奏。赞礼官取爵来到尊桌，为爵满酒。宾持爵至醴席前站立，乐止。祝文说："旨酒孔馨，嘉荐载芳。受天之福，万世其昌。"宾跪进爵，皇太子将圭插入大带和革带之间，将爵置于案上。教坊司乐奏《喜千春之曲》。

礼官启奏："进酒。"皇太子举爵饮酒。奠爵于案，乐止。光禄寺进馔，乐止。皇太子食用完毕，撤桌。礼部官启奏皇太子受敕戒。皇太子跪于拜位，宣敕戒官跪在皇太子稍东处，宣读皇帝给皇太子的敕戒："孝事君亲，友于兄弟。亲贤爱民，居仁由义。毋怠毋骄，茂隆万世。"敕戒宣读完毕，乐作。皇太子及礼部、赞礼官等行四拜礼，乐止。皇太子送节至殿门外。

当日，皇太子具冕服谒祭奉先殿（明代供奉祖先的殿宇），拜谢太皇太后、皇太后、皇帝、皇后。次日早，皇帝具皮弁服诣华盖殿，接受文武百官的称贺。

⑤祭祀

明代的祭祀有大、中、小之别。《大明会典》卷八一《礼部·祭祀通例》中说："国初，以郊庙、社稷、先农俱为大祀，后改先农及山川、帝王、孔子、旗纛为中祀，诸神为小祀。嘉靖中，以朝日、夕月、天神、地祇为中祀。"又说："凡服，大祀冕服，中祀皮弁服。"

但事实是在实际执行中又会有一些变化。

例如，对朝日、夕月的祭祀，就存在这样的情况。

洪武三年（1370），礼部上言："古者，祀日、月之礼有六：《郊特牲》曰，'郊之祭，大报天而主日，配以月'，一也；《玉藻》曰，'朝日于东门之外'，《祭义》曰，'祭日于东郊，祭月于西郊'，二也……今当稽古正祭之礼，各设坛专祀。朝日坛宜筑于城东门外，夕月坛宜筑于城西门外。朝日以春分，夕月以秋分。星辰则祔祭于月坛。"[1]

明太祖同意了礼部的意见。并下令，其祀祀仪式与社稷祭祀相同。洪武二十一年（1388），明太祖认为大明、夜明之神已经从祀于圜丘，于是停止了朝日、夕月的祭祀。

嘉靖九年（1530），明世宗认为，"大报天而主日，配以月"[2]。大明坛（朝日坛）应当与夜明坛（夕月坛）有所不同。所以，他觉得"日月照临，其功甚大。太岁等神，岁有二祭，而日、月、星辰止一从祭，义所不安。"[3]

大学士张璁也认为以前所定制度，缺少古典文献的依据。于是，世宗决定，以春分、秋分分祭朝日、夕月。并修建朝日坛于朝阳门外，坐东朝西；夕月坛于阜成门外，坐西朝东。两坛坛制有隆杀之别：朝日，护坛地一百亩；夕月，护坛地三十六亩。朝日无从祀，夕月以五星、二十八宿、周天星辰共一坛，南向祔祭。春祭用寅时，迎接日出；秋祭用亥时，迎接月出。

嘉靖十年（1531），礼部呈上朝日、夕月的祭祀礼仪。定制为：朝日祭祀，迎神四拜，饮福、受胙两拜，送神四拜；夕月祭祀，迎神、饮福、受胙、送神均为二拜。两者祭礼有了隆杀之分。

另外，皇帝日、月两坛的祭祀着装，也存在区别。

据《大明会典》卷八三《礼部·祠祭清吏司》记载，朝日坛的正祭，皇帝服用的是"祭服"，也就是前面所说的乌纱翼善冠与十二章袍式衮服，其祭祀服装的等级是与"郊天祀祖"相同的。而夕月坛的正祭，则服用的是低一等的祭祀服装皮弁服。

此外，皇帝亲自祭祀帝社稷、先圣先师、先农、山川、天神、地祇时，也都在正祭时服用的皮弁服，《大明会典》有关祭祀的内容，有明确的记载，不再详述。

---

1 《明史·礼志》。

2 语出《礼记·祭义》。意思是，天子在南郊祭天，报答上天之神带来恩泽，是以日神，即大明之神为主的；以月神即夜明之神配享。

3 《明史·礼志》。

2. 皇帝皮弁服的规定制式

明朝时皇帝的皮弁服，属于次一等的礼服。《大明会典》卷六十记载，其服饰有皮弁（冠）、绛纱袍、红裳、中单、大带、蔽膝、玉佩、大绶、玉圭、袜舄，较之冕服要简单些。

皮弁，表面蒙黑纱，前后各有十二缝，缝中各用赤、白、青、黄、黑五采玉装饰。十二缝及冠武，并贯簪系缨处皆饰以金。玉簪、朱纮缨。

玉圭，长如冕服之圭，有脊，并双植文，剡其上，黄绮约其下，及有韬，金龙文。

绛纱袍，本色领、褾、襈、裾。

红裳，如冕服内裳制，但不织章数。

中单，以素纱为之，如深衣制。红领、褾、襈、裾，领织黻文十三组。

蔽膝，随裳色，本色缘，有玉钩二。

玉佩、大带、大绶、袜、舄，均与冕服制度相同。（图1.2.2—1.2.6）

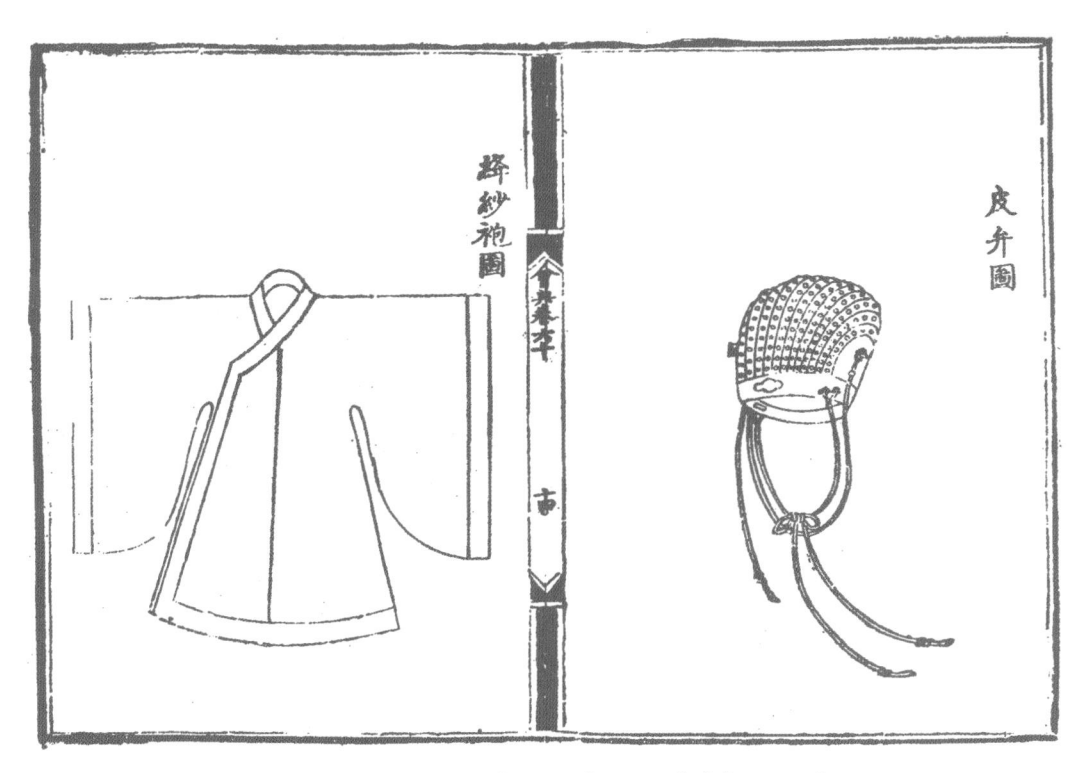

图1.2.2《大明会典》中的《皮弁图》《绛纱袍图》

图 1.2.3《大明会典》中的《红裳图》《中单图》

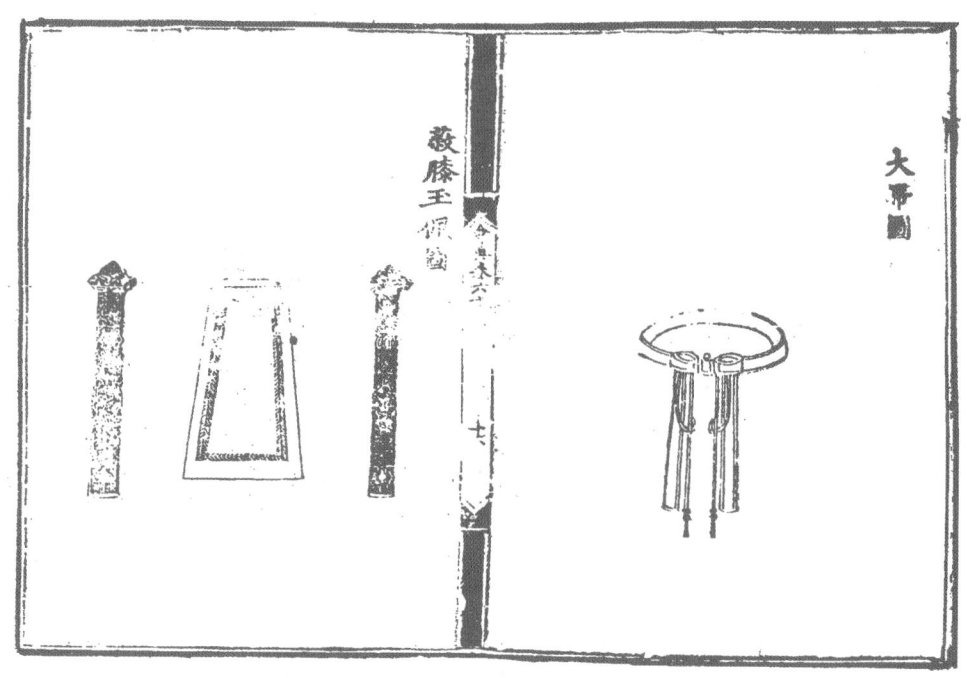

图 1.2.4《大明会典》中的《大带图》《蔽膝、玉佩图》

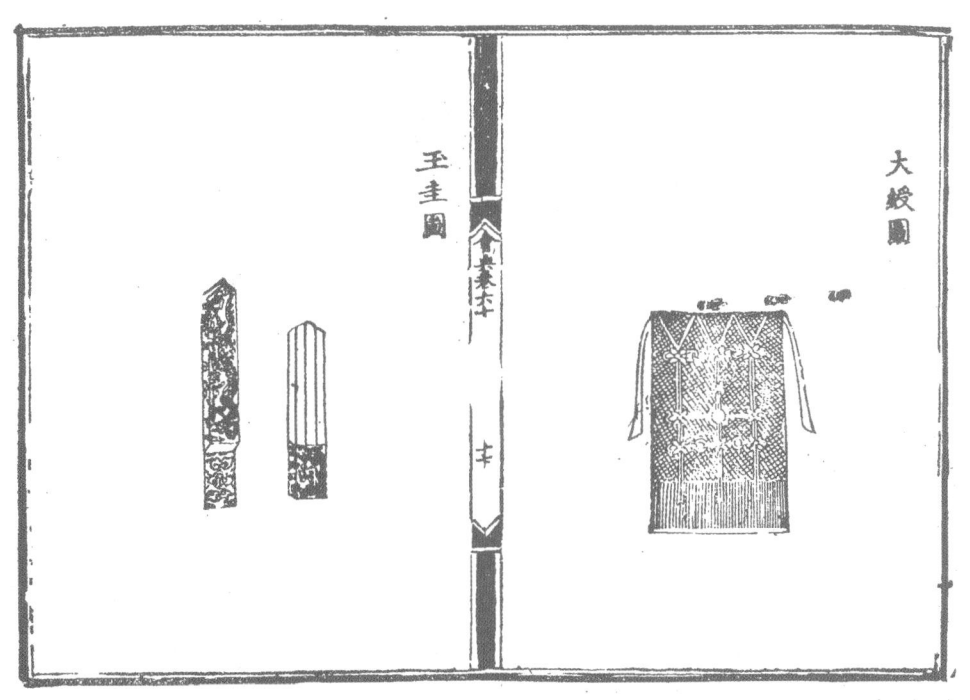

图 1.2.5《大明会典》中的《大绶图》《玉圭图》

图 1.2.6《大明会典》中的《袜、舄图》

3. 定陵出土的皮弁服服饰

定陵的出土文物中，属于万历皇帝皮弁服的服饰也不全，例如，中单就没有出土。

①皮弁冠

定陵出土万历皇帝的皮弁冠1顶（W32：1）（图1.2.7），出自万历帝棺内西端中部，已经残坏。其结构，采用细竹丝作胎，面敷三层黑纱，内衬一层红素罗。冠前后各有十二道缝，缝内钉包金竹丝一缕，缝中各缀玉珠9颗（含红色3颗，白、绿、黑各2颗）、珍珠3颗。全冠共残存玉珠206颗，珍珠全部朽坏。冠侧有孔，穿有方首玉簪一件，簪首、簪脚分为两段。簪首、簪脚的下面各有两孔，系有红色圆绦带、红缨组。形制与《大明会典》一致。

图1.2.7 万历皇帝皮弁冠 W32：1（复制）

②绛纱袍

定陵出土绛纱袍1件（W16），出自万历皇帝棺内西南角最上层。已经残坏。

③玉圭

定陵出土与皮弁服配套的玉圭1件（W44）（图1.2.8）。这件玉圭出自万历皇帝棺内，白玉制成，长26.8厘米，宽5.9厘米，厚0.9厘米。正面两侧凹槽内有凸起的双植纹，与《大明会典》的记载一致。

这种样式的玉圭，其实在古代曾名为"桓圭"，是上公朝见天子行礼时手执之圭。《大戴礼记补注》（卢辩注，孔广森补注）卷十二说："上公之礼，执桓圭，九寸，缫藉九存。【补】：桓，楹也。圭上刻双植象之。"说明，在周礼时代，这种圭，是诸侯，而不是天子所执之圭。但是，在明代则被列为皇帝皮弁服中所执之圭。

随同出土的还有玉圭垫2件、玉圭套1件、套手玉套3件，玉圭袋1件。

图1.2.8 万历皇帝皮弁服玉圭 W44

④蔽膝

定陵出土皮弁服的蔽膝一件（W408），出自万历皇帝棺内。红素罗面，纱里，与《大明会典》记载基本一致。不同之处，一是没有玉钩，二是上部接缝处有蓝、黄、绿三色丝线编成的扁绦带。这件蔽膝，比定陵出土的另一件，属于冕服的蔽膝略小，上宽25厘米，下宽38厘米，长60厘米。

皮弁服中的中单，定陵没有出土，因为按照《大明会典》的记载，其皮弁服应该是"如深衣制"，但定陵出土的中单中没有这种样式的。其他如玉佩、云履毡袜、大带、大绶，定陵出土均为2件，其中除有冕服一套外，应该有皮弁服的一套。

三、皇帝常服

常服，是皇帝日常处理政务以及在其他较为正规场合服用的服装。

1. 常服服用的场合

①常朝仪

明代皇帝的常朝仪，也就是日常上朝会见大臣的仪式。分为常朝御殿仪、常朝御门仪、午朝仪、忌辰朝仪等形式。

常朝御殿仪。洪武年间，文武百官早朝，皇帝御殿有华盖殿、奉天殿之分。

如果是华盖殿早朝，有事情要上奏的入殿内启奏；没有事情上奏的，四品以上入殿侍立，五品以下在殿外列班。鸣鞭后散朝，依次出宫。

如果是皇帝御殿奉天殿，大臣们先要在华盖殿行礼、奏事。完毕后，五品以下官在奉天殿丹墀按品级列班；四品以上及翰林院、给事中、监察御史等官，候鸣鞭后在奉天殿内序立，退朝后依次出殿。如退朝后，又有奏事者，则文武百官重新在殿内、殿外排班。事毕，谢恩、鸣鞭、退朝。

常朝御门仪。即皇帝御奉天门朝见百官。洪武初年定，早朝时，文武百官先在金水桥南依品级东西序立，鸣鞭后在奉天门丹墀内东西相向序立。文武官入班行礼，有事者，依次进奏；无事奏者，随即入班。退朝后，百官分东西退出。

凡朝班序立，洪武二十六年（1393）令，公、侯排在文武序班之首，其次驸马，再次伯。自一品以下各按品级，文官在东，武官在西，依次序立。监察御史作为纠仪官排在最后，面朝北。纪事官排在文武第一班之后，稍近皇帝，以便观听。大臣奏事，不论位处何班，都要绕到最后一班在御前跪奏。不许从班内横过。

自洪武以来，除特例免朝外，早朝都是天天举行。隆庆六年（1572）八月，首辅大学士张居正，作为慈圣皇太后倚重的帝师，考虑到万历皇帝即位不久，年纪虚岁才10岁，需要充裕的时间，进行系统的儒家经典的学习。因此他建议，除重大节仪和朔望日必须早朝外，只以每月的三、六、九日，皇帝视朝。

皇帝视朝，时间非常早。《明史·后妃传》记载："太后教帝颇严。帝或不读书，即召使长跪。每御讲筵入，尝令效讲臣进讲于前。遇朝期，五更至帝寝所，呼曰：'帝起'，敕左右掖帝坐，取水为盥面，挈之登辇以出。"可见，皇帝视朝时间的调整，完全是出于对少年皇帝学业的通盘考虑。

②午朝仪

皇帝视朝，除了早朝外，明朝开国之初，百业待兴，皇帝政务繁忙，为了及时与大臣讨论国事，因此还设有"午朝"之仪。

后来诸帝承平，午朝制度遂渐渐废而不行。再后来发生了正统十四年（1449）"土木之变"，明英宗朱祁镇在河北怀来的土木堡被蒙古瓦剌部俘虏，国家一度出现危机状况。在于谦等支持下，奉命监国的郕王朱祁钰临危御极，是为景泰皇帝。他整肃朝纲，击退瓦剌，使政局得以稳定。为使纷纭复杂的政务得到及时处理，大臣们建议景泰皇帝恢复明初的"午朝"制度。

据《明英宗实录·废帝郕戾王附录》记载，翰林院侍讲吴节、南京翰林院侍讲学士周叙，先后在正统十四年（1449）十一月和景泰二年（1451）二月，建议景泰帝"复午朝之典"。景泰二年八月，景泰皇帝下令正式恢复午朝制度。

午朝会见群臣的地点是左顺门（位于奉天门东侧廊庑正中，金水桥的东南）。当时，景泰帝下令"午朝，翰林院先奏事"。万历三年（1575）题准："午朝，该日记注起居史官四员列于御座西稍南。"说明当时万历皇帝的教育之下，对午朝还是比较重视的。

③忌辰朝仪

《大明会典》卷四四《礼部·朝仪》"忌辰朝仪"："凡遇各庙忌辰，上服浅淡服御奉天门视事。不鸣钟鼓，百官各服浅淡服、黑角带朝参。"

④天寿山、金山陵寝祭祀

天寿山是明朝迁都北京诸帝的陵寝所在地，金山也有景泰皇帝和恭让章皇后胡氏的陵寝。

皇帝祭祀这些陵寝，早在英宗正统时期就规定，不论君臣都应该服用浅淡常服。

《明英宗实录》卷一九记："正统元年（1436）闰六月……壬午，上谕行在礼部臣曰：'山陵祭祀，哀戚存焉，服饰华丽，岂礼所宜！朕自今后每遇孝陵、长陵、献陵、景陵行礼之日，与百官俱浅色衣服如洪武、永乐制。'"

又，同书卷一〇六记，正统八年（1443）七月，驸马都尉赵辉上言："中都皇陵、祖陵朔、望有祭，行礼者具祭服。"请求孝陵祭祀如皇、祖二陵之制。礼部尚书胡濙在上言议论此事时则发表了不同意见："陵祭止具浅淡常服，盖洪武中及永乐初年之旧，况系元年诏旨所定，而辉固欲纷纭，难再更改。"

这说明英宗所说的"浅色衣服"，是指的"浅淡常服"。

另外，《太常续考》卷四记载，万历八年（1580）三月明神宗朱翊钧祭拜天寿山九陵的《上谒陵仪注》：

> 其日卯时，上具青常服，乘舆至棱恩门外，降舆。导引官导跻殿左门入。典仪唱：执事官各司其事。内赞奏：就位（位设于殿内）。上就拜位。执事捧香盒至香案前。内赞奏诣前，奏上香。跪讫，内赞奏复位，奏四拜（传赞、百官同）。典仪唱：奠帛，行初献礼。内赞导上至御案前，奏：献帛。献讫，导上至帝座前。奏：献爵。献讫，导上至后座前，奏：献爵。献讫，奏：复位。奏：跪（传赞、百官皆跪）。赞读祝，读讫。奏：俯、伏、兴、平身（传赞、百官同）。典仪唱：亚献礼。执事捧爵跪献于御案，讫。典仪唱：终献礼（仪同亚献）。内赞奏：四拜（传赞、百官同）。典仪唱：读祝官捧祝，进帛官捧帛各诣燎位。上退拜位之东，捧祝、帛官出殿中门，内赞奏：礼毕。长陵，上自行礼，诸陵率遣官代。至行宫，百官朝参。

可见，在明朝中后期，皇帝谒陵服用的虽是常服，但颜色不是黄色，也不是浅淡服色，而是青色。

然而，明朝皇帝躬祭陵园并无固定制度。明英宗虽曾于正统十年（1445）定制："每岁三月谒拜，以为常。"[1]明世宗也曾于嘉靖十六年（1537）谕以"每岁间修拜谒之祀"。[2]但事实上都没能真正坚持下来。明宪宗、孝宗等皇帝甚至在位期间从没到过陵区。

---

1 《明会要》卷十七引《明史·礼志》。
2 《明世宗实录》卷二〇三。

皇帝躬亲祭陵场面非常壮观。以万历八年（1580）三月，万历皇帝奉两宫皇太后，率后妃谒祭长、永、昭三陵为例，《明神宗实录》卷九六对该次谒陵活动有"六军万乘，车徒众盛"的记载。

嘉靖年间，礼部尚书夏言曾作《陵祀扈跸录》诗，形容嘉靖皇帝的谒陵场面：

百年不睹朝陵驾，父老欢呼识汉仪。
春日沙河河上水，千村花柳映龙旗。

明沈榜《宛署杂记》记万历十六年（1588），万历皇帝率后妃谒陵时，仅宛平、大兴二县所出女轿夫就有1500名。此外，还有膳房甜水车、随驾钱粮大骡车等供使用。

另据《明神宗实录》卷一三三记，嘉靖十五年（1536）嘉靖皇帝谒陵，长陵特上香八拜；万历十一年（1583）二月，万历皇帝亲诣天寿山九陵行礼，也遵嘉靖时更定礼节，长、永、昭三陵上香八拜，并且在行初献礼时亲自奠帛，其余六陵虽由执事官代献帛爵，但仍躬亲上香四拜。

皇帝躬祭山陵的祭品极为丰盛。仍以万历八年（1580）三月万历皇帝躬亲谒陵天寿山陵为例，太常寺出库的祭祀物品情况是："香，除正祭外，备大山降香八斤八炷、速香八斤八炷，小山降香二斤二炷、速香二斤二炷；烛，除正祭外，备大山八两烛十六支、四两烛三十四支、一两烛五十支，小山备八两烛八支、四两烛十支、二两烛二十支、一两烛（数量缺）；帛，除正祭外，备大山奉先帛十六段、礼神帛八段、素帛十段，小山奉先帛四段、礼神帛二段，素帛四段；牲，除正祭外，备大山牛三只、猪五只、北羊五只、兔六只，小山备牛二只、猪五只、北羊二只、鹿一只、兔二只；果，除正祭外，备大山粗果八坛、细果四坛，小山备粗果二坛、细果三坛；酒，除正祭外，备大山八瓶、小山备六瓶。"[1]

⑤其他场合

在祭祀、朝仪等正祭场合之外，皇帝也会换上常服。对此文献有多处记载，以万历三年（1575）万历皇帝《亲祀圜丘仪》为例，其仪程中的记载有："前三日，质明，上常服乘舆，诣太庙门西降舆。至幄次内，具祭服告请太祖祀神，行一献礼毕。出幄次内易皮弁服，回御中极殿……"正祭之日，"上常服乘舆出至外壝……至神路东大

---

[1]《太常续考》卷四。

次……上具祭服出，由内壝左棂星门入，行大祀礼如常仪，毕。上至大次易常服……驾还……具衮冕服御皇极殿行庆成礼。"

明人绘《入跸图》中，万历皇帝从金山谒祭完景泰帝陵、恭让章皇后陵，顺长河坐船返回皇宫时，也是头戴乌纱翼善冠，身穿肩上有日、月两章的黑色的四团龙常服袍。（图1.3.1）黑色的常服袍，不见于《大明会典》所记载的皇帝常服。但这种常服袍在明代应该是确实存在的。例如，吴晗所辑《朝鲜李朝实录中的中国史料》上编卷一六《中宗大王实录》四，记癸未十八年（明嘉靖三年）朝鲜进香使赵元纪、陈慰使金珰从中国返回朝鲜。朝鲜国王问："皇帝视事否？"赵元纪回答说："皇帝逐日视朝，经筵则一朔内不过四五度云耳。"朝鲜国王又问："皇帝冠服如何？"金珰回答说："纯用黄色矣。但于一日视朝之时，皇帝御黑袍，朝臣皆服皂衫。问之则云：'有藩王之服，当服二日'云。"

明朝的皇帝躬祭陵寝，既不同于"郊天祀祖"的吉礼，皇帝服用的是冕服或祭服，也不同于大丧礼的凶礼，皇帝须服斩衰服。而是介于吉礼和凶礼之间，既存哀戚之伤感，但因在时间上超过了丧礼时期，所以在这种情况下，皇帝谒陵行礼时，服浅淡常服或青常服；返回皇宫的路上，服用黑色的常服，也是符合乎常理要求的。

图1.3.1 明人绘《入跸图》中，万历皇帝常服坐于船中

2. 礼制规定皇帝常服服式

根据《大明会典》的记载，皇帝常服的规定制式如下：

洪武三年定，常服，乌纱折角向上巾。盘领、窄袖袍。束带间用金、玉、琥珀、透犀。

永乐三年定，冠以乌纱冒之，折角向上（今名翼善冠）。袍黄色，盘领、窄袖，前、后及两肩各金织盘龙一。带用玉，靴以皮为之。（图1.3.2—1.3.3）

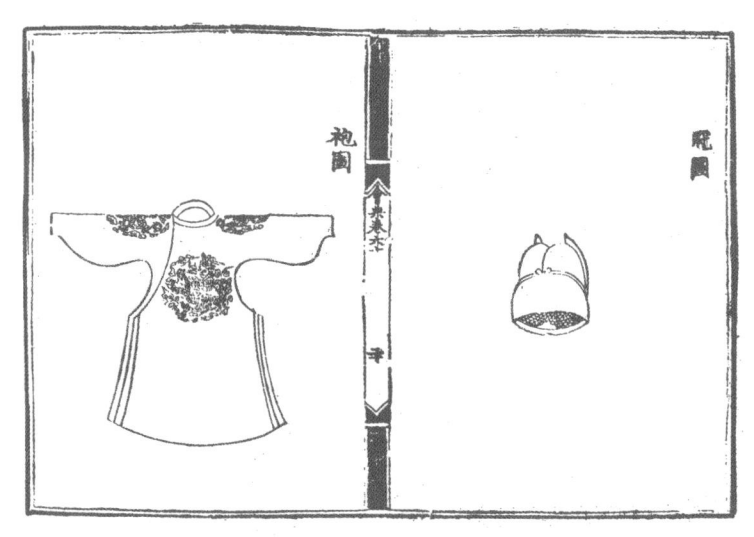

图1.3.2《大明会典》中的常服《冠图》《袍图》

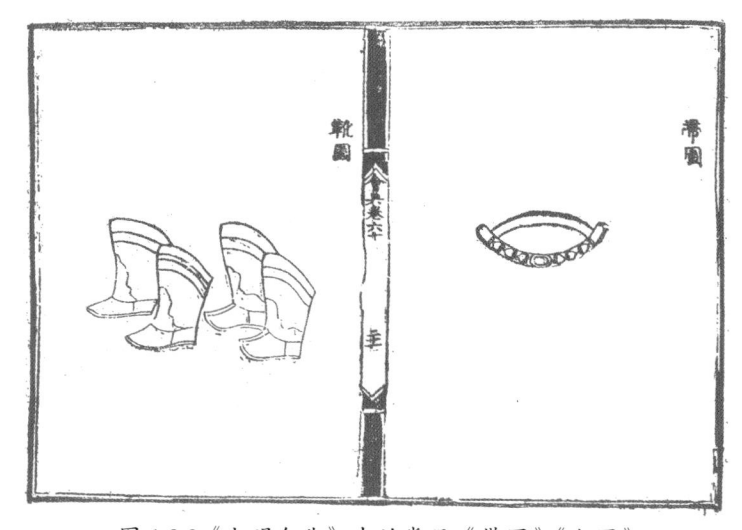

图1.3.3《大明会典》中的常服《带图》《靴图》

3. 定陵出土的常服服饰

定陵出土文物中，万历皇帝的常服服饰包括翼善冠、龙袍、革带、皮靴等物。

① 乌纱翼善冠

翼善冠，为唐太宗李世民创制并开始戴用。《大唐新语》记载："贞观八年，太宗初服翼善冠。"冠名因"转脚不交向前，其冠缨象'善'字"而得。明太祖朱元璋建立明朝后，于洪武三年（1370）规定，皇帝常朝理政时戴用此冠。时名"乌纱折角向上巾"。永乐三年（1405）明成祖更定皇帝常服制度，仍强调皇帝常服之冠"以乌纱冒之，折角向上"，与洪武时制度无异。到万历时，人们又按照唐朝的叫法，称皇帝常服的冠为"翼善冠"。

定陵出土的乌纱翼善冠计有 2 顶。一顶戴在万历皇帝的头上（W167）（图 1.3.4），另一顶出自万历皇帝棺内的圆形冠盒内。其中，出自冠盒内的出土时已朽坏（W49），仅有金饰件保存。

图 1.3.4　万历皇帝乌纱翼善冠 W167（复原）

神宗头戴的那顶，形制与《大明会典》记载相同。冠以细竹丝作胎，内衬红素绢，外敷黄素罗，再外以双层黑纱作面。冠形由"前屋"和"后山"两部分组成。前屋较低、后山隆起。

后山之前饰有花丝镶嵌工艺的二龙戏珠图案。二龙均作飞腾状的"行龙"，其尾部绕于后山之后。龙身以金垒丝编结为鳞，龙首、鳍、爪均系打制而成。两龙各嵌宝石 14 块、珍珠 5 颗。二龙之间的"宝珠"，采用金制花托镶嵌珍珠的做法。前屋与后山的交界处还饰有金制的镂空束带，其中心部位作束结状，左右各嵌绿宝石一块。冠后插有两片向上弯曲的"金折角"。折角作圆翅形状，边沿处以金片卷制，中为黑色细纱。折角的插座作倒"八"字形固定于冠后偏下位置。插座作筒形，外侧各有"升龙"及"三山"图案，龙的上部雕有文字，一为"万"，一为"寿"。明朝时，大臣常服也有乌纱帽，但其两翅却是左右分置平伸，冠上的装饰也极为简单。

出自冠盒内的那顶，残存的金饰件中，也有镶珠宝二龙戏珠饰件、金折角以及一个方胜形的金帽花。

两顶乌纱翼善冠尽管完残情况不一，但其形制，都与《大明会典》规定的制式基本一致，只不过冠上的装饰较之《大明会典》的记述更为精致美观。

②金丝翼善冠

定陵出土金丝翼善冠1顶（W11），出自万历皇帝头部北侧的一个圆形的木盒内。这顶金丝翼善冠，金丝编制，清凉透气，估计是万历皇帝夏天戴用的。

但是，由于这顶金丝翼善冠在国内的出土文物中仅此一件，系孤品，文献也没有记载，且明南薰殿藏明代皇帝画像中皇帝戴的都是乌纱翼善冠，不是金丝翼善冠，所以有学者认为，此冠并不用于日常服饰的组合，应当是万历皇帝去世后，朝廷专为万历皇帝制作的随葬明器。

笔者综合文献资料的记载，认为这一观点应该是不符合实际情况的。

诚然，定陵出土文物中有不少的是神宗死后专门为他制作的明器，例如，铜明器、锡明器、木俑、谥册、谥宝、铭旌和各种幡等都属于这类文物，甚至两位皇后的龙凤冠都有死后另行制造的可能性。但是，这顶金丝翼善冠却不是。

我们为什么这么说呢？因为有一个线索非常值得注意，这就是定陵出土的这顶金丝翼善冠出于万历皇帝的棺内，放在一个圆形的木盒里，置于万历皇帝头部的北侧。据此可知，这顶金丝翼善冠是与万历皇帝一起奉安在棺内的。

那么，神宗是何时入棺装殓的呢？根据《明神宗实录》卷五九六的记载，神宗是万历四十八年（1620）七月丙申（二十一日）驾崩的。

朝鲜《李朝实录·光海君日记》记载，是那天的酉时，也就是说万历皇帝是那天下午5点至7点之间去世的。《明神宗实录》有"翼日发丧"的记载，即第二天就发丧了。所谓"发丧"，就是指的为死者处理丧事。这自然包括小殓（沐浴龙奠，饭含如礼），以及大殓（将死者安放棺内）等一应丧礼。虽然说，万历皇帝未必是去世的第二天就大殓入棺了，但按照古代的丧葬礼仪，皇帝入棺距离去世时间都不会太长，通常都是第二天或第三天就大殓入棺了。

例如，《明宣宗实录》卷一一五记载，明宣宗是宣德十年正月乙亥（三日）驾崩的。戊寅（六日）大殓，也就是说，宣宗去世后，第三天就入棺了。据此推知，神宗去世后也应该在三天左右的时间大殓入棺，不会拖得太久。而且死者入棺后就会将棺盖钉死，不能再随意打开了。因此，金丝翼善冠既然是出自万历皇帝棺内，从时间上看自然是随神宗一起放入棺的。

如果这顶金丝翼善冠是神宗死后制作的明器，短短的三天左右的时间，从设计，到制作模具，再到垒丝、编制、组装是根本不可能完成的。因为据柳淑兰《定陵出土冠服、首饰等工艺报告》分析，这顶金丝翼善冠，结构复杂，工艺精湛。"按当时的

第一章 帝后服饰与宫廷礼制

生产状况估计,一个熟练艺匠需用一百余工方可完成。"而且,制作的金冠只有一顶,宫廷中的能工巧匠即使人手再多也摆布不开。因此,在三天左右的时间完成这项工艺如此复杂的金冠是不现实的。(图 1.3.5)

据此分析,这顶金丝翼善冠应该就是万历皇帝生前曾经戴用的实用冠。否则万历皇帝生前制作一个金冠是没有意义的,因为明代是不可能将衣冠作为室内陈设的。正是因为万历皇帝生前有这顶现成的金丝翼善冠,才可能将它和万历皇帝一起放入棺内。而且,这顶金冠,冠高 24 厘米,口径 20.5 厘米,与定陵出土的乌纱翼善冠冠高 23.5 厘米,冠径 19 厘米,尺

图 1.3.5 万历皇帝金丝翼善冠 W11

度大体相当,也适合成年男子戴用。另外从万历皇帝的画像可以看出,他生前比较胖,夏天容易热,如果用金丝翼善冠代替乌纱翼善冠,肯定会凉爽些。

据此可知,此冠不仅系万历皇帝生前就有,而且不排除其生前曾戴过这顶金冠。

这顶金冠制作工艺技巧登峰造极,达到了炉火纯青的地步。冠重 826 克,其样式、大小都与乌纱翼善冠基本一样,分"前屋""后山"和"金折角"三部分,但全系金制,又与乌纱翼善冠不同。

其前屋和后山两部分,共用 852 根、直径为 0.2 毫米的金丝编成"灯笼空儿"花纹。由于当时的工匠技艺纯熟,所编花纹,不仅空当均匀、疏密一致,而且无接头、无断丝,看不到来龙去脉,有如罗纱般轻盈透明。后山后的折角也全用金丝编成,编织形式同前屋和后山。

后山部分还组装有一组二龙戏珠图案的金饰件。其中两条龙的头、爪、背鳍和两龙之间的火珠,全部采用阳錾工艺进行雕刻,呈半浮雕效果。龙身、龙腿等部位则采用传统的掐丝、垒丝、码丝工艺进行制作,每个鳞片均以金丝搓拧成的花丝制成,然后码焊成形。仅龙鳞,两条龙就用了 8400 片。由于工匠焊接时火候掌握得恰到好处,如此复杂的装饰,却不露丝毫焊口痕迹。这样绝妙的技艺的确令人感到惊叹不已。

从明代遗存下来的皇帝画像看,明代皇帝的翼善冠,自明太祖至明世宗九帝的翼善冠,装饰均比较质朴,此后从明穆宗至明熹宗四帝的翼善冠则均有花丝镶嵌工艺的

101

二龙戏珠装饰,定陵出土的万历皇帝的两顶乌纱翼善冠和一顶金丝翼善冠,进一步证实了这种装饰的真实存在。明代皇帝翼善冠的这一变化,反映出晚明时期皇室在冠服制度上日渐追求奢侈的趋势。

③龙袍

定陵出土的龙袍,共计62件,其中仅一件出自孝端皇后的棺内,其余全部出自万历皇帝的棺内。其中,7件为半成品,已经裁剪好衣片,还没有缝制成衣。

袍面用料,有绸、缎、罗、缂丝等,其中以绸料最多,达23件,其次为缎,15件。龙袍的颜色有黄、柳黄、红、绿、蓝、月白等多种颜色。龙袍团龙以外面料上的织出图案,丰富多彩,内容包括四合云纹、四合如意云纹、八宝纹、寿桃纹、水波纹、缠枝莲花、串枝莲花、"佛""卍""寿"字,以及寓意"万事如意""万寿福喜""圣寿无疆""洪福齐天"等吉祥图案。龙袍的开领形式,有交领式、圆领式两种,其中以交领式居多,共34件。另外,龙袍还有夹、单之分,以适应不同季节气候的变化。

龙袍的龙补,工艺分刺绣和缂丝两种。龙补的形式有二团龙式(2件)、四团龙式(26)和八团龙式(8件)。其中,二团龙式的龙袍,是胸、背各一团龙;四团龙式,是胸、背和两袖各一团龙;八团龙式,是胸、背各三团龙,两袖各一团龙。而且,左右两肩还有日、月二章图案。

如,柳黄八吉祥纹缎绣四团龙补圆领夹龙袍(W375),袍面为柳黄色八吉祥纹缎,纱里,身长137厘米,袖通长236厘米。龙袍的前胸、后背各钉有一正面龙戏珠图案

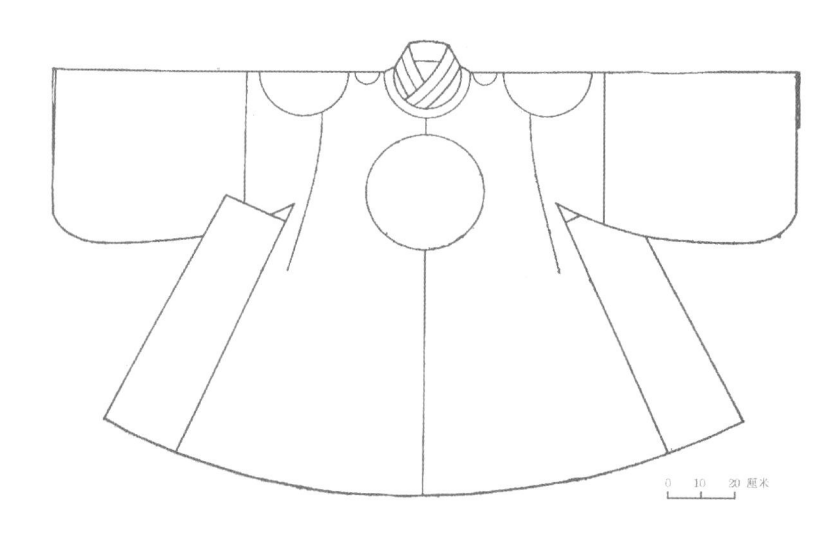

图 1.3.6 柳黄八吉祥纹缎绣四团龙补圆领夹龙袍 W375 前视图样(采自《定陵》)

图 1.3.7 柳黄八吉祥纹缎绣四团龙补圆领夹龙袍 W375 背后团龙补

的龙补；左右各钉一升龙戏珠龙补。四龙补均采用绒绣，绣在绸上，钉在袍服上。龙的下面绣有寿山福海、犀角、如意云等八宝纹，上面绣祥云。左右的肩部钉有绣制的日、月二章图案。另外，这件龙袍的小襟贴边处有绣字注明了制造的时间："万历四十年闰十一月二十六日造，长四尺一寸，夹合。"（图 1.3.6—1.3.7）

尽管这些龙袍的团龙数有的与《大明会典》规定的团龙数并不一致，且肩部增有日、月二章图案，但仍可视为万历皇帝的常服袍。因为，《入跸图》中万历皇帝坐在船中的画像，所服龙袍肩部也有日、月二章图案。从这里可以看出，明代万历时期，皇帝的常服袍无论是颜色还是形制，已经并不完全拘泥于《大明会典》的规定，而是更加注重袍服的精美和方便实用。

④革带

定陵出土的万历皇帝的大碌带、宝带，应该是属于皇帝的常服革带。

万历皇帝的大碌带（W38）（图 1.3.8），出自神宗棺内中部南侧，因带下有黄色绢条，上有墨书"宝藏库取来大碌带"数字而知其名。

带上饰有镶珠宝金铐 20 个，金铐的样式及排列顺序略同玉带，也是按照三台、排桃、左辅、右弼、鱼尾、排方的形式安排在带上的。

图 1.3.8 万历皇帝大碌带 W38

大䂳带的不同寻常之处，在于其每个金铐的中心部位都镶嵌着大块的祖母绿宝石，周围还嵌有石榴子红宝石及珍珠。

祖母绿宝石，又称吕宋绿宝石，古今都是极为贵重的工艺装饰品。明谢肇淛《五杂俎》记载，这种宝石"云是金翅鸟所成，出回回国"。明蒋一葵《长安客话》载："祖母绿……出回回地面，其色深绿，其价极贵，而大者尤罕得。"

《五杂俎》卷十二《物部》四记载这样一件事，明朝时有个善于鉴定宝石的"回回"人，游历于闽（福建）、广（广东）、金陵（南京）间。在南京，他遇到一位姓应的主簿。应主簿手里有一颗祖母绿宝石。这颗宝石曾被一位富商看中，想用500两白银购买，而被应主簿拒绝。这位"回回"人见到宝石后，爱不释手，他为了把宝石弄到手，"持玩少顷"，突然一口将宝石吞入腹中。应主簿见了又急又气，想到官府去告，一来没有佐证，二来惧怕浪费钱财，只得一恸而罢。

通过这个故事可以看出，祖母绿宝石在明代确是珍贵难得。定陵出土的这条革带，上面的祖母绿宝石，不仅块大，而且多达20块，仅这一点在明代至少也要价值上万两白银。

宝带（W162）（图1.3.9）一条，出自万历皇帝棺内中部北侧。因革带上缀有用花丝镶嵌工艺制成的道教"八宝"和方形金铐20件，故今以"宝带"名之。

这些金铐，每件上面都镶嵌有数量不等的红、蓝、绿、黄宝石，甚至还有猫睛

图1.3.9 万历皇帝宝带 W162

石。所存各种宝石多达130块。其中包含猫睛石8块、红宝石64块、蓝宝石42块、绿宝石14块、黄宝石2块。革带的上下各饰有鎏金银边，上面饰有串排的轮形装饰，且每两个轮形装饰中间穿草珠1个，共饰有草珠900个。

在这些宝石中，最为名贵的当属猫睛石。猫睛石，又称"猫眼石"或"猫儿眼"。属于具有幻光性的金绿宝石亚种。该种宝石，"一线中横，四面活光，轮转照人"[1]，酷

---

[1] 明田艺蘅《留青日札摘抄》。

似猫的眼睛。其产地在国外，明朝时均来自细兰国（又作"锡兰国"，即今斯里兰卡）。当时，一块大如指面的猫睛石即价值千金。

文献记有这样一个故事：明朝时，南京有位富家老妾沈氏，头上所戴簪的顶部嵌有一块猫睛石，被一位"回回"人看见。为了把这块猫睛石弄到手，"回回"人特意租赁了房屋与沈氏为邻，还经常给沈氏送去酒食，以联络感情。一年后，沈氏感其诚意，终于将宝石卖给了他，并且只收了二两银子。"回回"人购得这块猫睛石高兴极了。他见宝石稍枯，特买了块羊脂玉以裹之。可是有一天"暴烈日中，坐守稍怠"，竟有一只饥饿的大鹰将宝石掠之而去。"回回"人因此被世人所笑，回家后忌恨而死。由此可见，猫睛石的确是一种罕见且得之不易的宝石。

金铃的排列，前半圈正中间是一个横向长方形的金铃，上面用阳錾工艺錾刻有一条正面龙以及云纹，四周和中间镶嵌各色宝石；两旁各有一竖条形金铃，中间和四角镶嵌宝石：这三件金铃对应玉革带的"三台"装饰。再两旁依次为宝珠、犀角、如意云，相当于玉革带的"排桃"。再两侧为珊瑚，相当于玉革带中的"左辅"和"右弼"。再两侧伸出的两个金铃，为连胜形，相当于玉革带中的"鱼尾"。后半圈正中间是火珠，再两旁依次为银锭、金锭、古钱，相当于玉革带中的"排方"。这些金铃，每件也都镶嵌有宝石。

⑤靴

定陵出土万历皇帝的靴共计5双。一双为红素缎单靴，4双为毡靴。这5双靴都出自万历皇帝的棺内。

其中，红素缎单靴（W170）是穿在万历皇帝脚上的，靴面和靿面都用红素缎缝制，素绢里。靴的样式为翘头、高靿。靴靿后部开有衩口，衩口下钉有细缎带一对。靿上有绿素缎缝制的护膝。

毡靴4双，样式基本与单靴相同，由护膝、靴筒、靴底和毡里组成。（图1.3.10）其中，3双护膝为缂丝制品，1双用黄素缎缝制而成。靴筒、靴面，均用红素缎缝制，靴筒与护膝相接处相互叠压。除护膝为黄素缎那双外，其余3双靴底内均有

图1.3.10 万历皇帝毡靴W300

一层薄牛皮，外面用两层白粗布夹棕，以合股丝线纳实。

从靴的样式看，虽然与《大明会典》所说的"皮靴"所用材质不同，但仍属常服之靴。

四、定陵出土皇帝的休闲服饰

明朝皇帝的服装中，除了衮服、祭服、皮弁服、常服比较正规的服装外，也有一些休闲服装。休闲服装，也可以称为燕居服装。其服装自洪武建元后并没有明确的要求，直到嘉靖七年（1528）明世宗才规定"燕弁冠服"的服饰制度。

其制，冠略似皮弁冠，表面蒙乌纱，分为十二瓣，各压金线，前列五采玉云，后列四山，红色组缨，双玉簪。

袍服作古玄端服制，袍身交领，黑色，青色边缘，并加龙纹。两肩绣日、月，前胸圆补，图案是一团龙，后背一方补，图案是双龙。

袍内衬衣为古深衣之制。所谓深衣，就是起源于春秋时期的上衣、下裳连成一体的服装。嘉靖时所定燕弁冠服的衬衣，为黄色，下部作裙状，分为十二幅，长及脚踝。腰系素带，饰以玉龙九片。脚穿白袜、玄履。

这套燕居服装，实际上穿戴起来并不方便，因为它仍然带有制度规定的约束性。所以，文献中还没发现皇帝服用这种服装的记载，定陵的出土文物中，也没有出现这种服装。定陵出土文物中带有休闲性质的服饰主要有如下几类：

1. 衣服
①方补龙袍

定陵出土万历皇帝的方补式龙袍有6件，均为交领形式。其中，2件为缎缂丝方补龙袍，4件为罗绣方补龙袍。（图1.4.1）

缎缂丝方补龙袍，袍地均为红色八宝纹暗花缎，前胸、后背的缂丝方补龙纹均为正面龙戏珠图案，下有寿山福海，下有云纹，龙头顶部为一金"佛"字。

罗绣龙方补龙袍，均是将前胸、后背的

图1.4.1 万历皇帝红四合云纹罗绣方补交领龙袍W370后背方补

方补直接绣在罗袍上，纹样和刺绣针法相同。方补的纹样，均为一侧面龙戏珠的图案，龙身之下为寿山福海和道教八宝图案，上部为祥云纹。刺绣的针法，龙身用四根金线盘绕成龙的形状以及龙鳞的轮廓，以钉线绣[1]法绣出；龙头、眼、眉均用绒包梗线，亦采用钉线绣法；龙腹用缠针绣[2]；云以丝线抢针绣[3]；水浪、八宝，用绒包梗线，金线钉边。

②龙云肩通袖龙襕龙袍

定陵出土的龙云肩通袖龙襕式龙袍有11件。袍身的质地有缎、绸、罗、缂丝四种。其中，除缂丝一件外，其余缎、绸、罗三种质地的10件袍服（3件成衣，7件为未缝制的半成品），均是直接在袍或袍料上刺绣出龙云肩和通袖龙襕的图案。袍身颜色有红、黄、绿、蓝、绛红5种，袍身的辅助纹样有缠枝莲、串枝莲、吉祥如意平安、四合如意云等。

这种龙袍之所以被人们名为"龙云肩通袖龙襕龙袍"，是因为它的主要装饰图案是由龙云肩和通袖龙襕两种图案组成。

龙云肩，是指的两肩和脖子前后柿蒂形的图案轮廓内，装饰有前、后、左、右四条龙以及云纹；通袖是指从柿蒂形的左右两肩到袖口的条形饰龙图案，龙襕是指袍身柿蒂形之下的横条形饰龙图案。

如，红四合云纹罗绣龙云肩通袖龙襕"万寿、吉庆有余"交领龙袍料（W115）（图1.4.2—1.4.3），在柿蒂形的前胸和后背部位，分别绣出一正面龙戏珠图案；两肩部位

图1.4.2 万历皇帝红四合云纹罗绣龙云肩通袖龙襕"万寿、吉庆有余"交领龙袍料W115柿蒂图案（局部）

图1.4.3 万历皇帝红四合云纹罗绣龙云肩通袖龙襕"万寿、吉庆有余"交领龙袍料W115龙襕（局部）

---

1 钉线绣，用包梗线按纹样盘旋绣出的一种针法。
2 缠针绣，刺绣线条按斜丝理（刺绣线条排列的方向，称为丝理）排列，要求均匀、整齐，起搭针都在纹样的外缘。
3 抢针绣，亦称"戗针绣"。即用较短的针脚并列成块面，按纹饰的形状分层刺绣。

各绣一侧面龙戏珠图案。龙头的上方,绣一牡丹花衬托的"寿"字,"寿"字的左右上方,各绣出一"卍"字,合成为"万寿"二字;除了寿山福海、八宝图案外,还有戟、磬、双鱼图案,以象征"吉庆有余"。

③衬褶袍

织金"寿"字龙云肩通袖龙襕妆花缎衬褶袍(W55)。(图1.4.4)定陵出土1件,出自万历皇帝的棺内。袍面为织金妆花缎,罗里,交领,形制如深衣。袍身长134厘米,通袖长240厘米。袍服的地纹图案为灵芝捧金"寿"字和仙鹤托金"寿"字。上衣部分的主要图案是柿蒂形龙云纹和通袖龙襕;下裳部分的主要图案是横在柿蒂形之下的龙襕。

图1.4.4 万历皇帝织金"寿"字龙云肩通袖龙襕妆花缎衬褶袍W55(复制品)

明朝的一位宫廷画家画有一幅彩色的《宪宗元宵行乐图》长卷(原画藏国家博物馆)。(图1.4.5)画的是元宵节明宪宗朱见濡在皇宫里过元宵节的场面。画图中,宫廷里张灯结彩,热闹非凡。红墙黄瓦的殿宇之外有新搭起的高大的鳌山灯棚,还有宫廷杂技人的舞狮子、演奏乐器、翻筋斗、爬高竿、倒卧踩木轮、扮演钟馗、货郎卖货等场景,宫女、皇妃们身穿漂亮的衣裙,带着小孩儿看热闹。明宪宗出现在三个场面中:一个场面是,明宪宗头戴宝石顶大檐笠帽,身穿无补的这种黄色衬褶袍端坐在位于大殿丹墀中路的黄色帷幄中的靠背椅上,还有个小孩儿在他前面玩耍,周围陪伴有皇妃、宫女;另一个场面是宪宗在丹墀一边的石栏杆内,身穿带圆补的这种黄袍观看;还有一个场面,是宪宗身穿蓝色的龙云肩通袖龙襕衬褶袍。说明,早在成化时,衬褶袍就颇受帝王喜爱。

图1.4.5 明人绘《明宪宗元宵行乐图》(局部)

另外,明崇祯时期太监刘若愚《酌中志》卷十九《内臣服佩纪略》也曾记载过这种服装。他在"顺褶"条说:"如贴里之制,而褶之上不穿细纹,俗为马牙褶,如外廷之袯褶也……世人所穿袯子,如女裙之制者,神庙亦间尚之,曰'衬褶袍'。"说明是万历皇帝喜欢的服装之一。

④大袖衬道袍

定陵出土万历皇帝大袖衬道袍共 8 件，均出自万历皇帝棺内。袍身长在 121 至 128.5 厘米之间，通袖长在 218 至 246 厘米之间。其中，5 件较好，3 件残碎。其形制均为交领绫面绢里的丝棉袍，有黄色和月白两种颜色。其袍面除有 4 件为素绫外，其余 4 件均有花纹图案。如 W82 浅黄暗花云鹤仙桃绫大袖衬道袍，W343 黄暗回纹万字如意云纹绫大袖衬道袍，W376（图 1.4.6）、W79 均为月白暗回纹四合万古如意绫大袖衬道袍。

这些衬道袍，大多在小襟的里侧绣有文字，有的在袍服内夹有墨书纸标签。如 W82 浅黄暗花云鹤仙桃绫大袖衬道袍的绣字内容是："□□四十一年九月二十九日造，长三尺八寸五分，绵二两。"墨书标签写的是："袍口宽二尺四寸五分，本色暗云鹤仙桃绫大袖衬道袍，万历四十一年九月二十九日造。"从墨书标签的内容看，这些

图 1.4.6 万历皇帝月白暗回纹四合万古如意绫大袖衬道袍（W376）

道袍写的都是"大袖衬道袍"，就是说，它不是敞穿的外袍，而是套在外袍里面的衬袍。《酌中志》卷十九《内臣服佩纪略》"二色衣"条记："自外第一层谓之盖面，如裰襒贴里圆领之类；第二层谓之'衬道袍'。"

明朝帝王的信仰，往往佛道并行，有的皇帝对道教更是情有独钟。例如嘉靖皇帝对道教的迷信就几乎达到了痴迷的程度。他在宫中日事斋醮，让大臣们给他撰写青词，祭祀天神，影响到了朝廷政务的处理。可见，佛道两教在明朝的社会中产生了广泛的影响，道人日常穿的道袍影响到宫廷服饰便是很自然的事情了。

此外，万历皇帝的棺内还出土有膝袜 20 双、棉袜 10 双。

膝袜，均为上口略小、下口略大的筒状服饰。上口背后开衩，并在衩口处有带，穿时以带系结于膝下，以使小腿部位保暖。膝袜面料含缂丝 1 双，刺绣 19 双。刺绣地料有绸、罗、绫、缎。刺绣的图案丰富多彩，有秋千仕女图、龙戏珠、吉祥花卉等。膝袜均有里，含绢里 8 双，纱里 12 双。

棉袜，式样相同，均为高勒、齐头，黄绫素面，内挂一层薄丝绵，无里。

2. 首饰

定陵出土万历皇帝的首饰，有簪、钗两种，主要出自万历皇帝棺内的首饰匣内，也有少量是万历皇帝发髻上的。

其中，簪的数量最多，计73件，有金、玉、琥珀、玳瑁四种。其中，尤以金簪最多，达56件。簪首之上多镶嵌有宝石、珍珠是其特点。其中有14件簪嵌有猫睛石，价值尤为珍贵。（图1.4.7）而金钗则仅为2件。

另外，万历皇帝棺内还出土一件网巾匣，匣已残坏。内有素网巾12件。网巾的大小、形制相同。均用生丝编成网格状，围绕成一个截尖的圆锥体。上口

图 1.4.7 万历皇帝镶猫睛石金簪 W15.22、W15.23

穿丝绳系结；下部用绢制的丝绦缘边，两端缀丝绳。绦带的两端装饰有宝石或猫睛石。有的宝石镶嵌在背面刻有龙纹的金托内。所有的网巾都用丝绳捆成一束，放在网巾匣中。有的网巾上存有小绢条，写有文字。据绢条文字所示，这些网巾的名称是"缨子顶素网巾"。

3. 绦环、带钩

定陵出土万历皇帝的绦环共14件，带钩5件。

绦环，《定陵》作"镶珠宝金带饰"，说它是腰带上的装饰是不错的。但有学者认为这些带饰应该名之为"闹装绦环"。[1] 这是有道理的，因为按照明代的习惯叫法应该是叫"绦环"。即用于系结绦带的装置。又因为它带有金镶宝石类的装饰，所以又被称为"闹装绦环"。

元末明初，朝鲜李朝时期，以当时的北京话为标准，编写了一本专供朝鲜人学习

---

[1] 孙机《中国古舆服论丛》上编《中国古代的带具》。

第一章 帝后服饰与宫廷礼制

汉语的课本《老乞大》,"老乞大"在朝鲜语言里,就是"中国通"的意思。课本里记述了几个高丽商人到中国经商,途中遇到一位中国商人结伴而行的事儿,就讲到"闹装绦环":

> 系腰时,也按四季。春里系金绦环;夏里系玉钩子——最低的是菜玉,最高的是羊脂玉;秋里系减金钩子,寻常的不用,都是玲珑花样的;冬里系金厢宝石闹装,又系有综眼的乌犀系腰。

另外,清吴允嘉《天水冰山录》一书,记录明朝嘉靖时期大贪官严嵩被抄家,查抄的金银珍宝等财物,就记载有多种绦环的名称。而且,有的绦环的名称与定陵出土的"镶珠宝金带饰"非常吻合。

例如,《天水冰山录》记有"金厢玉云龙累丝绦环",定陵出土的带饰中也有"镶珠宝白玉团龙云头形金带饰(W182)"(图1.4.8);

图1.4.8 万历皇帝镶珠宝白玉团龙云头形金绦环 W182

111

《天水冰山录》记有"金厢心字折丝珠宝绦环",定陵出土的带饰中也有"镶珠宝心字形金带饰(W185)"(图1.4.9);

《天水冰山录》记有"金厢三宝叠胜绦环",定陵出土的带饰中也有"镶珠宝三菱形金带饰(W181,W31,W183)"(图1.4.10);

《天水冰山录》记有"金镶珠宝长样绦环",定陵出土的带饰中也有"镶珠宝岁寒三友寿字长条形金带饰(W37)"(图1.4.11),和"镶珠宝长条形金带饰W189"。

据此,我们认为这一类文物,还是名之为"绦环"更为贴切。不然,人们会认为它只是带上的装饰,类似革带中的金铐,没有实际的使用功能。而定陵出土的这些"闹装"绦环,背后有钮,是可以系结丝绦带的,所以它不仅有装饰作用,还有实际的使用功能。

图1.4.9 万历皇帝镶珠宝心字形金绦环 W185

图1.4.10 万历皇帝镶珠宝三叠胜形金绦环 W181

图1.4.11 万历皇帝镶珠宝岁寒三友寿字长条形金绦环 W37

下面说说带钩。带钩，在服饰中也简称"钩"，是带首钩状的固定装置。至迟在春秋时期已经出现。春秋时的著作《管子·小匡》记载，齐桓公回到齐国后，想任命辅佐自己的鲍叔牙为宰相，鲍叔牙认为自己的才能不如管仲（管仲，名夷吾，字仲），于是向齐桓公推荐管仲。齐桓公说："管夷吾亲射寡人，中钩，殆于死。今乃用之，可乎？"《史记》卷三二《世家》第二《齐太公》也记载，管仲辅佐公子纠，为争夺齐国的君位，曾经率兵击杀齐桓公（当时称公子小白），"射中小白带钩。小白佯死，管仲使人驰报鲁"。也就是说，齐桓公装死，才躲过一劫。后来管仲成为齐国一代名相。

古代带钩，有金、银、铜、铁、玉、石、骨、木等不同材质。定陵出土万历皇帝的带钩计有5件，均出自万历皇帝棺内。其中，玉制带钩、木制带钩各2件，玛瑙制带钩1件。古代帝王的腰带，不仅有革带、大带，还有绦带。定陵出土的这些带钩应该是主要是用来勾连绦带用的，因此也可称之为"绦钩"。

这5件带钩形制基本一致，一端呈向上回钩状，另一端下面有圆形钮，制作精美，用料考究，装饰性极强。其中玉制带钩，一件白玉制成，另一件用碧玉制作，钩头都是龙的形状。白玉制成的那件（W48）（图1.4.12），通长14.2厘米，龙额嵌绿宝石一块，龙睛嵌猫睛石（存一块），腹部嵌红、黄、蓝宝石共四块。碧玉制那件（W187），长11厘米，龙额嵌珍珠一颗，腹部嵌红、蓝、黄宝石共五块。圆钮上刻灵芝纹。

两件木制的带钩，钩头也作龙头形。其中，一件是用木根髹黑漆（W40）（图1.4.13），头部包金作龙头状，尾部包金作龙尾形，长18.2厘米。龙额及腹部各嵌猫睛石一块，龙头猫睛石之上嵌一金"寿"字，龙头两侧为"卍"字。腹部猫睛石的下面有金制圆钮。另一件龙头、钩钮用一整木雕成（W188），长12.5厘米。龙头额顶嵌一珍珠一颗，腹部嵌红、蓝宝石共三颗。

图1.4.12 万历皇帝白玉绦钩W48

图1.4.13 万历皇帝镶金龙头木绦钩W40

图 1.4.14 万历皇帝玛瑙绦钩 W186

玛瑙带钩（W186）（图1.4.14），钩头作绵羊头型，以取义吉祥。背部为一圆钮，没有镶嵌珠宝类装饰。

《天水冰山录》记载严嵩抄家物品中有"金嵌珠宝螭头绦钩"，与定陵出土的绦钩形制颇为相近，也说明这样的带钩其实就是绦钩。

五、定陵出土皇帝甲胄、兵器

万历皇帝的兵器有盔、甲、刀、弓囊、箭囊和箭，均出自万历皇帝的随葬器物箱中。

1. 铁盔

铁盔1顶（X20:6），形制为宽沿六瓣铁盔。含盔缨杆在内，高33厘米，重1690克，盔内残留黄素绸的内衬。（图1.5.1）

铁盔的顶部，嵌有一带有仰覆莲纹饰形的圆座，座上立有一真武帝君金（镀金）像。真武帝君，宋朝以前称为玄武，为古代神话中的北方之神。《楚辞远游补注》："玄武谓龟蛇，位在北方，故曰玄，身有鳞甲，故曰武。"他与青龙、白虎、朱雀合称四方之神。

又有传说，谓黄帝时玄武从净乐国善胜皇后左胁降生。长大后勇猛异常，不愿继承王位，经玉清圣祖紫元君传授无极上道后，赴太和山（后称武当山）修炼得道，被玉帝册为玄武神。宋真宗时为避讳圣祖赵玄朗[1]名，改称"真武"，并尊之为"镇天真武灵应祐圣帝君"。

此盔上的真武帝君像为坐像。长髯、披发、跣足，身着铠甲，外罩袍束带，肩披帛巾，右手执剑，似在作法驱妖。其形象与传统的真武帝君相符合。例如，宋赵彦卫《云麓漫钞》卷九记载："朱雀、元武、青龙、白虎，为四方之神。祥符间，避圣祖讳，始改元武为真武……后兴醴泉观得龟蛇，道士以为真武现。绘其像为北方之神，披发黑衣，仗剑蹈龟蛇，从者执黑旗。"清屈大均《广东新语》也记载："吾粤多真武宫，以南海佛山之祠为大，称曰祖庙。其像披发不冠，服帝服，建玄旗。一金剑竖前，一龟一蛇，盘结左右。"由此可见，宋后的明清之际，真武像基本没有大的变化。铁盔真武像身后立有三个插座。中间的插座内插有长管，当系为盔缨之杆。

图1.5.1 万历皇帝镀金护法顶香草压缝六瓣明铁盔 X20：6

盔体由六瓣拼合组成。六瓣间的缝隙各有香草金（镀金）饰压条。盔的六瓣装饰着造型生动的金（镀金）制六甲神。

六甲神为道教神名。分别为甲子、甲戌、甲申、甲午、甲辰、甲寅六神。在道教中，六甲神被视为阳神（与六丁神相对，六丁神为阴神），又称"六甲将军"。他们与六丁玉女同为天帝役使，能"行风雷，制鬼神"。

古人对六甲神有不同说法。

首先名字不同。《正统道藏》所辑《清微元降大法》称六甲神名分别为：甲子鸣雷大将军管拱辰、甲戌兴雷大将军康复、甲申烈火雷大将军王延、甲午追雷大将军张愿、甲辰策雷大将军许计昌、甲寅运雷大将军区喆。

而《太上说玄天大圣真武本传神咒妙经》卷二所记载的六甲神分别为：甲子水将

---

[1] 宋朝尊轩辕黄帝为远祖，称为圣祖皇帝。清毕沅《续资治通鉴》卷三十记载，大中祥符五年（1012）闰十月辛未，宋真宗赵恒下诏："圣祖名上曰玄，下曰朗。不得斥犯。"

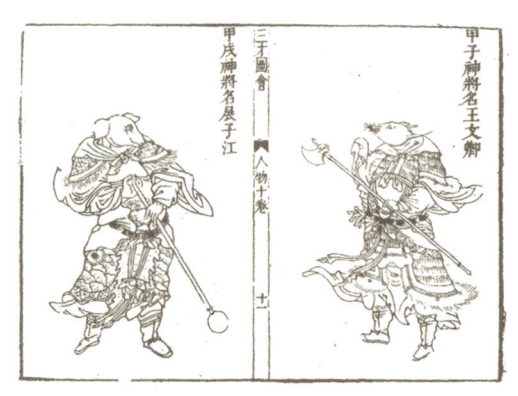

图1.5.2 《三才图会》中的甲子、甲戌神将图

图1.5.3 《三才图会》中的甲辰、甲寅神将图

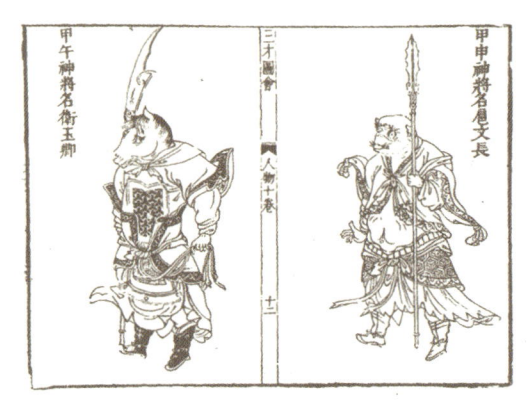

图1.5.4 《三才图会》中的甲申、甲午神将图

李文思、甲戌土将李宗通、甲申金将李守全、甲午火将李守左、甲辰风将李守进、甲寅木将李守迁。

但是明王圻、王思义《三才图会》的图注中则分别为：甲寅神将名明文章、甲辰神将名孟非卿、甲午神将名卫玉卿、甲申神将名扈文长、甲戌神将名展子江、甲子神将名王文卿。（图1.5.2—1.5.4）

六甲神的形象也不尽相同。《三才图会》和戚继光《纪效新书》绘制的六甲神，均为人身兽（属相）头，手持兵器。甲子神将鼠头，手持长柄大斧；甲戌神将狗头，手持长柄大锤；甲申神将猴头，手持宽刃长枪；甲午神将马头，手持偃月刀；甲辰神将龙头，手持狼牙棒；甲寅神将虎头，手持长枪。

而武当山元和大殿内明代的大型鎏金铜像六甲神，则不仅都是人的形象，手里也没拿什么兵器。（图1.5.5）

定陵出土的这顶铁盔上的六甲神都是人的形象，头部有的戴盔，有的戴幞

图1.5.5 武当山元和大殿六甲神将铜像

头，还有的挽髻束发。身上则全着鱼鳞铠甲，双肩披帛巾，手执兵器。其中一人单手执长矛；一人一手执剑，一手执轮；一人双手执旗；一人手执长枪；一人双手共执一剑。这六甲神手持的兵器，有的与《三才图会》《纪效新书》相一致，有的虽然不同，但在文献的记载中能够找到根据。例如，持剑和持旗者，与真武神"从者执黑旗"和"一金剑竖前"的造型相吻合。其威武的形象，袍袖、帛巾随势飘舞，颇具叱咤风云的气势。

此盔按《定陵》所述，真武神、六甲神均为金制，因此名之为"金护法顶香草压缝六瓣明铁盔"。然据笔者观察，这些神像的锈蚀部位均现绿色的绣痕，据此这些神像似应是铜镀金，而非纯金所制。《大明会典》卷一九二《工部》十二《军器军装》一，列万历时期兵仗局造的铁盔有"镀金护法顶香草压缝六瓣明铁盔"，故笔者以为，其名称用《大明会典》所述似更为恰当。

2. 铠甲

铠甲一副（X20∶11）（图1.5.6—1.5.7），作对襟背心式，出土时锈蚀严重。甲身为长方形熟铁片外涂黑漆连缀而成，共用甲片199片。甲片上下各打孔若干，以丝线将甲片相互叠压编结起来。

此甲左右胸及后心部位各有圆形铁护。铁护表面贴金，刻神像。后心的圆护所刻为真武帝君等五神之像，两胸圆护所刻均为手执长枪及牵虎执鞭两员神将之像。甲内为织金锦衬里，显得十分豪华。

图1.5.6 万历皇帝铠甲 X20∶11 前襟（复制品）

图1.5.7 万历皇帝铠甲 X20∶11 后背

这副铁甲，按《大明会典》卷一九二《工部》十二《军器军装》一所记甲式，应属"绒绦穿方叶齐腰明甲"。

3. 腰刀

腰刀一件（X20∶2）（图 1.5.8），带鞘总长 95 厘米。为木柄铁刀。柄上包镶着金片及十字形金护手。刀身作鱼腹形。刀外有鞘，鞘为木质，外包鲨鱼皮，髹红漆，刻双行龙戏珠图案。鞘口至鞘的中部共有金箍四道，其中鞘口和鞘中部那两道金箍较宽，上刻云纹，顶部有柿蒂形装饰，并有一扁鼻，上套圆环。圆环内系有丝带，丝带上附带有扁方形金箍 6 个、金环一个、金钩一个，作为悬挂之用。

《大明会典》卷一九二《工部》十二《军器军装》记有"红鲨鱼皮靶、黑斜皮鞘、减金芝麻花、十字隔手事件腰刀"，与定陵出土腰刀的装饰颇有相近之处。

4. 弓袋、箭袋和箭

弓袋一件（X20∶8）、箭袋 2 件，均以缎为面，纱为里，上面缀有各种鎏金、鎏银饰件。饰件上有的嵌红蓝宝石，有的饰以浮雕效果的龙戏珠图案。其中一箭袋（X20∶9）内装有藤杆铁镞箭 30 枝（X20∶12）；另一箭袋（X20∶10）内装箭 4 枝。箭长 69 厘米，镞长 1.5 厘米，箭镞锈蚀在一起，箭杆残断、开裂。（图 1.5.9—1.5.11）

万历皇帝皇帝一生并非习武之人，亦未曾亲临征战，这些兵器实际上万历皇帝并没有使用过。

台北故宫博物院藏有明人绘《出警图》和《入跸图》，清人曾将图中的主人公标注为明世宗朱厚熜或明武宗朱厚照，后经台湾师范大学历史系朱鸿教授考证[1]，确定为万历十一年（1583）闰二月，万历皇帝躬谒天寿山陵和西山恭让章皇后、景泰帝陵的往返场面。（图 1.5.12）

《出警图》中，万历皇帝骑在一匹披有铠甲的乌马之上，头戴抹金凤翅盔，盔前

图 1.5.8 万历皇帝腰刀 X20∶2

---

1 朱鸿《明人〈出警入跸图〉本事之研究》，台北《故宫学术季刊》第 22 卷第 1 期，2004 年。

图 1.5.9 万历皇帝弓袋 X20：8

图 1.5.10 万历皇帝箭 X20：12（复原）

图 1.5.11 万历皇帝箭袋 X20：9（复原）

有真武大帝像，两旁还有各饰有一条火龙。盔顶有红缨，上有盔缨杆插白色翎毛、蓝色小旗和小枪头。盔后有顿项（护颈）。

万历皇帝左手牵着马的缰绳，右手持马鞭。身上外穿的是对襟罩甲。罩甲上布满细鳞甲片，胸部甲片上左右各饰有一条金色的升龙。罩甲的对襟及所有的边缘处，均为红色，并金龙纹，两肩处还各有金色的吞口兽头，兽头上各有红缨伸出。罩甲下长过膝，左右开衩。

图 1.5.12 明人绘《出警图》中的万历皇帝戎装像

罩甲之内，穿的是窄袖五采龙袍。两臂外侧通臂附有红丝线连缀的横排甲片。腰间左挂腰刀、弓袋（袋中插弓），右挂箭袋（袋中插箭）。双脚踏黑靴在马镫中。

可以看出，定陵出土的兵器中除了腰刀、弓袋、箭袋与图相似外，盔、甲都与图中画的不一样，这表明铁盔、铁甲是实战所用的甲胄，皇帝平时出行是不穿的。

119

六、皇后礼服

皇后的礼服没有皇帝的礼服复杂,只有一种,是皇后在大典时穿用的服装。

1. 皇后礼服的服用场合

按《大明会典》卷六十记载,皇后受册、谒庙、朝会服礼服,燕居则服常服。

①受册受贺

皇后被册立,皇帝须授给皇后册、宝。这一礼仪,是在奉天殿举行,然后由皇帝派出正使、副使将册、宝送至皇后的中宫。在这个仪式之后,皇后还要在中宫(坤宁宫)举行受册受贺仪式。

《大明会典》卷四六记载了仪式的过程:

前一日,内使监官陈设皇后御座于中宫殿上如常仪。设香案于殿庭之正中,设权置册宝案于香案之前,册东宝西。设皇后受册宝位于册宝案前,北向。设司言、司宝二人位于皇后位之北,设奉册宝内官位于册宝案之南。设读册宝内官位于奉册宝内官之南,设内外命妇位于庭下左右,俱东西相向。又设内外命妇贺位于殿中,北向。尚仪二人位于皇后拜位之北。司赞内官二人,位于内外命妇立位之北,俱东西相向。又设权置册宝案于中宫门外,设内使监令位于案之东,西向。设奉册奉宝内官位于内使监令之左右,稍退,俱西向。使副位于案南,北向。引礼二人位于使副之前,东西相向。掌节者位于册使之后。

其日,所司设仪仗于殿庭之东西,擎执于殿上之左右。乐工陈乐于殿庭之南。册宝将至中宫门,尚仪奏请皇后首饰、袆衣出阁。乐作,至殿上,南向立。乐止。司言、司宝立于后。

及册宝至宫门,使、副于龙亭中取册宝,权置于门外所设案上。引礼引使、副及内使监令俱就位立定。次引册使于内使监令前,称册礼使臣某、副使臣某奉制授皇后册宝。退,复位。内使监令入诣皇后殿,躬言讫,出,复位。引礼引内外命妇俱入就位。读册宝内官及司赞内官俱就位,引礼引册使取册授内使监令,内使监令跪受,以授奉册内官。册使退,复位。引礼又引副使取宝授内使监令,内使监令跪受,以授奉宝内官。副使退,复位,以俟宫中行礼。内使监令率奉册、奉宝官各奉册宝以次入,诣皇后受册位前,以册宝各置于案,册东、宝西。尚仪引皇后降，诣庭中受册位立定。侍从如常仪，司言、司宝各就位。内使监令率奉册、奉宝内官，取册宝以次立于皇后之东，西向。内使监令称：有制。尚仪奏：拜、兴，乐作。皇后四拜、兴，乐止。内使监令宣制讫，奉册内官就案取册，授读册内官。读册讫，跪以授内使监令，内使监令跪，以册授皇后。皇后跪受讫，以授司言，奉宝内官就案取宝以授读宝内官。读宝讫，以授内使监令。内使监令跪以宝授皇后。皇后跪受讫，以授司宝。尚仪奏：拜、兴，乐作。皇后四拜、兴，乐止。内使监令出，诣使、副前，称皇后受册礼毕。使、副退诣奉天殿横街南，北面，西上（"向"字之误）立。给事中立于册使东北，西向。使、副再拜，复命曰：奉制，册命皇后礼毕。又再拜、平身。给事中奏闻，乃退。

初，皇后受册宝讫，尚仪引皇后升座。引礼引内命妇班首一人，诣殿中贺位。初行，乐作。至位，乐止。司赞唱：拜、兴。乐作，班首再拜，兴，乐止。跪致词曰：兹遇皇后殿下，膺受册、宝，正位中宫，妾等不胜欢庆，谨奉贺。司赞唱：拜、兴。乐作，班首再拜，兴，乐止。引礼引班首退，复位。引礼又引外命妇班首一人，入就殿上贺位。其行礼并如内命妇仪。司赞唱：礼毕。引礼引内外命妇出。初行乐作，出门乐止。尚仪奏：礼毕。引皇后降座，乐作。还阁，乐止。

随后，皇帝还会服衮冕在奉天殿接受文武百官的称贺。

②谒庙

谒庙，即拜谒太庙。《大明会典》同卷亦有相关仪程记载：

皇后将谒太庙，皇帝先遣官，用牲牢行事。告以皇后将祗见之意。其仪与时享同。祝文临时撰定。遣官之日，皇帝降香，告官捧香至太庙告毕，皇后亲行谒见。

前期，皇后斋三日，内外命妇及执事内官各斋一日。前一日，执事官洒扫庙庭内外。设皇后拜位于庙门外，又设拜位于庙中香案前，俱北向。设内命妇陪祀拜位于庙庭之南，北向；设外命妇陪祀拜位于内命妇之南。司赞位于皇后拜位之东西；司宾位于内命妇之北，东西相向。司香位于香案之右，设盥洗位于庭阶之东，司盥洗官位于位所。各庙皆如前仪。

其日清晨，宿卫陈兵卫、乐工备乐，尚仪备仪仗及重翟车于中宫外门之外，陪祀外命妇各具翟衣，集于中宫内门之外，内使监官奏：中严。皇后服首饰、九龙四凤冠、祎衣。尚仪奏：外办。导引皇后出内宫门。司赞奏：升舆。皇后升舆，至外门之外。司赞奏：降舆。皇后降舆。司赞奏：升车。皇后升车。宿卫兵仗前导，鼓吹设而不鸣。次，尚仪陈仪卫；次，外命妇；次，内命妇。皆乘车前导。次，皇后重翟车。内使监人员扈从，宿卫复陈兵仗于后。皇后至庙门，司宾引内外命妇先入，就殿庭东西侍立。司赞奏请降车，皇后降车。司赞引自左门入就位，北向立。司宾引内外命妇各就位，北向立。司赞、司宾各赞拜。皇后及内外命妇皆再拜、兴。司赞奏请行事，请诣盥洗位。引皇后至盥洗位。奏：盥洗。司盥洗者酌水。皇后盥手讫。奏：帨手。司巾以巾进，皇后帨手讫。司赞奏请诣神位前，引皇后由东阶升至神位前，北向立。司赞奏上香者三，司香奉香进于皇后之右。皇后三上香讫，司赞引皇后复位。司赞、司宾，各赞拜、兴。皇后及内外命妇皆再拜、兴。司赞奏：礼毕。引皇后出自庙之左门，司宾引内外命妇出。司赞奏：升车。皇后升车。宿卫陈仪仗，乐工陈乐，尚仪陈仪仗。内外命妇前导，侍从如来仪。过庙鼓吹振作，还至宫之外门外，司赞奏：降车。皇后降车。司赞奏：升舆。皇后升舆，至宫之内门外。司赞奏：降舆。皇后降舆入宫，皇后受册毕。皇帝会群臣于谨身殿。皇后于中宫，会内外命妇，其仪皆如正旦宴会之仪。

③朝会

《大明会典》卷四三记载《中宫正旦、冬至命妇朝贺仪》：

洪武二十六年定，凡正旦、冬至，前期一日，女官陈设御座于宫中，设香案于丹墀之南。其日，内官陈设仪仗于丹陛之东西及丹墀东西。女官擎执者立于御座之左右。陈女乐于丹陛东西，北向。设笺案于殿东门外，设班首拜位于中道之东西，设命妇拜位于丹墀，北向。设司赞位于丹墀东西，设司宾位于命妇班之北，东西相向。设内赞二人位于殿内东西。命妇至宫门外，司宾引命妇入就拜位。女官具服侍班如常仪。

尚宫、尚仪等官，诣内奉迎。尚仪奏请升座，皇后具服出，导从如常仪，乐作。升座，乐止。司赞唱：班齐。乐作，赞四拜，乐止。内赞唱：进笺。引笺案女官前导，举笺案女官二人，举案由殿东门入，乐作。至殿中，乐止。赞众、命妇跪。内赞唱：宣笺目。宣笺目女官宣讫，兴。唱：宣笺。展笺女官诣案前取笺，宣笺女官宣讫，兴。举案者举案于殿东，赞、命妇皆兴。司宾引班首由东阶升，乐作。自东门入，至殿中，乐止。内赞唱：跪。班首跪。司赞唱：跪。众命妇皆跪。班首称：

某夫人妾某氏等，兹遇（正旦则云："履端之节。"冬至则云："履长之节。"）敬诣皇后殿下称贺（今班首致词称贺，俱司言女官代）。内赞、司赞同唱：兴。班首及殿外命妇皆兴。司宾引班首由西门出，降自西阶，乐作。至拜位，乐止。赞拜，乐作。四拜，乐止。司言前跪，将旨由东门靠东出，至于丹陛东，西向立，称有旨。司赞唱：跪。众命妇皆跪，司言：宣旨。（正旦则云："履端之庆。"冬至则云："履长之庆。"）与夫人等同之。赞与众命妇皆兴。司赞唱：拜。乐作。四拜，乐止。尚仪跪奏：礼毕。皇后兴，乐作。还宫，乐止。引礼引命妇以次出。

另有《中宫千秋节命妇朝贺仪》，即皇后生日的庆贺仪式，与中宫正旦、冬至基本相同。不同之处是贺词稍有区别。其贺词是："兹遇千秋令节，敬诣皇后殿下称贺。"皇后不用传旨。

中宫朝贺的乐章是对皇后的赞美之词："宝殿光辉晴天映，悬玉钩，珍珠帘栊。瑶觞举时，箫韶动。庆大筵，来仪凤。昭阳玉帛齐朝贡。赞孝慈，贤助仁风，歌谣正在升平中，谨献上齐天颂。"

④祭先蚕

据《大明会典》卷九二记载，皇后主持祭祀先蚕之神，始自嘉靖九年（1530），当时将先蚕坛建于北郊，春天时择日由皇后"躬祀先蚕，行亲蚕礼"。嘉靖十年（1531），改筑先蚕坛于内苑，仍由皇后行亲蚕礼。

其祭祀的仪式如下：

祭祀前皇后要斋戒三天，执事、司赞、六尚女官等斋戒二天。

正祭。先一日，蚕宫令陈乐女生位于坛南，设皇后拜位于坛下，北向。次公主，次内命妇，次外命妇拜位，俱异位重行，北向。设内赞位于坛南，设司赞位于皇后拜位之东西。设司宾位于外命妇班之北，东西相向。

皇后至坛所，入具服殿少憩。司宾先引外命妇列于先蚕坛下，东西相向，以北为上。尚仪诣皇后前，奏请皇后易礼服。出殿门，将至坛，内赞唱：乐女生就位，执事官各司其事。导引女官导皇后至拜位。司赞奏：就位。次公主，次内命妇，又次外命妇，各就拜位。

内赞唱：瘗毛血、迎神，乐作，乐止。司赞奏：四拜（公主以下同）。内赞唱：奠帛，行初献礼。乐作。执事官捧帛、爵跪于神位前，各奠讫。乐暂止。内赞唱：

读祝。司赞奏：跪。皇后跪（公主以下同）。读祝女官跪于神位前右，读讫，乐作。司赞奏：兴。皇后兴（公主以下同）。乐止。内赞唱：行亚献礼。乐作，执事官捧爵，跪奠于神位前，讫，乐止。内赞唱：行终献礼（仪同亚献）。执事女官进立坛东，西向。唱：赐福胙。司赞奏：跪。皇后跪。执事女官以福酒跪进于皇后右。奏：饮福酒。皇后饮讫。执事女官以胙跪进于皇后右。奏：受胙。皇后受胙讫。司赞奏：兴。皇后兴。司赞奏：二拜（公主以下同）。内赞唱：彻馔。乐作。执事女官诣神位前，彻馔讫。乐止。内赞唱：送神。乐作。司赞奏：四拜（公主以下同）。乐止。内赞唱：读祝官捧祝，执事官捧帛馔各诣瘗位。乐作，乐止。司赞唱：礼毕。皇后还具服殿，更常衣。行亲蚕礼。

皇后祭祀先蚕的祝文是："维 年 月 日，皇后 致祭于先蚕氏之神曰：'维神肇兴蚕织。衣我烝民，万世永赖。时维季春，躬行采桑礼。仰冀默垂庇佑，相兹蚕事。率土大同，惟神之休，敬以牲帛醴齐之仪，用申祭告尚享。'"

如遇令官祭祀，祝文内容则去掉"躬行采桑礼"，改为"修常典"；并改"用申"为"谨用"。

祭祀的各个环节的奏乐，也都有乐章。

迎神，奏"贞和之曲"。其乐章为："于穆惟神，肇启蚕桑，衣我万民，保我家邦。兹举旷仪，春日载阳，恭迎霞驭，灵气洋洋。"

奠帛，奏"寿和之曲"（初献礼同）。其乐章为："神其临只，有苾有芬。乃献王□，乃奠文繐。仰祈昭鉴，淑气氤氲。顾兹蚕妇，祁祁如云。"

亚献，奏"顺和之曲"。其乐章为："载举清觞，蚕祀孔明。以格以飨，鼓瑟吹笙。阴教用彰，坤仪允贞。神之听之，鉴此禋诚。"

终献，奏"宁和之曲"。其乐章为："神之格思，桑土是宜。三缫七就，惟此茧丝。献礼有终，神不我遗。锡我纯服，藻绘皇仪。"

彻馔，奏"安和之曲"。其乐章为："俎豆具撤，式礼莫愆。既匡既敕，我祀孔虔。我思古人，葛覃惟贤。明灵歆只，永顾桑阡。"

送神，奏"恒和之曲"（望瘗同）。其乐章为："神之升矣，日霁霞蒸。相此女红，杼轴其兴。兹返玄宫，鸾凤翔腾。瞻望弗及，永锡嘉征。"

乐女生演奏乐曲，只用乐歌，不用舞蹈。陪同皇后祭祀的，有内命妇（妃嫔、女官），以及文官四品以上、武官三品以上命妇。

2. 礼制规定的皇后礼服服式

皇后的礼服包括冠、祎衣（翟衣）、中单、蔽膝、玉谷圭、玉革带、大带、绶、玉佩、鞋袜等。（图1.6.1—1.6.2）

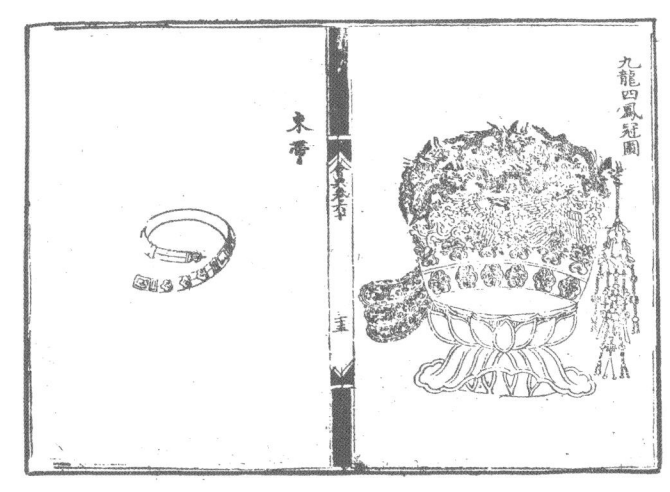

图1.6.1《大明会典》中的《九龙四凤冠图》《束带图》

图1.6.2《大明会典》中的《祎衣图》

①冠

按《大明会典》所记，洪武三年（1370）定，"冠为圆匡，冒以翡翠，上饰九龙四凤，大花十二树，小花如大花之数，两博鬓，十二钿"。

永乐三年（1405）定龙凤冠制度，仍为九龙四凤。但又有更加细致的规定："漆竹丝为圆匡，冒以翡翠。上饰翠龙九、金凤四。正中一龙衔大珠一，上有翠盖，下垂珠结，余皆口衔珠滴。"此外，还规定冠上饰有"翠云四十片、大珠花十二树（皆牡丹花，每树花二朵、蕊头二个、翠叶九叶），小珠花如大珠花之数（皆穰花飘枝，每枝花一朵，半开一朵，翠叶五叶）；三博鬓（左右共六扇），饰以金龙翠云，皆垂珠滴；翠口圈一副；珠翠面花五事；珠排环一对；皂罗额子一，描金龙文，用珠二十一颗"。

②衣

洪武三年（1370）定，"服祎衣，深青为质，画翟赤质，五色，十二等[1]"。

永乐三年（1405）定，"翟衣，深青为质，织翟文十有二等（凡一百四十八对），间以小轮花；红领，褾、襈、裾，织金云龙文，纻丝、纱、罗随用"。

---

1 等，行。

③中单

洪武三年（1370）定，"素纱中单，黼领，朱罗縠褾、襈、裾"。永乐三年（1405）定，"中单，玉色纱为之，红领、褾、襈、裾；领织黼文十三。或用线罗"。

④蔽膝

洪武三年（1370）定，"蔽膝随衣色，以緅[1]为领缘，用翟为章，三等"。永乐三年（1405）定，"蔽膝随衣色，织翟为章，三等；间以小轮花四，以緅为领缘，织金云龙文，纻丝、纱、罗随用"。

⑤圭

永乐三年（1405）定，"玉谷圭长七寸（周尺），剡其上，琢谷文。黄绮约其下，别以黄袋韬之，金龙文。"

⑥革带

洪武三年（1370）定，"玉革带"。永乐三年（1405）定，"玉革带，青绮鞓[2]，描金云龙文。玉事件十，金事件四"。

⑦大带

洪武三年（1370）定，"大带随衣色，朱里纰其外，上以朱锦，下以绿锦，纽约用青组"。永乐三年（1405）定，"大带表里，俱青红相半。其末纯红，而下垂织金云龙文。上以朱缘，下以绿缘，并青绮副带一"。

⑧绶

永乐三年（1405）定，"绶，五采：黄、赤、白、缥、绿，纁质。间施二玉环，皆织成。小绶三色，同大绶"。

⑨玉佩

永乐三年（1405）定，"玉佩二，各用玉珩一、瑀一、琚二、冲牙一、璜二。瑀下有玉花，玉花下又垂二玉滴，琢饰云龙文，描金。自珩而下系组五，贯以玉珠。行则冲牙、二滴与二璜相触有声。上有金钩，有小绶，五采以副之，五采：黄、赤、白、缥、绿，纁质，织成"。

⑩袜、舄

洪武三年（1370）定，"青袜、青舄，以金饰"。永乐三年（1405）定，"青袜，舄、袜以青罗为之。舄用青绮，饰以描金云龙文，皂线纯。每舄首加珠五颗"。

---

1 緅（zōu），黑里带红的颜色。
2 鞓（tīng），用皮革制成的腰带。

3. 定陵出土的皇后礼服

定陵出土两位皇后的礼服，并不全面，例如，皇后礼服应该有的祎衣（翟衣）、蔽膝、大带、绶、中单，但都没有出土。另外，出土文物中，有的与《大明会典》记载的礼制相合，也有的并不吻合。但总起来看，出土的这些文物，还是对于研究明代皇后的服饰制度还是非常有价值的。而且，其精湛的工艺，华丽的装饰，珠光宝气，又体现出了明代工艺技术的成就。

①龙凤冠

文献记载，妇女首饰有凤凰装饰始见于汉。当时，太皇太后、皇太后的簪上已有凤凰爵这种装饰。唐朝时皇后燕见宾客时的礼服中，已有后世龙凤冠上的大小花和博鬓等饰物，但尚无龙凤装饰。

龙凤冠的出现，开始于宋朝。《文献通考》载，宋徽宗政和三年（1113）议定，皇后首饰用大小花各十二枝。并有两博鬓，冠则饰以九龙四凤。然而，存世的宋神宗皇后画像却反映出龙凤冠的出现可能比宋徽宗时还要早。而且，画像中皇后所戴的龙凤冠还饰有大小花及博鬓，因此，宋朝时大小花和博鬓理应是龙凤冠上的装饰物。

明朝的龙凤冠制承宋制而又加以发展和完善，因之更显雍容华贵之美。

定陵出土的两位皇后龙凤冠共有四顶，分别为"十二龙九凤冠""九龙九凤冠""六龙三凤冠"和"三龙二凤冠"。其中十二龙九凤冠和三龙二凤冠是属于孝靖皇后的，九龙九凤冠和六龙三凤冠是属于孝端皇后的（图1.6.3—1.6.4）。

这四顶龙凤冠有三个特点。

一是四冠龙腾凤舞、制作精美，并装饰有大量的珍珠宝石。

其中，龙全部采用金制的花丝工艺制成，口衔珠宝滴，作腾飞姿态；凤则采用点翠工艺（以翠鸟羽毛贴饰的一种工艺）制成，同样口衔珠宝滴。龙凤之间还饰有珍珠环绕宝石装点而成的一树树大小珠花和翠云、翠叶，最下面在冠口的周圈还有红底金边，装饰有珠宝钿的金口圈。冠后左右还各装有三扇饰有金龙、翠云，周围环绕珠串的博鬓。

其中，孝靖皇后的十二龙九凤冠，和孝端皇后的九龙九凤冠龙凤造型大体一致。孝靖皇后的十二龙九凤冠，通高32厘米，冠口直径19厘米，重2.595公斤。十二龙的分布是顶部正中一龙，中层七龙，后面上一龙，下三龙；九凤的分布则是前面龙下分布凤五只，后面龙下两侧上下各有凤一只；左右三博鬓各饰金龙一条。全冠总计镶嵌红、蓝、绿、黄宝石121块，珍珠3588颗。（图1.6.5）

大 明 风 华　　典 制 之 最

图 1.6.3 孝端皇后的九龙九凤冠 X1：12

图 1.6.4 孝端皇后的六龙三凤冠 X2：20

图 1.6.5 孝靖皇后的十二龙九凤冠 X15：6

而孝端皇后的九龙九凤冠（现藏国家博物馆），则通高48.5厘米，冠口直径23.7厘米，重2.32公斤。正面上层布列九龙，中层布列翠凤八只，再下为三排珠花和翠叶；后面饰凤一只；左右三博鬓各饰金龙两条。全冠共镶嵌红蓝宝石115块，珍珠4414颗。

孝端皇后的六龙三凤冠，和孝靖皇后的三龙二凤冠造型比较一致。其中，孝端皇后的六龙三凤冠，通高35.5厘米，冠口直径20厘米，重2.905公斤。冠顶饰有三龙：正中一龙面朝前方，口衔珠宝滴，面向前；两侧龙龙头向外，作飞腾状，其下有花丝工艺制作的如意云头，龙头则口衔长长珠宝结，珠宝结一直下垂至冠下。三龙之前，中层为三只翠凤。凤形均作展翅飞翔之状，口中所衔珠宝滴稍短。其余三龙则装饰在冠后中层位置。冠的下层装饰大小珠花，珠花在翠云、翠叶的衬托下，布局错落有致。冠的后有左右三博鬓，每扇各饰一金龙。整个凤冠共嵌宝石128块（其中，红宝石71块、蓝宝石57块），装饰珍珠5449颗。

孝靖皇后的三龙二凤冠（现藏故宫博物院），通高31.7厘米，冠口直径19厘米，重2.165公斤。三龙分布，正中顶上一龙，左右各一龙，也是正中一龙珠宝滴稍短，左右两龙口衔长长的珠宝结，珠宝结造型精巧，下垂过冠。龙下则翠云、翠叶环绕，一朵朵珠宝花布满冠的下层。全冠共装饰红蓝宝石95块，珍珠3426颗。（图1.6.6）

二是这四顶龙凤冠，造型设计庄重灵动，别具风采。

由于四顶凤冠，在造型设计上，均采用左右对称，突出中部装饰的特点，因而给人以庄重之感；又因左右博鬓，以及大小珠宝滴、珠宝结都是动态设计，因而在庄重中，人们又感觉到了动态的美感。特别是龙、凤、珠花及博鬓装饰的大量的珠宝，加上花丝、点翠工艺的使用，更使四顶龙凤冠金翠相辉，色彩艳丽，光彩照人。所以，皇后戴上这样的龙凤冠，会显得仪态端庄、多彩而又和谐，皇后母仪天下的高贵身份因此得到了最佳的体现。

三是这四顶龙凤冠龙凤数量的设计，蕴含着深层次的礼制内涵。

对这四顶龙凤冠，人们往往将它们简称为"凤冠"。其实在明代，龙凤冠和凤冠是两种不同等级的妇女冠戴。龙凤冠，是冠上既有龙又有凤的冠戴，只有皇后才能享用，在当时又有"龙凤斗冠"之称。例如，《明世宗实录》卷四九四记载："嘉靖四十年三月……癸酉……承天陵户张万宾盗显陵祾恩殿龙凤斗冠珠宝，捕获伏诛。"而凤冠则是指冠上有凤而没有龙的妇女冠戴。按《大明会典》记载，洪武三年定皇妃礼服冠"饰以九翚四凤"，常服冠为"鸾凤冠"，又定为"山松特髻假鬓花钿或花钗凤冠"；永乐三年（1405）定皇妃礼冠为"九翟冠"，上饰"金凤一对，口衔珠结"。而嘉靖十

图 1.6.6 孝靖皇后的三龙二凤冠 X14∶22

年（1531）所定皇嫔冠，则是"冠冠用九翟，次皇妃之凤"。可见，凤冠是皇妃的冠戴，不是皇后的冠戴。

当然，皇后的龙凤冠是有礼服和常服之分的。按照《大明会典》的记载，皇后礼冠为"九龙四凤冠"，常服冠为"双凤翊龙冠"。但定陵出土的四顶龙凤冠，龙凤的数量与《大明会典》记载的礼服冠和常服冠都不相同，那么对于这四顶龙凤冠如何定性，便产生了认识上的分歧。

《定陵》认为四顶冠都是皇后的礼冠："凤冠为皇后礼冠，在受册、谒庙、朝会时戴用……定陵出土的四顶凤冠……与上述《明会典》记载不合。由此可知明初所定冠服制度至万历时期已有变化。"[1] 也有学者根据这四顶龙凤冠龙凤数量的多少，划分为礼服冠和燕居冠。其中，十二龙九凤冠和九龙九凤冠是两位皇后的礼冠，六龙三凤冠和三龙二凤冠是两位皇后的燕居冠[2]。

这种划分还是有道理的。因为，按照《大明会典》的记载，皇后的礼冠是九龙四凤，常服冠是双凤翊龙，即二凤一龙，的确是礼冠龙凤数量多于常服冠。

然而，定陵出土的四顶龙凤冠的龙凤数量为什么与《大明会典》的记载不同？两位皇后同为神宗的皇后，龙凤冠为什么彼此不同？这是需要进一步分析研究的。

笔者认为，这一情况的出现，很可能与墓主的身份有一定关系。

首先分析一下两位皇后的身份，孝端皇后和孝靖皇后，相对于万历皇帝而言，虽然都是皇后，但相对于办理葬礼的明熹宗朱由校而言，却一位是嫡祖母，一位是生祖母。

从礼制的角度看，嫡祖母的地位是高于生祖母的；但从血缘关系来说，生祖母又比嫡祖母的关系更为亲近。估计正是基于血缘的亲情关系，明熹宗朱由校在万历四十八年（1620）九月十三日为两位皇后所上的谥号是有所不同的。为孝端皇后所上的谥号为"孝端贞恪庄惠仁明媲天毓圣显皇后"，而同日为孝靖皇后所上的谥号则是："孝靖温懿敬让参天胤圣皇太后"。

在人们的心目中，皇太后的地位是高于皇后的地位的。所以，为了体现两者地位的差异，孝靖皇太后的礼冠制成为十二龙九凤冠，而孝端皇后的礼冠则制成为九龙九凤冠。

在明代，破格为皇太后制作高于常规皇后礼冠的情况是有先例的。例如，《大明会典》规定，皇后的龙凤冠应该是"九龙四凤冠"，但《明神宗实录》卷四一七却记载："万历三十四年正月……甲申……御用监上圣母册封册、宝、冠……本监成造……十二龙十二凤斗冠一顶。"说明当时御用监奉旨为万历皇帝生母慈圣皇太后所制作的龙凤冠是超越皇后礼服冠规格的，这应该是龙凤冠的顶级配置了。所以，明熹宗为自己的生祖母制作的十二龙九凤冠，与其生祖母的皇太后身份是吻合的；而孝端皇后的九龙九凤，与她的皇后身份同样也是吻合的。

但明代又是个讲究礼制的社会，相对万历皇帝而言，毕竟孝端皇后是元配，而孝

---

[1]《定陵》第五章《出土器物》第八节《冠、带和配饰》。
[2]《中华遗产》2022年增刊《十三陵—浓缩的大明》，李娟娟《礼制之盛·帝后冠金珠宝石的风仪》。

靖皇太后则是死后追封的,所以从礼制的角度看,嫡庶之间是有高低之分的。也就是说,从礼制上讲,孝端皇后的地位是高于孝靖皇太后的。估计正是这个原因,熹宗为两位皇后制作的常服冠,孝端皇后为六龙三凤冠,孝靖皇太后为三龙二凤冠。孝端皇后的规格又是高于孝靖皇太后的。

而且,如果我们将两位皇后礼服冠和常服冠上的龙凤数量之和分别统计,又会发现,孝端皇后和孝靖皇太后的龙凤冠,虽然龙的数量总数都是15条,但凤的总数则是孝端皇后的两冠共12只;而孝靖皇后两冠凤的总数则是11只,孝靖皇太后的凤比孝端皇后的凤的总数少了1只,这里再次体现了两位皇后的嫡庶之别。

所以,这四顶龙凤冠龙凤数量的配置,不是偶然的。其设计的思路,应该就是为了兼顾了嗣帝与两位皇后的血缘亲疏关系和礼制上的嫡庶之别。

那么,这种因为皇太后身份而导致龙凤冠龙凤配置的数量超越礼制的现象,是不是从万历时期才开始的呢?

为此,笔者对台北故宫博物院所藏明代20位皇后画像的服饰进行比对,其服饰冠戴情况如表1.6.1:

表1.6.1 明代皇后画像冠服形制表

序号	皇帝	皇后	上身衣着	冠前可见龙凤
1	太祖朱元璋	孝慈高皇后马氏	常服:黄色大衫、红地织金龙云纹霞帔,内套红色鞠衣、白色带粉纹中单	常服冠:顶饰二凤一龙。中龙口衔短珠滴,左右二凤口衔花样长串珠结,下垂至肩
2	成祖朱棣	仁孝文皇后徐氏	常服:鞠衣有龙补,中单白色,余同上	常服冠:龙凤安排同上,冠色皂
3	仁宗朱高炽	诚孝昭皇后张氏	同上	常服冠:五龙,顶三龙,中龙口衔短珠滴,两侧龙各衔花样长串珠结,下垂至肩。其下两龙亦衔短珠滴。凤不可见。冠色皂
4	宣宗朱瞻基	孝恭章皇后孙氏	同上	同上
5	英宗朱祁镇	孝庄睿皇后钱氏	常服:霞帔为红地翠龙,余同上	常服冠:顶饰三龙,中龙衔短珠宝滴,两侧龙各衔花样长串珠结,下垂至肩。凤不可见

（续表）

序号	皇帝	皇后	上身衣着	冠前可见龙凤
6	同上	孝肃皇后周氏	同上	同上
7	宪宗朱见濡	孝贞纯皇后王氏	常服：黄色云纹大衫，红地织金龙纹霞帔，红色龙补鞠衣，白中单	常服冠：顶饰一龙二凤。中龙衔短珠宝滴，两侧凤各衔花样长串珠结，下垂至肩
8	同上	孝惠皇后邵氏	同钱皇后	同钱皇后
9	孝宗朱祐樘	孝康敬皇后张氏	常服：黄色微红云纹大衫，青地织金龙纹霞帔，红色龙补鞠衣，白中单	常服冠：顶饰三龙，中龙衔短珠宝滴，两侧龙各衔花样长串珠结，下垂至肩。凤不可见
10	武宗朱厚照	孝敬毅皇后夏氏	常服：黄色云纹大衫，余同上	同上
11	世宗朱厚熜	孝洁肃皇后陈氏	常服：鞠衣无补，余同上	同上
12	同上	孝恪皇后杜氏	礼服：翟衣，深青地，织翟纹、小轮花。红领，织云龙纹。双手持圭	礼服冠：冠上层分布金龙七条，其下分布翠凤六只。龙凤各衔珠宝滴。形制定陵出土十二龙九凤冠和九龙九凤冠相似
13	穆宗朱载垕	孝懿庄皇后李氏	常服：黄色云纹大衫；青地织金云龙纹霞帔，红色鞠衣，无补；龙领中单	同上
14	同上	孝安皇后陈氏	同上	同上
15	同上	孝定皇后李氏	礼服、常服混穿：翟衣，黑地，织翟纹、小轮花。有霞帔，红地翠龙纹。内套白色带纹饰中单。双手持圭	礼服冠：上层中间一条金龙，两侧各翠凤三只；其下金龙七条。龙凤各衔珠宝滴
16	神宗朱翊钧	孝端显皇后王氏	同上	礼服冠：上层金龙七条，下层金凤七只。龙凤各衔珠宝滴

（续表）

序号	皇帝	皇后	上身衣着	冠前可见龙凤
17	同上	孝靖皇后王氏	皇妃常服：红色鞠衣，龙补。内套白色带龙纹中单	皇妃常服冠：金凤三只。中一凤口衔珠宝滴。两侧凤，各衔花样长串珠结，下垂至肩。无龙
18	光宗朱常洛	孝元贞皇后郭氏	礼服：翟衣，黑色，织翟纹、小轮花，红领龙纹。双手持圭	礼服冠：上面金龙七条，一龙居中，其余六龙分作三排分布。再下翠凤六只
19	同上	孝和皇后王氏	同上	同上
20	同上	孝纯皇后刘氏	常服：黄色云纹大衫，黑地龙纹霞帔。内露蓝领	常服冠：顶部金龙居中，口衔珠宝滴；两侧金凤各一只，均衔花样长珠宝结，下垂至肩。两凤下各有一龙，未衔珠宝滴

据表可知，上述20位皇后的画像，除孝靖皇后冠上无龙，系皇妃冠服画像外，其余19位皇后画像，均属皇后冠服画像。

在这19位皇后冠服画像中，有5位皇后（孝恪皇后杜氏、孝定皇后李氏、孝端显皇后王氏、孝元贞皇后郭氏、孝和皇后王氏）的画像，身着翟衣，双手持圭，系礼服装束（孝定、孝端显皇后翟衣外有霞帔，系礼服、常服混合搭配），冠也都是龙凤数量密集的皇后礼冠。画像显示龙凤冠仅正面就有龙7条，凤6只或7只，如果算上冠后未画出的龙凤，其规格，肯定超越了九龙四凤冠的规制。（很可能是九龙九凤冠或十二龙九凤冠，

图1.6.7 穆宗生母孝恪杜皇后礼服画像

但因冠背后状况不明，故龙凤的准确数量难以确定。）其中，孝恪皇后杜氏，穆宗生母，原为康妃，嘉靖三十三年（1554）正月去世，穆宗即位后追尊皇太后。（图1.6.7）显然，这种超越规制的皇后礼冠，至迟在隆庆初年已有先例。

其余14位皇后画像的衣着均为大衫霞帔、鞠衣的常服装束。其头上所戴之冠，

135

除了穆宗的孝懿、孝安两位皇后系龙凤密集的礼服龙凤冠外，其余12位皇后的冠均具有如下特点：首先是龙凤数量并不局限于常服冠"双凤翊龙"要求；其次，是冠顶两侧，或双凤，或双龙，均口衔长长的花样珠宝结，并且下垂至肩。这应该是构成皇后常服冠的重要特征之一。因为，《大明会典》记载永乐三年（1405）所定皇后常服冠有"金凤一对，口衔珠结"的描述，而皇后的礼冠则是"正中一龙衔大珠一，上有翠盖，下垂珠结"。因此，上述皇后常服画像的冠，有龙或凤一左一右，下垂花样珠宝结，应是符合皇后常服冠的特点的。而且，可以推测，这12位皇后的画像，衣、冠的搭配都是属皇后常服的正常搭配。

但是，从画像又可以看出，虽然这些皇后的冠都属于常服冠，但其实前后不同时期又存在一些区别。

其中，明太祖的孝慈高皇后的画像，常服冠形制为"双凤翊龙冠"，完全符合洪武时规定的皇后常服冠的要求。永乐皇帝的仁孝文皇后画像，冠顶有双凤一龙。金龙一条饰于冠顶正中，口衔珠滴，两凤饰于左右，口衔珠宝结，珠宝结花样复杂，长垂至肩，冠后三博鬓，冠前珠宝大牡丹珠花一朵，小花四朵，黑色冠壳，与永乐三年（1405）的规定也完全相符。（图1.6.8）

图1.6.8 永乐皇帝仁孝文皇后徐氏常服画像

但是，此后的皇后常服冠，龙凤的数量则明显超越了永乐三年（1405）所规定的常服冠制度，而且还出现了以双龙衔珠宝结取代双凤衔珠宝结的情况。

其中，第一位打破常服冠规定制度的就是永乐皇帝的儿媳妇——仁宗的诚孝昭皇后张氏。其画像中，冠上设置龙五条，并且采用双龙衔珠宝结的方式。其冠壳系黑色，冠正面，饰有珠宝组成大牡丹花一朵，还有小的花朵四朵，与永乐时所规定的冠"以皂縠为之"，和"前后珠牡丹花二朵、蕊头八个"的要求正相符合，也与仁孝文皇后的常服冠一致。但冠上的龙为五条，而不是一条龙；而且是左右两龙衔珠宝结，而不是凤衔珠宝结。其余三龙则衔较短的珠宝滴。这说明，张皇后的常服冠已经超出了永乐时常服冠的规定。（图1.6.9）

张氏的常服冠之所以会突破永乐三年（1405）的规定，笔者认为应该也是有其特定的历史背景的。张皇后在仁宗去世后，在宣德、正统年间先后被尊为皇太后、太皇太后，在明代的政坛上，辅佐年轻的宣宗皇帝和年少的英宗皇帝，明朝的"仁宣致治"以及正统初年政局的稳定，与张皇后对政局的把控密不可分。前文我们谈到，万历皇帝曾在为生母慈圣皇太后加徽号时，特别制作了十二龙十二凤的礼冠，那么，宣德皇帝或正统皇帝在位时，超越永乐规制，为母亲或祖母特制超规格的常服冠，自然也是可能的。

由此可见，定陵出土的孝端皇后的六龙三凤冠和孝靖皇后的三龙二凤冠，与《大明会典》的规定相比较，都应该是超规格的皇后常服冠。至于冠顶左右两侧，均采用双龙衔珠宝结，而不是双凤衔珠宝结，也是早在诚孝皇后张氏的常服冠中就已出现，应该视作皇后常服冠的一种变通。因为在明代皇后的常服画像中，除了孝慈高皇后马氏、仁孝文皇后徐氏、孝贞纯皇后王氏、孝惠皇后邵氏4位皇后的冠是左右二凤衔珠结外，其余8位皇后的冠均为左右二龙衔珠宝结。

②玉佩

定陵出土两位皇后玉佩共4副，均出自随葬器物箱内。其中，属于礼服的玉佩有2副，形制相同，珩顶有两孔，连金钩。珩下玉珠串5组，系有玉饰件4排，自上而下第一排，中间为瑀，两侧为琚；第二排为玉花；第三排同第一排；第四排，中间为冲牙，两侧为璜，再侧为玉滴。

两副形制虽同，但大小不同。X17：4那副，通长49.4厘米。（图1.6.10）

X17：5那副，通长为33厘米。

图1.6.9 仁宗皇帝诚孝昭皇后张氏常服画像

图1.6.10 皇后描金云龙玉佩 X17：4

③革带

定陵出土的符合皇后革带制度的玉带共3条,均出自随葬器物箱内。这三条玉带,形制大同小异,与《大明会典》所规定的皇后礼服、常服的革带形制非常接近。按《大明会典》的规定,皇后的革带,不论是礼服还是常服,均有"玉事件十"。这三条玉带的玉饰件都正好是10件。其中,X2:21和X14:13(图1.6.11)两条,均由1件椭圆形玉饰件、8件圆桃形饰件和1件长条鱼尾形玉饰件组成;X17:6则是由9件圆桃形玉饰件和1件鱼尾形玉饰件组成。

图1.6.11 皇后玉革带 X14:13

这三条玉带除了这10个玉饰件外,还各有玉制环形带扣、铜制的带针(带鐍),和1个带有双方孔的玉策,用来将玉革带系住。《大明会典》中的皇后礼服革带"金事件四"和常服革带中的"金事件三",就是指的皇后玉革带中的这些用来系带的金属装置。但定陵出土的这三条玉革带上的这些装置,仅带针用的是铜镀金,带策和带扣则都是玉制的。

④谷圭

定陵出土4件,均两面雕琢谷纹。其中,一件出自万历皇帝棺内,其余三件出自随葬器物箱内。出自万历皇帝棺内的那一件W42,长23.2厘米,碧玉制成,正反两面各有谷纹五行,计108枚。(图1.6.12)其余三件,白玉制成,正反两面各有谷纹81枚。长度分别为22.4厘米、22.5厘米、16.3厘米。所以,不论是长度还是谷纹的数量,这三件谷圭,都比不上万历皇帝棺内出土的那件。

图1.6.12 出自万历皇帝棺内的碧玉谷圭 W42

皇后册封、谒庙、朝会仪式中,谷圭作为皇后手持的瑞节,这是毫无疑问的。但《大明会典》卷六七《婚礼·皇帝纳后仪》中记载正统七年(1442)英宗大婚的"纳吉纳征告期礼物"中,也有"玉谷圭一枝"的记载。而且《周礼·考工记》说"谷圭七寸,天子以聘女"。由此可以推测,出自万历皇帝棺内的碧玉谷圭,或许是万历皇帝大婚聘礼,而后又随皇后入了皇宫。

⑤白玉礼器

定陵出土一套共3件,出自随葬器物箱的一个圆形朱漆匣内,三件叠放在一起。这三件白玉礼器,中间均有圆孔。最上面一件,呈六角星状,对角长11.5厘米,厚1.2厘米,孔径1.1厘米;中间一件为正方形,边长9.8厘米,厚1.3厘米,孔径0.4厘米;下面一件为圆形,直径13.4厘米,厚2厘米,孔径1.7厘米。(图1.6.13)

图1.6.13 孝靖皇后的白玉礼器 X11.8

这套礼器,系孝靖皇后为皇贵妃去世时葬在妃坟内的,后迁至定陵。北京西郊董四墓明代妃坟中也有这样的礼器出土,因此,当系孝靖皇后身为皇贵妃时所用的礼器。其归类,圆形的应为祀天的玉璧之属;方形的应为祀地的玉琮之属;六角形的礼器,不见文献记载。《周礼·考工记》有"圭璧五寸,以祀日月星辰"之说,此六角形玉制礼器或为圭璧之类的礼器。《大明会典》卷六十《皇妃冠服》记载:"凡皇妃受册、助祭、朝会则服礼服。"说明皇妃是参与"助祭"活动的,但有关皇妃"助祭"的具体过程,却不见文献记载,故其详情我们不得而知。

七、皇后常服

1. 礼制规定的皇后常服服式

《大明会典》卷六十记皇后的常服:

> 洪武三年定,双凤翊龙冠,首饰钏、镯、金玉、珠宝、翡翠随用。诸色团衫,金绣龙凤文。带用金玉。四年定,龙凤珠翠冠,真红大袖衣,霞帔,红罗长裙,红褙子,冠制如特髻,上加龙凤饰。衣用织金龙凤文,加绣饰。
>
> 永乐三年定,双凤翊龙冠,以皂縠为之,附以翠博山,上饰金龙一,翊以二

珠翠凤,皆口衔珠滴。前后珠、牡丹花二朵,蕊头八个,翠叶三十六叶,珠翠穰花鬓二朵,珠翠云二十一片,翠口圈一副,金宝钿花九,上饰珠九颗、金凤一对,口衔珠结,三博鬓(左右共六扇),饰以鸾凤、金宝钿二十四,边垂珠滴,金簪一对,珊瑚凤冠嘴一副。

大衫、霞帔。衫用黄色,纻丝、纱、罗随用。霞帔,深青为质,织金云霞、龙文,或绣或铺翠圈金饰以珠,纻丝、纱、罗随用。玉坠子,瑑龙文。

四袄袄子(即褙子),深青为质,金绣团龙文,纻丝、纱、罗随用。

鞠衣。红色胸背,云龙文,用织金,或绣或加铺翠圈金,饰以珠或素。纻丝、纱、罗并余色随用。

大带。红线罗为之,有缘,余或青或绿,各随鞠衣色。

缘襈袄子。黄色,红领、褾、襈、裾皆织金,采色云龙文,纻丝、纱、罗随用。

缘襈裙。红色,绿缘襈,织金采色云龙文,纻丝、纱、罗随用。

玉带。青绮鞓,描金云龙文,玉事件十、金事件三。

玉花采结绶。以红、绿线罗为结,上有玉绶花一,瑑云龙文。绶带上,玉坠珠六颗,并金垂头花板四片、小金叶六个、红线罗系带一。

白玉云样玎珰二。如佩制,每事上有金钩一、金如意云盖一件。两面钑云龙文,下悬红组五,贯金方心云板一件,两面亦钑云龙文,俱衬以红绮,下垂金长头花四件,中有小金钟一个,末缀白玉云朵五。

青袜、舄。与翟衣内制同。(图1.7.1—1.7.9)

图1.7.1.《大明礼器》中的皇后常服翊龙双凤冠

图1.7.2.《大明礼器》中的皇后常服四袄袄子

图1.7.3.《大明礼器》中的皇后常服鞠衣

图 1.7.4.《大明礼器》中的皇后常服缘襈袄子

图 1.7.5.《大明礼器》中的皇后常服大衫霞帔

图 1.7.6.《大明礼器》中的皇后常服大衫霞帔背面

图 1.7.7.《大明礼器》中的皇后常服缘襈裙

图 1.7.8.《大明礼器》中的皇后常服大带

图 1.7.9.《大明礼器》中的皇后常服玉花采结绶和白玉云样玎珰

2. 定陵出土的皇后常服

定陵出土的皇后常服亦不齐全，除了前述的孝端皇后的六龙三凤冠和孝靖皇后的三龙二凤冠外，仅有霞帔和霞帔坠 2 套，以及玉佩两副。

①霞帔与霞帔坠

皇后常服的霞帔，定陵出土两副，出自两个不同的随葬器物箱内。两副形制相同，分属孝端、孝靖两位皇后。

大明风华　典制之最

图 1.7.10 孝端皇后金累丝珍珠霞帔 X2:9（复原）

图 1.7.11 金累丝珍珠霞帔 X2:9 细部

图 1.7.12 孝靖皇后织金纻丝霞帔面残存部分

　　两霞帔均为长条带形，由左右个一条组成。（图 1.7.10—1.7.12）霞帔面为红色织金纻丝织成料，左右两边各织金线两条，两金线之内饰以圆点纹。中间部分织升降龙和云霞纹。霞帔里为黑素缎，中间夹平纹绸一层。

　　霞帔带宽 5.6 厘米，长 60 厘米。上缀 412 个梅花形金饰，梅花用金片剪成，正面用花丝圈成花瓣，瓣内铺翠。花心部位穿有两孔，用铜丝系珍珠一颗。花瓣上穿三孔，用合股丝线将梅花形金饰呈鱼鳞状叠压钉在霞帔带上。

　　其中，孝端皇后的那副金饰部分保存稍完整，并已进行复原。孝靖皇后那副，已经残碎不成形，残存梅花形金饰 238 个，残朽珍珠 210 颗。

　　《明神宗实录》卷四一七记载，万历三十四年

图 1.7.13. 孝靖皇后霞帔坠 X14:4

（1606）正月甲申，御用监为慈圣皇太后加上"恭熹"徽号所制作的服饰中有"金累丝滴珍珠霞帔椀儿一副，计四百十二个"，正与定陵出土的霞帔形制相符。也与《大明会典》中皇后常服霞帔的要求相合。

两副霞帔各有金坠，出土位置与霞帔相同。（图1.7.13）坠身为桃形，通常16.5厘米，中空，左右两半分开制作，镂刻二龙戏珠、海水江牙和云纹。顶部有四片叶状花丝镶嵌宝石的装饰，其上有挂钩和长杆。长杆中部有凸起的插头，可插入坠腹的圆孔中。

《定陵》将此二物定名为"镶珠宝桃形香薰"。但有学者认为它们应该是霞帔坠[1]。从出土位置看，这两件文物与两副霞帔分别出自相同的随葬器物箱中，绝非偶然，观其形状也与古代其他的霞帔坠类似，因此，将其视为霞帔坠是有道理的。

②玉佩

皇后常服所用玉佩，定陵出土有2副4挂，分别出自两个不同的随葬器物箱中。其中，X14:5（图1.7.14）通长61厘米，X2:11通长64厘米。两副玉佩形制基本相同，顶部均有荷叶形鎏金铜提头。提头的两面，各有浮雕的二龙戏珠纹，还镶嵌有宝石。提头顶部正中间有环形鼻子，上连挂钩。

提头下面的玉件以花、鸟、虫、鱼之属的造型为主，布列为四串十排。以X14:5为例，自上而下第一、三、五、七、九排，每组有叶形饰件两片，玉叶上部系黄丝穗；第二排为碧玉花和水晶花各两朵；第四排为白玉花四朵；第六排为红玉桃二个，绿玉桃二个；第八排为白玉花一朵、铁蓝石鸳鸯一个、慈姑叶二片；第十排为碧玉蝉、蟾蜍各一件，白玉鸳鸯、鱼各一件。另外，在第四、第五排之间，有扁长玉横饰一件，四串玉饰件的丝组从其四孔穿过。

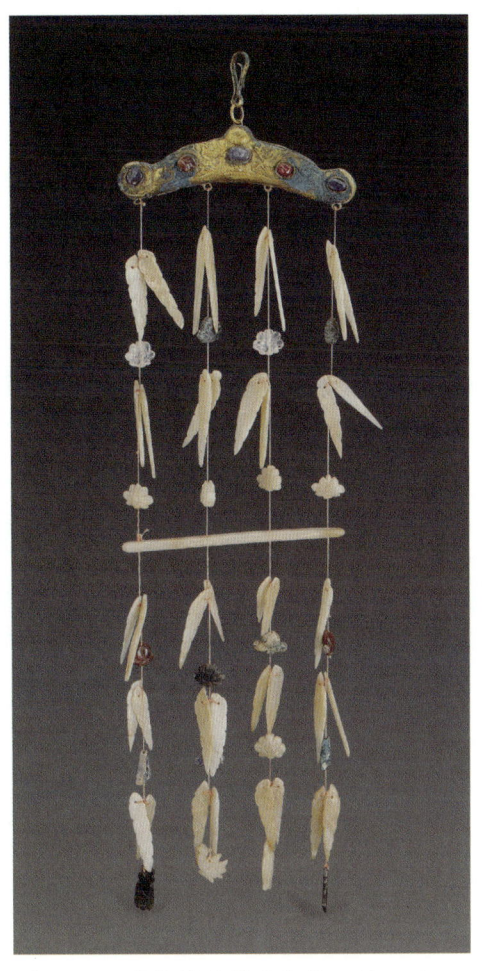

图1.7.14 龙纹镶宝鎏金铜钩玉佩 X14:5

---

[1] 孙机《中国古代舆服论丛》上编《霞帔坠子》。

这种形制的玉佩与《大明会典》所规定的"白玉云样玎珰"不同，却与万历三十四年（1606）正月甲申，御用监为慈圣皇太后制作的服饰中的"金钑云龙嵌宝石珍珠荷叶提头浆水玉禁步"颇为近似。该玉禁步"间珊瑚、碧甸子、金星石、紫线宝、黄红线穗头全"[1]。

八、皇后休闲服

定陵出土的皇后服饰中，有的既不属于礼服，也不同于常服的制度，应该是皇后的休闲服饰。

1. 衣物

定陵出土皇后休闲类衣物中有女衣、裙、裤、女鞋等数种。

①女衣

女衣134件，分别出自孝端（图1.8.1—1.8.2）、孝靖两位皇后的棺内。其中有4件是穿在她们的身上，其余都叠放在棺内。这些女衣残坏较严重，仅有26件保存较好，75件虽残坏严重，但能看清形制。

这些女衣，有单、有夹、有棉，面料缎、绸、妆花、罗、绫、纱、改机等，而以缎、绸、妆花最多。底色有黄、红、绿不同颜色。形制均为大袖，对襟，立领、方领或圆领。身长通常在70厘米左右，通袖长一般为160厘米，袖宽在40—50厘米。绝大部分前胸、后背都

图1.8.1 孝端皇后黄折枝牡丹织金妆花绸绣龙方补方领女夹衣D15前胸方补

缝有刺绣或缂丝的方补（前胸左右襟各一块，后背一块），方补的图案以云龙纹最多，其次为龙凤纹、凤纹、花卉纹，另外还有象征福寿的吉祥文字等。衣服的纽扣，有的

1《明神宗实录》卷四一七。

是丝质的纽扣、纽袢，有的是金扣或鎏金铜扣。（图1.8.3）

在众多的女衣中，孝靖皇后的"红素罗绣平金龙百子花卉方领女夹衣"和"红暗花罗绣'万寿'字过肩龙百子花卉方领女夹衣"是两件难得的刺绣艺术精品。（图1.8.4—1.8.5）

这两件百子衣，均方领，对开襟。从图案的设计看，所绣百子画面精彩生动。各组画面上的童子从1到6人数不等，共组成40余个场面。每个场面儿童的嬉戏方式和神情各不相同，有的斗蟋蟀、戏金鱼，有的练武、摔跤、踢毽子，有的爬树摘果，有的站凳采桃，有的放风筝、玩陀螺，有的放爆竹、捉迷藏，有的扮作教书先生处罚弟子，有的学武松打虎姿态揪打花猫……儿童天真活泼的神情刻画得惟妙惟肖、淋漓尽致。此外，两衣的前后襟及两袖还以金线绣有九龙，其姿态有升，有行，有坐，富于变化，体现出了明代宫廷艺术中龙的造型特点。

百子图案之间，则点缀以象征吉祥如意的金锭、银锭、方胜、古钱、宝珠、犀角、珊瑚、如意等杂宝图案，以及由桃花、月季、牡丹、荷花、菊花、梅花等花卉组成的春、夏、秋、冬四季景。整个图案变化多彩，寓意着皇家子孙万代、多福多寿。

衣料的配色尤见匠心独运。整体色调以正色为主，在朱红色的地子上配以

图1.8.2 孝端皇后黄折枝牡丹织金妆花绸绣龙方补方领女夹衣 D15 后背方补

图1.8.3 女衣童子祝寿纽扣

图1.8.4 孝靖皇后红素罗绣平金龙百子衣 J55：1

图 1.8.5 孝靖皇后红素罗绣平金龙百子衣 J55∶1（复制品）

枣红、水红、粉红、普蓝、藏青、浅蓝、月白、艾绿、黄绿、茶绿、孔雀绿、中黄、宫黄、驼黄、山茶黄、驼灰、浅褐、牙白等不同色调，取得了金彩夺目的艺术效果。

从两衣的刺绣技术上看，其针法的运用，包括有穿丝针、抢针、网绣、铺针、平金、斜缠、盘金、松针、打籽、扎针、擞和针等 11 种，丰富多变的针法大大加强了刺绣的艺术表现力。

② 裙子

定陵出土女裙共计 47 条，出自两位皇后的棺内。其中，孝端皇后 35 条，孝靖皇后 12 条。残坏亦较严重，稍好者仅 7 条。裙面用料有绢、绸、纱、缎、罗、妆花缎、妆花绸等。颜色有红、黄、绿、月白四种。有素面的，也有的带花纹，还有的带有龙襕。裙的形制基本一样，一般分为两大片，每片各三幅半，在腰后连在一起。裙腰用双层绢缝制，两端各钉绢带，用来系裙。

其中，黄织金妆花龙襕绸裙（D28∶1），残坏严重。长 113 厘米，宽 384 厘米。地纹为如意云、二龙戏珠图案。有上下两道龙襕。上面一道宽，下面裙边一道较窄，襕内饰海水江牙及正面龙戏珠和龙赶珠图案，并配以菊花、芙蓉、莲花、牡丹、山茶等花卉。（图 1.8.6）

图 1.8.6 孝端皇后黄织金妆花龙襕绸裙 D28:1（复制品）

③鞋、袜

两位皇后的鞋共 19 双，除 2 双穿在两皇后的脚上外，其余出自孝靖皇后棺内及随葬器物箱内。其中，有 5 双保存较好。其样式有尖足凤头、尖足凤头高跟、尖足云头和凤头船形四种，鞋底长 10.5—12.9 厘米。其中，凤头船形鞋，鞋面为黄色缠枝莲花缎，是穿在两位皇后脚上的。其余三种鞋鞋面为红色织金或浅红色暗花缎。（图 1.8.7）

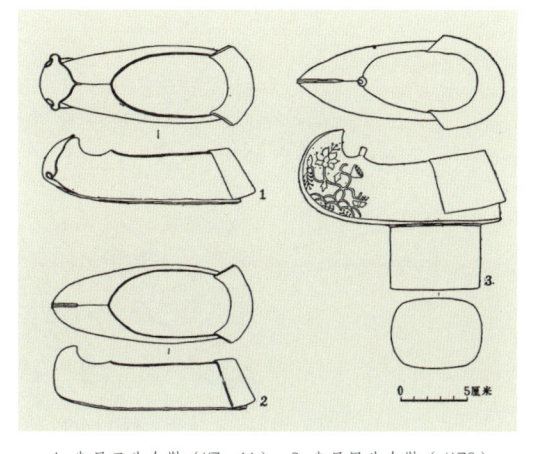

1. 尖足云头女鞋（X7:11） 2. 尖足凤头女鞋（J178）
3. 尖足凤头高跟女鞋（X16:3）

图 1.8.7 定陵出土女鞋图（采自《定陵》）

夹袜 2 双，穿在两位皇后的脚上。均高靿、尖头翘起。孝端皇后的夹袜，为黄色缠枝莲花缎面，平纹绸里。孝靖皇后的夹袜，黄色串枝牡丹纹缎面，素绢里。

另外，随葬器物箱中，有单袜 2 双，系高靿、方头，紫红色罗袜，底长仅 16 厘米，也应属于皇后的陪葬物。

从鞋袜的样式和尺寸可以看出,两位皇后都是缠足的。据考证,古代妇女缠足,开始于宋代。宋张邦基《墨庄漫录》说:"妇人缠足,起于近世。前世书传皆无所自。"《宋史·五行志》也说:"理宗朝,宫妃……束足纤直,名'快上马'。"明代显然是继承了这一陋俗。

2. 首饰

定陵出土两位皇后的首饰包括簪、钗、耳坠、围髻、抹额、特髻、网巾、纱巾等,类别繁多。

①簪钗与特髻

定陵出土两位皇后的簪共计124件。其中,孝端皇后的簪44件,均插在她头部所戴的深褐色棕帽上。(图1.8.8)孝靖皇后的簪80件,分为两副。其中一副,比较大而且装饰比较华丽的插在了头部所戴的棕帽上,还有部分插在发髻上或散落在头部周

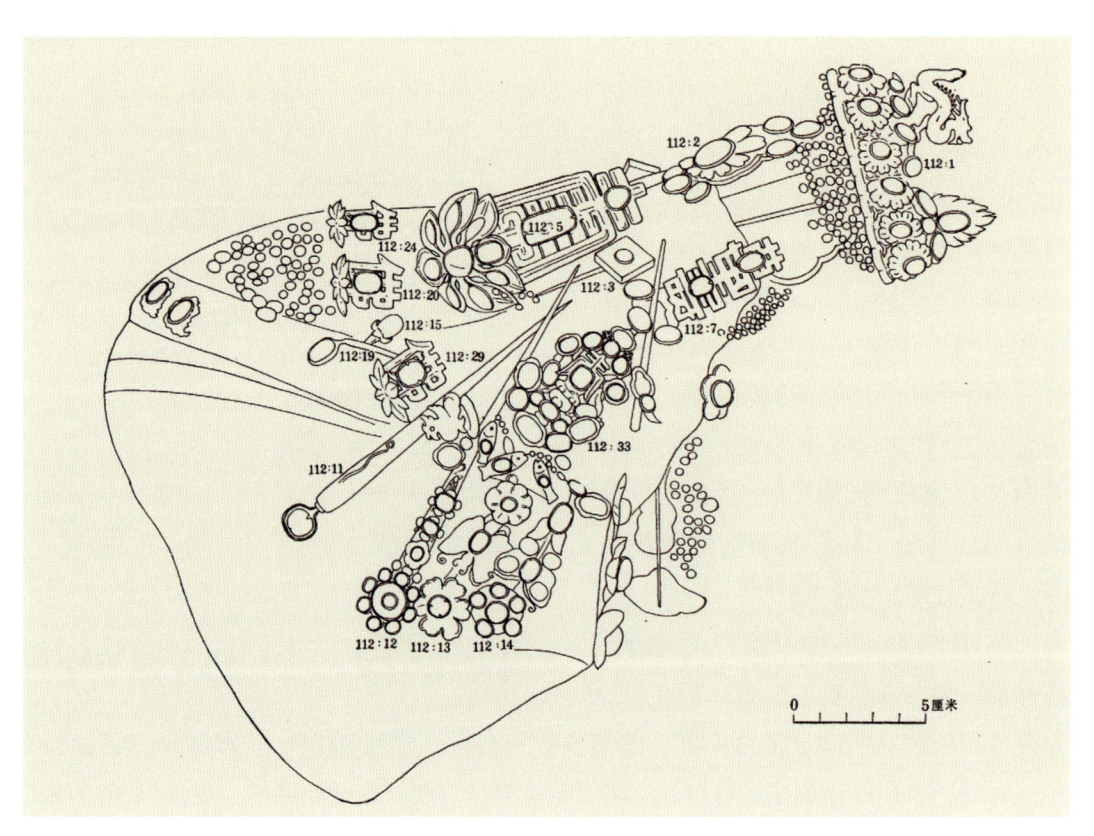

图1.8.8 孝端皇后特髻上的首饰分布(采自《定陵》)

围。另一副插在棺内另一棕帽上。

为什么孝端皇后有一副首饰,而孝靖皇后却有两副首饰呢?

估计是与孝靖皇后封妃之前的一段经历有关。

明文秉《先拨志始》卷上记载这样一件事:

> 二祖家法,圣躬每有私幸,必有赐赉。随侍文书房内阁即注明某年、月、日,并记所赏以为验。孝靖,故宫人也。一日,(神宗)索水盥手,孝靖奉匜[1]。悦而幸焉,赏头面一副。孝靖有娠,神庙侍慈圣宴。言其事,神庙讳曰:"无之。"慈圣命取《内起居注》相示,神庙面赤,不能复隐。慈圣慰之曰:"吾年老矣,犹未及弄孙。倘生男,宗社福也。何必相讳!"

《明史·后妃传》也记载了这件事:

> 孝靖王太后,光宗生母也。初为慈宁宫宫人。年长矣,帝过慈宁,私幸之,有身。故事,宫中承宠,必有赏赉,文书房内侍记年月及所赐以为验。时帝讳之,故左右无言者。一日,侍慈圣宴,语及之。帝不应。慈圣命取内起居注示帝,且好语曰:"吾老矣,犹未有孙。果男者,宗社福也。母以子贵,宁分差等耶?"十年四月封恭妃。八月,光宗生,是为皇长子。

神宗赏赐给孝靖皇后的"头面一副",就是一副首饰。估计是孝靖皇后一直把神宗赏赐给她的这副首饰珍藏在身,所以死后随葬墓中。而孝端皇后是神宗正式迎立的皇后,自然不存在"私幸"一说,因此也就没有特意赏赐的事了。

孝靖皇后的棕帽共出土有三件,除了前述两件插有首饰外,还有一件上面没有插任何首饰。

两位皇后所戴的棕帽,在明代又称为"特髻",是命妇、后妃用于束发的尖顶高帽。

在我国古代,女孩子在15岁左右,订婚待嫁时就要举行"笄礼"(未婚者,到20岁也要举行笄礼)。也就是把头发盘起来,在头顶或脑后挽成髻,插上簪子(笄)。为防止发髻的散乱,通常会用丝网或布帛将发髻裹起来,也就是包髻。后来,为显示女

---

[1] 匜,古代盥洗时用来注水的器具。

孩子们高挑俊俏，头顶上的发髻会盘得高耸些，于是，用来包裹发髻的网罩，有的用丝织物也有的用金银丝编织，甚至还有用头发编织成假发套，由此形成了尖顶的圆帽形"鬏髻"。

鬏髻虽然像帽子，但因为主要目的是罩裹发髻，所以帽口的直径比男子帽子会略小，不是像男帽那样可以罩到额头之下，而是顶在头上。为了防止鬏髻从发髻上掉下，鬏髻上会插些簪钗等首饰，将鬏髻固定在发髻上。鬏髻上的首饰越来越多，装饰越来越豪华精美，于是形成了深受皇室乃至达官贵人或富贵人家女人喜爱的"特髻"。

《明宪宗元宵行乐图》中宫中女眷（妃嫔）头上戴的插满金银首饰高帽就属于特髻，孝端、孝靖两位皇后尸体头上戴的棕帽自然也同样是特髻。

当然，对于孝端、孝靖两位皇后尸体头上戴的棕帽，是鬏髻还是特髻，服饰专家们的认识并不一致。有认为是特髻[1]，也有认为是鬏髻[2]的。

《大明会典》卷六十记，洪武三年（1370）定皇后、皇妃常服的制度：皇后"冠制如特髻"，皇妃"鸾凤冠……又定，山松特髻假鬓、花钿或花钗凤冠"。《明史·舆服志》记载："洪武三年定制，凡宫中供奉女乐、奉銮等官妻本色鬏髻。"又记：三品命妇"特髻上金孔雀六，口衔珠结；正面珠翠孔雀"。据此，特髻的等级是高于鬏髻的。因此两位的皇后棕帽，称之为特髻似更为贴切。

插在特髻上的簪子，因为所插位置和所起作用不同，又各自有不同的特定的名称。

其中，插在特髻尖顶上的簪称为"顶簪"。使用时，簪脚是从髻顶向下插的，因此簪首华丽的金银珠宝装饰，也就成了特髻顶上的装饰了。

如，孝靖皇后的镶珠宝鎏金银簪 J119、孝端皇后的镶珠宝玉龙戏珠金簪 D112：1 和孝靖皇后的镶珠宝鎏金银簪 J126，就是装饰非常豪华的顶簪。

其中，孝端皇后的镶珠宝玉龙戏珠金簪（D112：1），是装饰最豪华，用料最名贵的顶簪，而且，就插在孝端皇后特髻的顶部（图 1.8.9）。此簪通长 27.5 厘米，顶长 5.2 厘米，宽 9.2 厘米，重 171 克。簪的顶部，在一个镶有镂孔缠枝牡丹花白玉饰物的金托上，有一组造型生动的"玉龙戏珠"饰件。玉龙，用晶莹的白玉雕成。其额头嵌有一块猫睛石，两块红色的宝石分置左右为两目，口悬珠宝滴，蹲伏于嵌宝石白玉牡丹

---

[1] 孙机《中国古舆服论丛·明代的束发冠、鬏髻与头面》认为："《明宪宗元宵行乐图》中，皇帝身边的嫔妃贵人戴的都是特髻。甚至定陵中孝端、孝靖二后遗骨上戴的'黑纱尖棕帽'，也是特髻。"

[2] 扬之水《中国古代金银首饰》卷二《明》在论及明代首饰时，说："具见规模者，自然要推北京定陵出土两位皇后的簪钗。孝端皇后鬏髻上面的插戴很是齐整。"

花饰上,看上去大有蓄势欲腾之态。玉龙的对面饰有描金绿玉火珠。珠的中心部位嵌有一颗闪闪发光的珍珠。火珠之下也有嵌宝石的白玉牡丹花及翠云等装饰,与玉龙相映成趣。金托之下装饰有珍珠、宝石编缀而成的菱形网孔的网坠。这件金簪,共嵌有红、蓝、绿及猫睛石等宝石80块,珍珠107颗。这些珍宝与金托、玉龙相配,粲然成章,堪称簪饰中的精品。

孝靖皇后的镶珠宝花蝶鎏金银簪J119(图1.8.10)、J126(图1.8.11),两件顶簪的设计制作,也堪称精品。其中,J119簪通长27.3厘米,镶嵌宝石13块、珍珠4粒;J126簪通长25厘米,镶嵌宝石12块、珍珠3粒(另一粒脱落)。两簪虽用材稍异,但造型的主题基本相同,都是蝴蝶觅花传统主题。簪的一端造型为一朵菊花,花瓣分为上小下大的两层,两簪的菊花一用玉碾就,一用金制,上下两层花瓣之间环绕一周金镶红蓝宝石,花心是一块红色的大块宝石,显得格外突出。两簪菊花的对面,造型是花丝镶嵌工艺的蝴蝶。蝴蝶的两大两小翅膀,左右对称,以花丝制作,J126分别镶嵌宝石;枣核形的蝶身同样镶嵌宝石;两个蝶须,则以螺丝绕成,顶部镶嵌珍珠,可

图1.8.9 孝端皇后的镶珠宝玉龙戏珠金顶簪 D112:1

图1.8.10 孝靖皇后的镶珠宝花蝶鎏金银顶簪 J119

图1.8.11 孝靖皇后的镶珠宝花蝶鎏金银顶簪 J126

图1.8.12 孝端皇后镶宝玉寿字挑心金簪 D112:5

图1.8.13 孝靖皇后的镶珠宝塔形挑心金簪 J108

随势颤动。蝴蝶的左右和后面，又以金镶宝石或绿玉托衬的方式点缀花丛，金玉珠宝巧妙安排，在两个簪首勾画出了百花盛开，彩蝶飞舞的满园春色。

插在特髻前面正中位置的簪子称为"挑心"。挑心簪子的使用，是簪首在下，簪脚朝上斜插。它是特髻中的核心首饰，在特髻中占有极为重要的位置。

两位皇后的挑心簪子，题材丰富，制作也异常精美。

孝端皇后镶宝玉"寿"字挑心金簪，共3件，有一件正是插在了孝端皇后特髻正前方的中心位置（见图1.8.8）。其中，D112:5挑心金簪，通长13.5厘米，簪首长9.3厘米，宽6厘米。簪首造型为一白玉镶金托，内嵌红、蓝、绿宝石和猫睛石的花型底座，上托一篆体的白玉"寿"字。簪脚为一金制的扁锥形，背面錾刻"万历戊午年造"六字（图1.8.12）。另外2件镶珠宝卍寿挑心金簪，"寿"字为白玉琢成，下面和周围，以及寿字的中心有金制花托，镶嵌红蓝宝石。上面的宝石之间还有两个金制的"卍"字。

孝靖皇后的挑心簪，比孝端皇后的要多，题材也更为多样。其簪首，有佛塔形、也有万寿字盘龙形，还有"喜庆万年"、心字，以及立佛、西王母、鱼篮观音等神佛内容。其材质，有金簪，但大部分为鎏金银簪。

孝靖皇后的镶珠宝塔形挑心金簪（J108），通长8.6厘米，顶长5.7厘米，宽3厘米，重19.5克。簪脚作扁锥形，簪顶饰物为一金制的花丝镶嵌工艺的喇嘛教式佛塔。塔的造型别致精巧。（图

1.8.13）塔身，作覆钵形状。上部圆浑粗壮，下部于正面开有一个小小的如意形"眼光门"（又作"焰光门"），里面安有一座立佛。佛像双手合十，形象自然。塔身之上又有塔刹。其下部在刹杆上饰有三圈金片制成的相轮，再上为圆盘（又作"承露盘"）。盘周垂流苏，上为嵌有珍珠的金制火焰宝珠。塔身之下为塔基，其造型为金饰如意云嵌宝石上托围栏的形制。此塔高仅 5.8 厘米，宽仅 3 厘米，但构思完整、做工精细，仅填丝所用花丝就达 1500 多个，而每个花丝竟都是用直径为 0.18 毫米的金丝掐制成的长为 0.9 毫米的小卷草纹！真可谓是填丝工艺的绝品了。

孝靖皇后镶宝玉鱼篮观音挑心鎏金银簪（J124：17），通长 17 厘米，簪首长 7.4 厘米，宽 5.2 厘米。簪脚作扁锥形。簪首主题为白玉琢成的鱼篮观音像。鱼篮观音，是佛教中三十三观音相之一，因是马郎之妇，又称为马郎妇观音。其形象为一手提鱼篮的女子。（图 1.8.14）

明初宋濂曾作《鱼篮观音像赞》："予按《观音感应传》，唐元和十二年，陕右金沙滩上有一美艳女子，挈篮鬻鱼，人竞欲室之。女曰：'妾能授经，一夕能诵《普门经》者，事焉。'黎明，能者二十。女辞曰：'一身岂堪配众夫邪！请易《金刚经》，如前期。'能者复居其半。女又辞，请易《法华经》，期以三日。惟马氏子能。女令具礼成婚。入门女即死。死即糜烂立尽，遽瘗之。他日，有僧同马氏子启藏观之，惟有黄金锁子骨存焉。僧曰：'此观音示现，以化汝耳。'言讫，飞空而去，自是陕西多诵经者。"[1]

宋朝的一位僧人寿涯禅师也曾作词《渔家傲·咏鱼篮观音》，讲到了鱼篮观音通过卖鱼，度化众生，以及遇到马郎的事：

图 1.8.14 孝靖皇后镶宝玉鱼篮观音挑心鎏金银簪 J124：17

---

[1] 明宋濂《宋学士全集》卷五十一《芝园后集》之一。

> 深愿弘慈无缝罅,
> 乘时走入众生界。
> 窈窕风姿都没赛。
> 提鱼卖,
> 堪笑马郎来纳败。
>
> 清冷露湿金襕坏,
> 茜裙不把珠缨盖。
> 特地掀来呈捏怪。
> 牵人爱,
> 还尽许多菩萨债。[1]

这件挑心簪子通长17厘米,簪首长7.4厘米,宽5.2厘米。白玉鱼篮观音为立像,高髻,面目慈祥,头戴金冠,上身穿广袖长衣,下身着裙,右手提鱼篮,左手置鱼篮之旁,跣足,俨然一副渔家女的形象,但其飘舞的帔帛,又将人带入了幻想中的神佛世界。鱼篮观音的脚下是花丝掐制而成的莲花台和镶宝石云朵,背后有花丝制成的背光,背光的周围装饰火炎纹。背光的左右,还呈环状分布有梵文字体的六字真言[2](左上脱落一字),用以阐释宣扬佛家理念。簪脚作扁锥形,较锐尖。

另一件镶宝玉鱼篮观音挑心银鎏金簪(J125:14),与前一件基本相同,但为左手提篮,且六字真言完整。

孝靖皇后镶宝立佛挑心金簪J124:2,通长11.8厘米,簪首长7厘米,宽4厘米。佛像为立姿,螺髻、大耳、面颊扁宽,右手下垂,左手曲臂持钵,身披宽袖袈裟,跣足。胸口处刻一"卍"字。佛像后有镶宝石花丝背光,下有花丝镶宝石莲座。共镶嵌红蓝宝石11块。(图1.8.15)

特髻中倒插在两鬓位置的簪,在明代称作"鬓钗"。本来,在明朝以前,钗是指有两脚的首饰,与一脚的簪是有区别的。但是,在明朝时"钗"的概念,又包括了成对的分插于两鬓的装饰华丽的簪。如,明顾起元《客座赘语》卷四"女饰"条就说:"金、

---

[1] 明杨慎《词品》卷二"纳子填词"条。
[2] 六字真言,也称大明咒或大明陀罗尼。六字译成汉字分别为唵(ǎn)、嘛(má)、呢(ní)、叭(bā)、咪(mī)、吽(hòng),佛教认为它表达的是观世音菩萨的微妙本心。

图 1.8.15 孝靖皇后镶宝立佛挑心金簪 J124：2

图 1.8.16 孝端皇后镶珠宝"玉吉祥"金簪 D112：12、D112：34

玉、珠、石为华爵，长而列于鬓傍曰'钗'。"

从孝端皇后特髻图（见图 1.8.8）可以看出，D112：12 和 D112：11 这两件簪子都是倒插在左鬓作为鬓钗使用的。因为，D112：12、D112：34 和 D112：11、D112：30 这四个簪子，是两组成对的簪子，所以应该是两对作为鬓钗使用的簪子。

其中，D112：12、D112：34 这一对为镶珠宝"玉吉祥"金簪。两者形制、纹样、附饰都相同。簪通长 18.6 厘米，簪首长 6.4 厘米，宽 2.5 厘米，簪脚呈扁锥形。簪首上部底层为一绿玉轮形装饰，正背两面有描金纹饰；轮的正面周嵌珍珠八颗，中心嵌红宝石一块。再下还有盖形金托嵌红宝石，以及伞形红玉饰嵌红宝石。（图 1.8.16）

另外还有"掩鬓"，就是指插在两鬓位置的装饰华丽的簪子。例如，孝端皇后特髻（见图1.8.8）两鬓位置的镶珠宝玉花蝶金簪D112：13和D112：35这对金簪就属于掩鬓的性质。

这对簪子，通长15.6厘米，簪首长7厘米，宽2.7厘米。簪首的上部均为雕琢精美的花心镶嵌宝石的白玉花，宝石周边伸出一根根的花蕊；再下为绿玉蝴蝶，蝶背嵌红宝石，蝶须用金丝绕成弹簧形，顶部穿珍珠为须头，蝶翅绿玉描金。最下面的是红玉花，花心嵌一红宝石。此簪创意，一蝶两花，彩蝶寻花，花芳争艳，颇有"蝶恋花"之美感。（图1.8.17）

其实，两位皇后成对且装饰珠宝、簪身较长，可作为鬓钗或掩鬓使用的簪子还有不少，这里不再详述。

特髻中处于附属位置的簪子称为"小插"，通常也是成对左右对称使用的。这些簪子一般设计得小巧别致。两皇后小插性质的簪子，制作精美，不落俗套，反映出了别样的皇家特色。

图1.8.17 孝端皇后镶珠宝玉花蝶金簪D112：13和D112：35

例如，孝端皇后的D112：11、D112：30这对为镶宝刻云龙纹金簪。通长15.3厘米，簪脚扁锥形，上半段阴刻云龙纹饰；簪首倒桃形金饰内嵌红宝石一块。（图1.8.18）

又如，孝靖皇后的一对双鸾衔寿果金簪J109：1、J109：2，通长为9厘米，簪脚为圆锥形，簪首梅花形的花托上伸出两根弹簧形的金丝，上面站着一对花丝制作的鸾鸟，鸾鸟口衔寿果和方胜滴（J109：2缺失），展翅欲飞。插在特髻之上，只要戴者一走动，双鸾和口衔的寿果方胜滴，就会随着特髻的晃动而颤动。因此，这对金簪，也可以称作"金步摇"。（图1.8.19）

再如，孝靖皇后的一对镶宝玉鸳鸯鎏金银簪J125：7、J125：10，簪脚呈圆锥形，簪首在花形托上镶嵌一白玉鸳鸯，鸳鸯的背部嵌一红宝石。由于鸳鸯在水中不离不弃，代表着婚姻的幸福和忠诚，所以，这对鎏金银簪的设计很有深意。簪长11厘米，属

第一章 帝后服饰与宫廷礼制

图 1.8.18 孝端皇后镶宝刻云龙纹金簪 D112：11、D112：30

图 1.8.19 孝靖皇后双鸾衔寿果金簪 J109：1、J109：2

图 1.8.20 孝靖皇后镶宝玉鸳鸯鎏金银簪 J125：7、J125：10

157

于啄针"小插"形制的簪子。（图1.8.20）

此外，还有孝端皇后的镶宝玉"卍"字金簪、镶宝玉"佛"字金簪、镶宝玉"寿"字金簪、镶宝玉"万寿"字金簪、镶宝金簪、镶珠金簪、镶珠系宝金簪，孝靖皇后的梅花金簪、镶珠宝蜂花金簪、镶珠宝蝶花金簪等各式各样的簪子，都可以在特髻中作为"小插"使用。

两位皇后的钗共有3件，均为双脚形式。其中，孝端皇后1件，孝靖皇后2件。其中，孝端皇后为金钗，孝靖皇后一金钗、一鎏金银钗。其中，最精美的是孝端皇后的镶宝玉花金钗D112：2。（图1.8.21）这件金钗，通长13.5厘米，钗首长7.1厘米，宽4.7厘米。钗首以一朵白玉花为主，玉花中心嵌一黄色宝石。周围金叶衬托，并镶嵌红蓝宝石六块。这件金钗的设计精妙之处，是白玉花的下面和两侧各有一金制的小蜜蜂。蜜蜂造型逼真，塑造出了蜜蜂要到花里采蜜的景象。

②耳坠、耳环、耳挖勺

古人佩戴的耳饰有钳、环、坠等不同种类。耳坠是其中装饰较为复杂的一种。它由耳环演变而来。与耳环的不同之处，是在环下又缀有一组坠饰。这种耳饰产生于少数民族地区，最早是男子佩戴的饰物。大约在魏晋之后才传入中原，成为妇女的饰物。

定陵出土两位皇后的耳坠共10件，出自二后棺内。含孝端皇后2件，孝靖皇后8件。种类有金宝石耳坠、金耳坠、金环镶宝玉、鎏金银环镶宝玉等数种。其中设计最为精妙、工艺水平最高的当属孝靖皇后的那件金环镶宝玉

图1.8.21 孝端皇后镶宝玉花金钗 D112：2

图1.8.22 孝靖皇后金环镶宝玉兔耳坠耳坠 J103

耳坠（J103）。

此耳坠通高 5.8 厘米，重 5.5 克。其用于贯穿耳部的金环为圆形。其下连缀有一个高仅 2.4 厘米的玉兔坠饰。（图 1.8.22）

玉兔的造型取材于古老的"玉兔捣药"神话传说。有关这一传说的由来，我们已无从查考，但早在西晋时，傅咸就在《拟天问》中写下了"月中何有？玉兔捣药"的诗句。可见该传说历史十分悠久。

这件耳坠的设计十分巧妙：白玉雕成的兔子垂直站立。前面两肢合抱一玉杵，似在举杵用力捣药。杵下雕有玉臼。玉兔的头顶上镶有一颗红宝石，作为金环与玉兔之间的过渡性装饰。玉兔的下肢，双爪踏着一组镶宝金制"祥云"。这组云朵由三个云片组成。每个云片以金托双面镶嵌宝石。宝石的种类有红宝石，还有猫睛石。玉兔的双目则以小米粒大小的红宝石点缀，显得炯炯有神，其构思不同凡响，真可谓是生花之妙笔。这样的精品，在我国古代首饰设计史上也是不多见的。

金耳坠 J124：5、J124：8，构图设计也很巧妙。这对耳坠，通长 8.8 厘米，宽 3.5 厘米，上有圆环，连系金链。坠饰的主体部分，中心线自上而下，为两个"喜"字上下相连和腹部刻有"安"字的瓶。瓶口伸出稻穗分布在"喜"字的两侧，并有绶带加以系结。《定陵》认为，有"喜"字，瓶（平）腹有"安"字，"喜字两旁刻爆竹纹"是寓意"喜报平安"。但笔者觉得喜字两旁刻的不是爆竹，而是稻谷穗。所以，其寓意应该是"岁岁双喜平安"才妥当。（图 1.8.23）

图 1.8.23 孝靖皇后"岁岁双喜平安"金耳坠 J124：5、J124：8

图 1.8.24 孝靖皇后镶珠宝花蝶金耳环 X2：17：1、X2：17：2

耳环，只有孝靖皇后的8件，均出自随葬器物箱中。含镶珠宝花蝶金耳环4件、系珠石金耳环4件。其中，镶珠宝花蝶金耳环X2：17：1、X2：17：2，长5.5厘米。环钩呈"S"形，一端穿入耳垂，另一端在蝴蝶形的花丝金托上镶嵌红宝石一块，在梅花形的金托上镶嵌珍珠一颗、蓝宝石一块。两侧各有珠串。（图1.8.24）

金耳勺，3件，出自孝靖皇后头上。形制、大小相同。分别长6.5或6.6厘米。勺首圆形，中凹；勺脚圆锥形。

③围髻、抹额

在古代，鬏髻或特髻的挑心之下，通常会饰有长条形状，对发髻呈抱合之势的装饰物——花钿（也称金钿）。定陵出土皇后的龙凤冠下面一圈镶有珠宝的条状装饰，就属于花钿类的装饰。还有的鬏髻或特髻在挑心之下装饰有中间高两边低的"分心"首饰，特髻之后与分心相对之处又有"满冠"的首饰。

但定陵出土的皇后特髻，并没有花钿、分心、满冠之类的装饰物，而孝端皇后的特髻之下，却有围髻和抹额装饰在额头，亦使特髻之下出现了非常别致装饰感。

围髻，1件D112：50，明代亦称"络索"。为横向长网形状，长20.5厘米，宽6厘米。璎珞之间的网格作菱形，线间穿有石珠、薏米珠，最下端垂宝石为坠，宝石排列，红蓝相间，计有19块。围髻的上面两端各连接有黑色的丝线，用来在脑后系结。（图1.8.25）

图1.8.25 孝端皇后围髻 D112：50

抹额，1件D112：48，实际上就是丝织物上缀饰金宝花饰的头箍。这件抹额，面料为黄素缎，中间衬以黄素纱。前额部位，上层缀有七朵镶宝石菊花，下层花叶点翠，花叶之间缀饰珍珠。（图1.8.26）

图1.8.26 孝端皇后抹额 D112：48

第二章
绚丽多彩的丝织匹料

定陵出土的丝织匹料出自帝后椁上和棺内，多达 177 件。其中，龙袍匹料为 53 件，普通匹料为 124 件。

一、龙袍匹料

龙袍料，是一种特殊形式的匹料，全部采用"织成"的方法织就。所谓的织成，就是织造时按照袍服各部位的实际尺寸和纹样直接在匹料上织出。据《后汉书·舆服志》记载，当时已有"织成"类型的衣物。"织成"袍料的优点是料面设计准确。便于剪裁缝制。制作龙袍时，只要将料上织好的部位剪下来，依式拼缝在一起就行了。这种织成匹料不仅满足了御用袍服的特殊纹饰的要求，也减少了原材料的浪费。

定陵出土的龙袍料品种多样，有妆花缎、妆花罗、妆花绸、织金、绫等。其中，最为豪华绚丽的是织金妆花类龙袍匹料。

例如，出自神宗皇帝棺内的万历皇帝的红四合如意云龙纹地织金妆花龙云肩通袖龙襕缎袍匹料 W260，其工艺成就就非常突出。

这件龙袍料，长达 18.95 米，幅宽 0.695 米，计有 9 个裁剪口，分为 10 个部分，各个部分按线裁下，即可缝合成袍。它以织有红色四合如意云纹和龙纹的缎织物为地，采用织金妆花工艺织出柿蒂形龙云肩和龙领，以及 12 道龙襕。柿蒂及龙襕内的图案以"子孙龙"（大龙、小龙组合在一起）为主题。大龙用金线织造，呈戏珠之状；小龙则分别以金、黄、红、蓝、绿五色饰之，布列在大龙周围。柿蒂周围及袖端还织有海水江牙图案，大龙、小龙在飘逸的如意云云海中飞腾升降，给人以生机盎然之感。（图 2.1.1—2.1.2）

这种龙袍料，在明朝时是由苏、杭二州的织染局负责承造的。《大明会典》卷二〇一《工部·织造》卷二《乃服》记载："两京织染，内外皆有局。内局以应上供，外局以备公用。南京又有神帛堂供应机坊，苏州、杭州等府亦各有织染局。每岁造解

图 2.1.1 红四合如意云龙纹地织金妆花龙云肩通袖龙襕缎袍料 W260（局部）

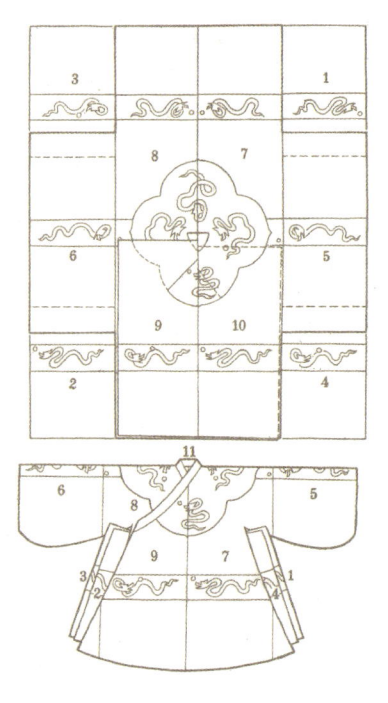

图 2.1.2 红四合如意云龙纹地织金妆花龙云肩通袖龙襕缎袍料 W260 拼接成衣示意图（采自《定陵》）

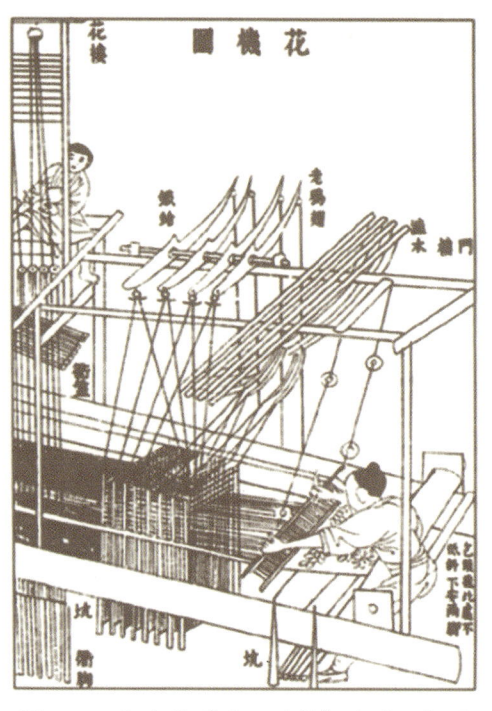

图 2.1.3 宋应星《天工开物》中的织机图

有定数。"据此，明代官营织造机构虽然非常庞大，但苏、杭二州的织染局依然是承担皇家织品织造的主要机构。

其织造过程相当复杂，据宋应星《天工开物》记载，织造之前，先要经过"挑花结本"这道工序，由结本工匠将纸面上的设计纹样"以丝线随画量度，算计分、寸、秒、忽"，结成"花本"。然后张悬于一丈五尺高的花楼织机之上。

织造时，由"能手"两人扳提花本，协同生产。其中一人坐在织机顶部负责花本的提花操作，另一人坐在机坑前负责织纬和妆彩。（图 2.1.3）由于妆花技术采用的是一种局部挖花盘织的织造方法，其操作工艺异常繁复。通常"织过数寸，即换龙形"。《明神宗实录》卷三六一曾经记载妆花织造的费时情况："每岁御用袍服，以四千匹为额。自二十八年九月进贡后起织，至九年四月已织完者共三千二百匹……今改织盘梭改妆及剜样暗花等绒，每机日织一寸二分，二机合织，八月余方成一袍。"

图 2.1.4 红太极灵芝纹地织金妆花孔雀羽四团龙罗袍料 W113 复制品

另外，有的袍料还使用了孔雀羽线，其装饰效果更显耀眼夺目。在万历皇帝 7 匹织金妆花四团龙补圆领罗龙袍匹料中，其团龙补在龙首、龙鳞、龙爪部位都织有大的孔雀羽线，并用扁金线绞边，勾画出龙鳞、龙爪、龙头的细部边缘。其他部分则用蓝、绿晕色，使团龙的形象更为突出。其中，4 匹地纹为阴阳鱼太极图[1]，下承红色的灵芝花托（三匹为红色，一匹为黄色）。W113 匹料幅长 20.42 米，幅宽 0.678 米，为其中最长的一匹。（图 2.1.4）

明末清初诗人吴梅村曾填词《望江南》十八首，其中之一为：

江南好，

---

[1]《定陵》称此图案为"无极灵芝纹地"。然而，大多认为无极图是一个里面空空的圆圈，代表着宇宙最初的混沌状态；而太极图则是在一个圆圈内分成阴阳两个鱼形的图案代表着宇宙阴阳的对立统一。据此，笔者认为名之为太极灵芝地纹较为妥当。

机杼夺天工。

孔翠妆花云锦烂，

冰蚕吐凤雾绡空，

新样小团龙。[1]

词中描写出了江南的织工，巧夺天工，以妆花小梭盘织的手法，将孔雀羽线织入新设计的小团龙中，取得了灿如云霞的艺术效果。

二、意涵吉祥的丝织匹料

其他的普通匹料，也有妆花织造的，但数量较少。大多为本色暗花，也有少量无花纹的。种类以花缎最多，次则绸、纻丝、罗、织金、纱、改机、锦。

这些匹料，虽然不是龙袍袍料，但其纹饰图案的设计也都非常精美有特色，而且大多具有吉祥的意涵。

例如，绛红织金妆花喜字串枝并蒂莲花缎、织金妆花缠枝莲花纱、红织金妆花折枝莲花纱、红织金妆花缠枝牡丹纱、柳黄金彩回纹妆花地朵朵灵芝纱、绿八宝朵朵梅菊花织金团双狮妆花纱、绿回纹地妆花小团龙罗、月白四合如意云纹缎、红缠枝四季花卉缎、柘黄八宝松竹梅岁寒三友缎、柘黄缠枝四季花卉凤凰缎、绿串枝葫芦纹缎、黄织金细龙纻丝等，图案纹样涵盖内容丰富多彩。

特别是红织金妆花奔兔纱，出土多达20件，其织法、图案完全一致。均为红地，织金图案是奔跑的兔子。每组兔子由四只横排组成一个单元（织造术语称为"四则"），上下排交错，循环排列。这一排法，如果中间一排是四只完整的兔子，那么，其上下排则是中间三只兔子是完整的，两边的兔子则只有一半（织造术语中称这种图案排列方法为"整剖光"）。

兔子的造型极为生动，每只兔子都是双耳竖起，精神抖擞，两前腿前伸，两后腿后扬，作急速奔跑状。兔子的头，则是上一排朝前，下一排回头往后看。兔子口中都衔着一枝灵芝，后背又有一灵芝花托，花托上有"卍"字或团鹤。兔头朝前的，花托上是"卍"字；头朝后的花托上是团鹤。（图2.2.1）

---

[1] 清吴伟业《吴梅村诗集笺注》卷十三《诗余小令》。

图 2.2.1. 红织金妆花奔兔纱匹料 W93（局部）

色调的搭配庄重和谐，兔子和灵芝均用扁金线织出，团鹤用黑、白、绿三色，"卍"字，则分别用红、蓝二色，且均用扁金线绞边。

仙鹤、和兔子是古人心目中的吉祥鸟兽。仙鹤，洁净高雅，常与仙人为伴，且常与松、鹿同框，被视为长寿和高雅的象征；兔子，毛茸茸非常可爱，又与仙境中的月宫、嫦娥、捣药相关，所以同样象征着长寿。再加上"卍"字，则象征有万寿、万年之意。

当然，这组图案，是以奔兔为主的，这与古人包括帝王对兔子的偏爱是有关的。明朱国祯《涌幢小品》卷一《御笔题诗》记载："玄兔图，宣皇帝（宣宗朱瞻基）御笔也。图以淡墨微围其傍，似碧空满月。上有丹桂花子垂垂，下有瑞草作紫白色。兔居中间，毳比纤烟，意态安闲，真是神物。"万历九年（1530）万历皇帝御文华殿，还曾经拿出这幅图，让入直史臣王家屏、沈懋孝、张元忭、刘元震、邓以赞观看，令他们赋诗。

165

第三章
皇家的宫廷生活与定陵出土的实用器具

明代皇家的宫廷生活，丰富多彩。既有饮食起居的实际需求，又有在礼制规范之下的各种宴饮以及娱乐活动。定陵出土的各种金、银、玉、瓷、漆木器物，正是明代宫廷生活的真实写照。

一、宫廷饮食与饮食器具

1. 明代的宫廷饮食文化

明代皇家的饮食可分为两种不同形式。一种是帝后日常饮食包括不同节令的饮食；另一种，则是皇帝宴请群臣。

①宫廷宴会

明朝时，每逢重大的庆典、节日，皇帝会在宫廷内举行盛大的宴会，招待文武百官、内外命妇以及宾客等人。

这种宴会在古代也是礼制的内容之一，所以《礼记》说："夫礼之初，始诸饮食。"宋儒朱熹也说："君臣之分，以严为主；朝廷之礼，以敬为主。然一于严敬，则情或不通，而无以尽其忠告之益。故先王因其饮食聚会，而制为燕飨之礼，以通上下之情。"所以，举办这样的宴会，有通过同餐共饮沟通君臣情感的目的。

明朝的朝廷宴会，有大宴、中宴、常宴和小宴之别。

大宴，是宴会中最隆重的，《大明会典》卷七二列有《大宴仪》，对宴会的礼仪、安排做出了明确的规定。

大宴举行之前，尚宝司先设御座于奉天殿，锦衣卫设黄麾于殿外东西两侧，金吾等卫设护卫官二十四人于殿东西。教坊司设九奏乐歌乐队于殿内，设大乐乐队于殿外，立三舞杂队于殿下。光禄寺司官设酒亭于御座下的西面，设膳亭于御座下的东侧，珍馐醯醢亭于酒膳亭的东西两面。设御筵于御座东西。群臣四品以上位于殿内东西两面，五品以下位于东西庑，司壶、尚酒、尚食各供事服务。

大宴开始，仪礼司请皇帝升座。皇帝动身，大乐开始演奏。皇帝升座，乐止。随后鸣鞭，皇太子、亲王上殿。文武官四品以上由东西门入，立殿中，五品以下立丹墀，赞拜如仪。

光禄寺进御筵，大乐作。至御前，乐止。内官进花。光禄寺开爵注酒，至御前，向皇帝进上第一爵酒。

教坊司演奏《炎精开运之曲》。其乐章为："炎精开运，笃生圣皇。大明御极，远绍虞唐。河清海晏，物阜民康。威加夷獠，德被戎羌。八珍有荐，九鼎馨香。钟鼓锽锽，宫徵洋洋。怡神养寿，理阴顺畅。保兹遐福，地久天长。"

乐作，内外官皆跪，教坊司跪奏：进酒。皇帝饮酒毕，乐止。众官俯、伏、兴，赞拜如仪。各自就位坐下，序班至群臣桌处散花，乐作。散花完毕，乐止。序班为群臣进上酒盏（酒杯）。

接着，为皇帝进第二爵酒，乐队奏《皇风之曲》。其乐章为：

皇风被八表，熙熙声教宣。时和景象明，紫宸开绣筵。龙衮曜朝日，金炉袅祥烟。济济公与侯，被服丽且鲜。列座侍丹宸，磬折在周旋。羔豚升华俎，玉馔充方圆。初筵奏南风，继歌赓载篇。瑶觞欣再举，拜俯礼无愆。同乐及斯辰，于皇千万年。

乐作，光禄寺酌酒御前，序班为群臣斟酒。皇帝举酒，群臣亦举酒，依次举饮完毕，乐止。然后进汤，鼓吹响节前导，至殿外，鼓吹止。殿上乐作，群臣起立，光禄寺官进汤，群臣复坐。序班供群臣汤。皇帝举箸，群臣亦举箸，赞礼官将食馔奉上，乐止。

武舞入殿内，演奏"平定天下之舞"。舞士32人，均左手执干（木制盾牌形舞具），右手执戚（木制斧形舞具），互作击刺之状。前面还有两人舞狮领舞。

武舞也有伴乐。乐名为《清海宇》，乐章为："拔剑起淮土，策马定寰区。王气开天统，宝历应乾符。武略文谟，龙虎风云创业初。将军星绕开，勇士月弯弧。选骑平南楚，结阵下东吴。跨蜀驱胡，万里山河壮帝居。"

舞毕，进第三爵酒，乐奏《眷皇明之曲》。武舞"抚安四夷之舞"，乐奏《小将军》《殿前欢》《庆新年》《过门子》等曲。

此后，进第四、第五、第六、第七、第八、第九爵酒，君臣之间的举酒、饮酒、进汤等礼仪大体相同。并且均伴有乐舞演奏。只是乐曲、乐章，武舞乐名及武舞之曲各不相同。

第九爵之后，光禄寺收御爵，序班收群臣盏。然后进汤，进大膳，大乐作，群臣起立，待大膳进毕复坐，序班供群臣饭食。饭后，赞礼官宣：膳成。乐止。

随后彻膳。乐队奏《百花队舞》。赞礼官宣：彻案。光禄寺撤御案，序班撤群臣案。赞礼官宣：宴成。群臣皆出席，北向站立。与赞礼官一同向皇帝跪拜。拜毕，群臣分东西站立。仪礼司奏：礼毕。皇帝起驾出殿，乐止。群臣以次出殿。

中宴礼如前，但进七爵。常宴如中宴，但一拜三叩头，进酒或三爵或五爵而止。

皇帝赐宴的时间、地点、对象也有多种情况：

当时的规定是，凡大祀天地，次日庆成。大宴文武百官，及四夷使臣、土官人等。

凡正旦、冬至、万寿圣节，洪武、永乐间，大宴并如庆成仪。

凡立春、元宵、四月八日、端午、重阳、腊八日，永乐年间俱于奉天门赐百官宴，用乐。其后皆宴于午门外，不用乐。

立春日赐春饼，元宵日赐团子，四月八日赐不落荚（嘉靖中，改不落荚为麦饼）。端午日赐凉糕粽，重阳日赐糕，腊八日赐面，俱设午门外，依官品级顺序排坐。

宣德五年（1430）冬，久未雪，十二月大雪。帝示群臣《喜雪》诗，复赐赏雪宴。群臣进和章，帝择其寓警戒者录之，而为之序。

皇太后圣诞，正统四年（1439）赐宴午门。东宫千秋节，永乐间，赐府部堂上、春坊、科道、近侍锦衣卫及天下进笺官，宴于文华殿。

宣德以后，俱宴午门外。

此外，朝日、夕月的祭祀，耕耤、经筵日讲、东宫讲读，均有赐饭。亲蚕，则赐内外命妇饭。纂修校勘书籍，开馆暨书成，亦皆赐宴。阁臣九年考满，赐宴于礼部。九卿侍宴。新进士赐宴名"恩荣宴"，赐宴于礼部。命勋臣一员待宴。新武举，赐宴于中军都督府，名"会武宴"，命内阁大臣一员主席。

②宫廷节令饮食习俗

明刘若愚《酌中志》卷二十《饮食好尚纪略》记载了明朝晚期宫廷内，不同节令的饮食习俗：

正月（春节、元宵节）：

初一日，为正旦节，自年前腊月廿四日祭灶之后，宫眷内臣即穿葫芦景补子及蟒衣，各家皆蒸点心，储肉，将为一二十日之费。三十日岁暮，即互相拜祝，

169

名曰"辞旧岁"也。大饮大嚼，鼓乐喧闹为庆贺焉。

门旁核桃符板，将军炭，贴门神。室内悬挂福神、鬼判、钟馗等画。床上悬挂金银八宝、西番经轮，或编结黄钱如龙……正月初一五更起，焚香放纸炮，将门闩或木杠于院地上抛掷三度，名曰"跌千金"。饮椒柏酒，吃水点心，即扁食也。或暗包银钱一二于内，得之者以卜一年之吉。是日，亦互相拜祝，名曰"贺新年"也。所食之物，如曰百事大吉盒儿者，柿饼、荔枝、圆眼、栗子、熟枣共装盛之。又驴头肉，亦以小盒盛之，名曰"嚼鬼"，以俗称驴为鬼也。

立春之前一日，顺天府于东直门外迎春。凡勋戚、内臣、达官、武士赴春场跑马，以较优劣。至次日立春之时，无贵贱皆嚼萝卜，曰"咬春"。互相请宴，吃春饼和菜。以绵塞耳，取其聪也。自岁暮正旦，咸头戴闹蛾，乃乌金纸裁成，画颜色装就者，亦有用草、虫、蝴蝶者，或簪于首，以应节景。仍有真正小葫芦如豌豆大者，名曰"草里金"，二枚可值二三两不等，皆贵尚焉。

初七日，入口吃春饼和菜。自初九日之后，即有耍灯市买灯，吃元宵。其制法用糯米细面，内用核桃仁、白糖为果馅，洒水滚成，如核桃大，即江南所称汤圆者。

十五日日上元，亦日元宵。内臣、宫眷，皆穿灯景补子蟒衣。灯市至十六更盛，天下繁华，咸萃于此。勋戚、内眷登楼玩看，了不畏人。斯时所尚珍味，则冬笋、银鱼、鸽蛋、麻辣活兔，塞外之黄鼠、半翅鹖鸡，江南之密罗柑、凤尾橘、漳州橘、橄榄、小金橘、风菱、脆藕，西山之苹果、软子石榴之属，水下活虾之类，不可胜计。本地则烧鹅、鸡、鸭、猪肉，冷片羊尾、爆炒羊肚、猪灌肠、大小套肠、带油腰子、羊双肠、猪脊肉、黄颡管儿、脆团子、烧笋鹅、䤛腌鹅、鸡鸭、炸鱼、柳蒸煎燔鱼、炸铁脚雀、卤煮鹌鹑、鸡醢汤、米烂汤、八宝攒汤、羊肉猪肉包、枣泥卷、糊油蒸饼、乳饼、奶皮、烩羊头，糟腌猪蹄尾耳舌、鸡肫掌；素蔬则滇南之鸡㙡[1]，五台之天花羊肚菜、鸡腿银盘等蘑菇，东海之石花海白菜、龙须、海带、鹿角、紫菜，江南乌笋、糟笋、香蕈，辽东之松子，蓟北之黄花、金针，都中之山药、土豆，南都之苔菜、糟笋，武当之鹰嘴笋、黄精、黑精，北山之榛、栗、梨、枣、核桃、黄连、芽木兰、芽蕨菜、蔓青，不可胜数也。茶则六安松罗、天池、绍兴岕茶、径山茶、虎邱茶也，凡遇雪，则暖室赏梅，吃炙羊肉、羊肉包、

---

[1] 真菌的一种，菌盖圆锥形，中央凸起，熟时微黄色，可食用。

浑酒、牛乳。先帝最喜用炙蛤蜊、炒蟹虾、田鸡腿及笋鸡脯，又海参、鳆鱼、鲨角筋、肥鸡、猪蹄筋共烩一处，恒喜用焉。

二月（二月二）：

初二日，各宫门撤出所安彩妆，各家用黍面枣糕，以油煎之，或白面和稀，摊为煎饼，名曰"薰虫"。是日也，分菊花、牡丹，凡花术之窖藏者，开隙放风。清明之前，收藏貂鼠帽套、风领、狐狸等皮衣，食河豚，饮芦芽汤，以解其热。各家煮过夏之酒。此时吃鲊，名曰桃花鲊也。

三月（清明秋千节）：

初四日，宫眷、内臣换穿罗衣。清明，则秋千节也。带杨枝于鬓……圣驾幸回龙观等处，赏海棠。窖中花树尽出，园圃、台榭、药栏等项，成此月修饰。富贵人家咸赏牡丹花，修凉棚。二十八日，东岳庙进香，吃烧笋鹅，吃凉饼，糯米面蒸熟，加糖、碎芝麻，即糍粑也。吃雄猪腰子，大者一对可值五、六分，传云：食之补虚损也。

四月：

初四日，宫眷、内臣换穿纱衣。钦赐京官扇柄。牡丹盛后，即设席赏芍药花也。初八日……用苇叶方包糯米，长可三、四寸，阔一寸，味与粽同也。是月也，赏樱桃，以为此岁诸果新味之始。吃笋鸡，吃白煮猪肉……又以各样精肥肉，姜蒜剉如豆大，拌饭，以萬苣大叶裹食之，名曰包儿饭。造甜酱豆豉。初旬以至下旬，耍西山、香山、碧云寺等，耍西直门外之高梁桥，涿州娘娘、马驹桥娘娘、西顶娘娘进香。二十八日，药王庙进香。吃白酒、冰水酪，取新麦穗煮熟，剁去芒壳，磨成细条食之，名曰稔转，以尝此岁五谷新味之始也。

五月（端午节）：

初一日起至十三日止，宫眷内臣穿五毒艾虎补子蟒衣。门两旁安菖蒲、艾盆，门上悬挂吊屏，上画天师或仙子、仙女，执剑降五毒故事，如年节之门神焉。悬一月方撤也。初五日午时，饮朱砂、雄黄、菖蒲酒，吃粽子，吃加蒜过水面、赏石榴花、佩艾叶，合诸药，画治病符。圣驾幸西苑，斗龙舟划船，或幸万岁山前插柳，看御马监勇士跑马走解。夏至伏日，戴草麻子叶，吃长命菜，即马齿苋也。

六月：

初六日，皇史宬、古今通集库、銮驾库晒晾，吃过水面，嚼银苗菜，即藕之新嫩秧也。初伏日造曲，惟以白面用菉豆黄加料和成晒之。立秋之日，戴楸叶，吃莲蓬、藕，晒伏姜，赏茉莉、栀子、兰芙蓉等花。

先帝（明熹宗）爱鲜莲子汤，又好用鲜西瓜种微加盐焙用之。

七月（七夕节）：

初七日，七夕节，宫眷穿鹊桥补子，宫中设乞巧山子，兵伏局伺候乞巧针。十五日中元，甜食房进供佛菠萝蜜。西苑做法事，放河灯。京都寺院咸做盂兰盆，追荐道场，亦放河灯于临河去处也。是月也，吃鲥鱼，为盛会。

八月（中秋节）：

宫中赏秋海棠、玉簪花。自初一日起，即有卖月饼者。加以西瓜、藕、互相馈送。西苑晒藕，至十五日，家家供月饼、瓜果，候月上焚香后，即大肆饮啖，多竟夜始散席者，如有剩月饼，仍整收于干燥风凉之处，至岁暮合家分用之，曰团圆饼也。始造新酒，蟹始肥。凡宫眷，内臣吃蟹，活洗净蒸熟，五六成群，攒坐共食，嬉嬉笑笑。自揭脐盖，细将指甲挑剔，蘸醋蒜以佐酒，或剔蟹胸骨八路完整如蝴蝶式者，以示巧焉。食毕，饮苏叶汤，用苏叶等件洗手，为盛会也。

九月（重阳节）：

御前进安菊花。自初一日起，吃花糕。宫眷、内臣自初四日换穿罗，重阳景菊花补子蟒衣。九日重阳节，驾幸万岁山或兔儿山、旋磨山登高，吃迎霜麻辣兔，软菊花酒。是月也，糟瓜茄，糊房窗，制诸菜蔬，抖晒皮衣，制衣御寒。

十月：

初一日，颁历。初四日，宫眷、内臣换穿纻丝。吃羊肉、炮煿羊肚、麻辣兔、虎眼等各样细糖……吃牛乳、乳饼、奶皮、奶窝、酥糕、鲍螺，直至春二月方止。

十一月：

是月也，百官传带暖耳。冬至节，宫眷内臣皆穿阳生补子蟒衣，室中多画绵羊太子画贴。司礼监刷印《九九清寒诗图》，……此月，糟腌猪蹄尾，鹅脆掌，羊肉包、扁食馄饨，以为阳生之义。冬笋到，则不惜重价买之。是月也，天已寒，每日清晨吃辣汤，吃生煿肉、浑酒，以御寒。

十二月（腊八、岁暮守岁）：

初一日起，便家家买猪，醃肉，吃灌肠，吃油渣卤煮猪头，烩羊头、爆煿羊肚、炸铁脚小雀加鸡子、清蒸牛白、酒糟蚶、糟蟹、炸银鱼等鱼、醋溜鲜鲫鱼、鲤鱼。饮赏腊八杂果粥米。是月也，进暖洞薰开牡丹等花。初八日，吃腊八粥，先期数日，将红枣搥破泡汤，至初八早，加粳米、白果、核桃仁、栗子、菱米煮粥，供佛圣前，户牖、园树、井灶之上各分布之。举家皆吃，或亦互相馈送，夸精美也。廿四日，祭灶，蒸点心办年，竞买时兴绸缎制衣，以示侈美豪富。

三十日，岁暮守岁。乾清宫丹墀内，自廿四日起，至次年正月十七日止，每日昼间放花炮，遇大风暂止半日、一日。其安鳌山灯、扎烟花，圣驾升座，伺候花炮，圣驾回宫亦放大花炮。前导皆内官监职掌，其前导摆对之滚灯，则御用监灯作所备者也，凡宫眷所饮食，皆本人菜户置买。雇请贫穷宫人，在内炊爨烹饪。

其手段高者，每习工食可须数两，而零星赏赐不与焉。凡煮饭之米，必拣簸整洁，而香油、甜酱、豆豉、酱油、醋，一应杂料，俱不惜重价自外置办入也。

除了节令饮食习俗外，有的皇帝还有自己的独特饮食爱好。

例如，明穆宗朱载垕喜欢吃果饼、驴肠。明沈德符《万历野获编》补遗卷一《列朝》"穆宗仁俭"条记：

> 穆宗御极不久，然仁俭性成。尝思食果饼。询之近侍。俄顷，尚膳监及甜食房，各开买办松、榛、栮、饧等物。其值数千金以进。上笑曰："此饼只银五钱，便于东长安大街勾阑胡同买一大盒矣。何用多金！"内臣俱缩颈退。盖上在潜邸久，稔知其价也。又一日，思食驴肠。近侍请增入御膳中。上曰："如此则大官将日杀一驴，以备上供矣。"竟不许。

2. 定陵出土饮食器具
①酒具

如前所述，无论是宫廷宴会还是节令饮食，都离不开酒。甚至在日常的生活中，帝后饮酒的现象也非常普遍。

例如，吴晗《朝鲜李朝实录中的中国史料》上编卷七《文宗恭顺大王实录》记载，世宗三十二年（明景泰元年）九月丙辰，左承旨郑而汉向明朝派来的太监尹凤问安。两人谈起了皇帝饮酒的事儿。尹凤说："太宗、正统、今上皇帝皆不能饮。洪熙、宣德皇帝皆能饮。宣德酒半酣辄使酒，沉醉则和气满面，亲若兄弟。正统皇帝年少时，予进一杯，面红昏醉，心实惶恐。"

明武宗朱厚照也喜欢饮酒。《明武宗实录》卷一五八记载，正德十三年（1518）正月丙午，武宗身穿戎服，乘赤马，佩剑，从宣府归来。群臣均跪在道旁叩首。武宗下马，进入专门搭盖的帷帐。大学士杨廷和赶紧持爵奉上，梁储注酒，蒋冕奉上果盘，毛纪奉上金花称贺。武宗一饮而尽，得意地炫耀说："朕在榆河，亲斩虏首一级。"杨廷和等赶紧称赞说："皇上圣武，臣民不胜庆幸。"

明穆宗朱载垕同样爱饮酒。《纲目三编》记载，隆庆二年（1568）正月，吏科给事中石星曾上疏批评穆宗说："天下之治，不日进则日退；人君之心，不日强则日偷。臣窃见陛下入春以来，为鳌山之乐，纵长夜之饮，极声色之娱，朝讲久废，章奏遏抑，一二内臣，威福自恣，肆无忌惮，天下将不可救。"结果，穆宗大怒，说他"恶言讪上"，下令廷杖六十，贬斥为民。

明神宗万历皇帝更是一位嗜酒如命的皇帝。万历二十年（1592）正月，御史冯从吾上疏批评说："陛下郊庙不亲，朝讲不御，章奏留中不发……近颁敕谕，谓圣体违和，欲借此自掩。不知钟鼓于宫，声闻于外。陛下每夕必饮，每饮必醉，每醉必怒，左右一言稍违，辄毙杖下，外廷无不知者。"[1] 神宗听了大怒，本想对他廷杖，阁臣力劝，才放过他。

正是因为明朝宫廷酒文化气息浓厚，宫廷内的酒具数量众多，所以，定陵出土了不少的酒具。

爵，是其中最具有礼制文化特色的酒具之一。早在商周时期，贵族便在各种祭祀活动以及会宾客、冠婚、朝聘、乡射等礼仪中广泛使用爵作为酒器。所以，古人认为，爵虽为饮器中最小者，但"在礼实大"。

爵的制作，商周时期用青铜，明朝时则有木、金、玉等不同质料。定陵出土的爵有金、玉两种，共计5件。

金托玉爵一件W3，出自神宗棺内。（图3.1.1）爵用白玉琢成，高11.5厘米。器身略呈元宝形。器腹呈椭圆形，内深，可容酒。其前部较长、尖头，称为"流"，是对口饮酒的部位。其后部呈圆头，稍短，称为"尾"。器腹的左右壁对称地琢有一对突起的圆头，名为"柱"。器腹右壁之外琢有把手，名称"鋬"。器身下有三腿，名为"足"。此爵基本形制前承古制，流、尾、柱、鋬、足俱备，其装饰图案尤极为精妙。特别是爵鋬的设计制作，匠心独运，可谓构思不凡。爵鋬的造型是一条龙。龙的前爪在上，攀住爵沿，头部上伸，口贴爵柱根部，

图 3.1.1 万历皇帝金托玉爵 W3

---

[1]《明史·冯从吾传》。

好像嗅到了香味，也想品尝一下爵中的玉液琼浆。龙的后爪在下，左右分开，紧抓爵壁，龙尾上卷，似乎在维系身体的平衡。龙的腹部则呈弓起之形，又呈蓄势跃起之态。这样的设计，不仅使玉龙活灵活现，极为生动，也使龙腹与爵壁之间有了一个可容一指插入的空隙。持爵人将食指插入其间，端爵而起，便可开怀畅饮了。爵的"流""尾"外壁的雕饰也很别致。其图案各为一条正面龙。两龙的前爪上面分别琢有"万"字和"寿"字，周围还雕饰朵朵祥云，使这一小小的玉爵充满了宫廷的庄严祥瑞之气。

玉爵之下有圆形金托盘，直径19.7厘米。其中部有一刻有山纹的圆墩，高6.5厘米。上开三孔用以安插爵的三足。周围则有浮雕效果的二龙戏珠图案，并且镶嵌有26块红、蓝宝石，金宝生辉，愈显玉爵的素雅与华贵。

金爵4件，有2件出自万历皇帝棺内，2件出自随葬器物箱。

其中，镶珠宝二龙戏珠花卉金托金爵一件W9，出自万历皇帝棺内。爵高10.3厘米。其形制与玉爵基本相同，也是由流、尾、柱、足、鋬构成。其中，流长、尾短、足外翻，鋬作方形，是其特点。爵腹由内外双层制成，外壁有半浮雕样式的二龙戏珠和海水江牙图案。两柱、三足刻头部向上的龙首图案。因为三足和两柱的上部均镶嵌有红色的宝石，因此有金龙赶宝珠的感觉。爵鋬则雕刻的是朴素无华的云雷纹。爵腹的底部（外壁）錾刻铭文一周："万历年造足色金重五两一钱七分"。（图3.1.2）

图3.1.2 万历皇帝镶珠宝二龙戏珠花卉金托金爵W9

爵下有金托盘，直径15.9厘米。托口沿及内壁，刻云纹，外壁刻二龙戏珠纹。托盘内底部为一圈凸起的二龙戏珠图案，中央部分为一凸起的树墩形状圆柱。圆柱三面雕刻花瓶，瓶外刻云纹，瓶口刻绶带，口内各插镶嵌有珠宝的金叶花卉。

金爵、金托共镶嵌红、蓝宝石25块，珍珠5颗。这件金爵、金托，设计精巧，造型华丽精致，含金量高达95%，为金爵中的精品。

其余3件金爵，均素面，无托，含金量62%。其中有两件在尾部的外侧，刻有铭文："大明万历庚申年银作局制金爵一尊重八两"。万历庚申年，即万历四十八年（1620），当系万历皇帝去世这年所制。

银作局，按《明史·职官志》记载，是宦官二十四衙门之一。设有掌印太监一员，管理、佥书、写字、监工无定员。其职责是"掌打造金银器饰"。其工匠多达274名[1]，含钑花匠50名、大器匠42名、厢（镶）嵌匠11名、抹金匠7名、金箔匠14名、磨光匠15名、镀金匠35名、银匠83名、拔丝匠2名、累丝匠5名、钉带匠5名、画匠1名、表（裱）背匠4名。

正是有这么多的能工巧匠，定陵出土的金银器皿以及金银首饰等才制作得如此精美。

当然，一般情况下。皇帝饮酒通常只是在比较隆重的场合，才用爵来饮酒。平时饮酒，则会用杯、盏之类的酒器。例如，清吴伟业《绥寇纪略》记载，当李自成起义军攻入北京城后，"上（崇祯帝）知事不济，亟回宫见皇后曰：'大事去矣，尔为天下母，宜死。'后恸哭曰：'妾事陛下十八年，卒不听一语。今日同死社稷，亦复何所恨！'上凄怆不复顾。辄意气自如，御便坐，呼左右进酒。正色而进金卮者十数"。这里所说的"卮"，就是直筒带耳的杯子。

金酒注，定陵出土2件。一件出自万历皇帝棺内，另一件出自孝靖皇后棺内。

万历皇帝的金酒注W19，通高21.8厘米。其形制为直口、粗颈、方腹、高圈足，上有盖，腹侧有把、流，盖和把顶端有链连接，足下有一小托盘。（图3.13）

器形的设计，艺术感很强。器身颈部阴刻云纹；器腹前后各雕二龙戏珠图案，流在前面，上细下粗，略呈弯曲形，把在后面，呈耳廓形。器腹的左右两侧，各嵌白玉雕刻的正面盘龙一条，龙头口朝上，额朝下，龙睛用两颗小的红宝石点缀，龙额之下嵌一大块红宝石。器腹

图3.1.3 万历皇帝的金酒注W19

---

[1]《大明会典》卷一八九《工部》九《工匠二》。

上面的四角和四角之间亦各嵌红、蓝宝石，点缀效果极佳。高圈足的周围也雕刻有凸起的二龙赶珠图案，下面托盘则外刻四组牡丹，内刻灵芝花。酒注的盖，也遍刻云纹，盖的顶部镶嵌一上大下小黄色玉石，玉石之上嵌一石榴籽红宝石，使酒注的形象更为突出。整件器物纹饰之间，錾刻沙地。对图案形成了衬托。

孝靖皇后的酒注 J50，通高 16 厘米。形制略同 W19，但素面，亦无珠宝装饰，显得简练质朴。

酒注，在古代又称"注子"。据《三才图会》卷十二《器用》记载，这种酒具始自唐宪宗李纯元和初年，当时"酌酒用尊杓，虽十数人，一尊一杓，挹酒了无遗滴。无几，改用注子。虽起自元和时，而辄失其所造之人"。也就是说，酒注，虽然在元和初年，取代了用勺从尊里舀酒的方式，但究竟起于何人，已经没有人知道了。酒注的使用往往与酒碗相配合，酒碗内放热水，将酒注放在热水中，就可把酒烫热，定陵出土的这两件金酒注，下面的高圈足正与"烫酒"的功能相吻合。

尊也是古代的酒具之一。定陵出土尊 2 件，一件为金尊 W33，另一件为银尊 J37。

金尊，出自万历皇帝棺内，高 9.2 厘米，口径 8.1 厘米。形制为敞口、粗颈、扁圆腹，圈足。素面，无装饰。出土时，尊内插有勺、漏勺各一件、匙二件。明代虽有酒注用来注酒，但以尊储酒，以勺舀酒，在一些场合还存在。因此，勺、匙、漏勺或为金尊的配套物件。（图 3.1.4）

银尊，出自孝靖皇后的棺内，高 10.9 厘米，口径 10.3 厘米。形制同金尊。

金壶瓶 2 件，均出自随葬器物箱中。形制、大小基本相同，铭文也完全一样。形制均为喇叭口、细长颈、鼓腹、圈足。盖为覆盆形，顶部有尖头圆钮。

图 3.1.4 万历皇帝金尊 W33

壶瓶颈部有金箍，金箍鼻有孔，系金链与盖钮连接。底部刻铭文一行："大明万历庚申年银作局制金壶瓶一把，盖攀索，全重三十两"。其中，X6:9，通高 32.3 厘米，口径 7 厘米。（图 3.1.5）

壶瓶的用途与酒注基本相同，都有储酒和注酒甚至可用于温酒的功能。但因其不设流，所以注酒的方式是从壶瓶口直接倒出。明郑瑗《井观琐言》说："今人呼酌酒

图 3.1.5 金壶瓶 X6:9　　　　　　图 3.1.6 万历皇帝鎏金银托盘双耳玉杯 W18

器为壶瓶。"酌酒，即斟酒，也就是往爵或杯子里注酒。

②茶、酒两用饮具

定陵出土的茶、酒两用饮具有杯、盏、执壶三类。

杯，有玉、金两种。

鎏金银托盘双耳玉杯 W18，出自万历皇帝棺内，制作非常精美。这件玉杯，高 5.5 厘米，口径 5.8 厘米。玉质晶莹纯净、敞口、深腹、圈足，两旁各有一透雕的牵牛花造型的杯耳。牵牛花花朵朝上，花心各镶嵌一红宝石，非常醒目。

杯下为一直径 15.9 厘米的银制托盘。托盘平沿，浅底。托沿阴刻双线锯齿形纹，并镶嵌红、蓝宝石和珍珠。托盘内錾制凸起的缠枝四季花卉（牡丹、莲花、菊花、芙蓉），花间打制沙地。托盘的中心位置为凸起的覆莲形杯座，莲瓣上同样镶嵌红蓝宝石和珍珠。杯座中心圈足之内的位置又錾刻海棠花一朵。（图 3.1.6）

金杯，5 件，均出自万历皇帝棺内。形制相同，均为均为敞口、深腹、圆底、圈足，素面。大小尺寸稍异，通高有 5.4 和 5.5 厘米两种，口径在 8.4—8.6 之间。

金盏 1 件 J49，出自孝靖皇后棺内。由盏、座、托三部分组成，通高 6.7 厘米。其中，盏浅底，内深 1.7 厘米，口径 6.7 厘米，敛口，弧形壁，素面，无雕饰。

盏下有绣墩形承盏座，座有八腿，腿足外翻。腿上饰有云纹，顶部为圆形，有收项，边沿亦饰云纹。（图 3.1.7）

图 3.1.7 孝靖皇后金托金盏 J49　　　　　　图 3.1.8 万历皇帝玉执壶 W20

再下有盘形盏托，直径 14.1 厘米。盘沿刻云纹，内为二龙赶珠图案，沙地。中心素面，周圈凸起，以放置盏座八腿。

盏作为酒器使用时，不如爵那样尊贵。例如，在大宴仪中，皇帝用爵，而群臣则用盏。

执壶，定陵出土有玉、金、银三种。

玉执壶 1 件，带金托 W20，出自万历皇帝棺内。壶为白玉制成，通高 26.5 厘米。其形制，字母口，细长颈，腹稍扁，椭圆形圈足。一侧有细长流，流下部饰龙首，口朝上。另一侧为耳廓形把，把上由玉链 16 环连接在壶盖上。壶腹两侧各有寿桃形雕饰，其内图案下为花托，花托之上为一"寿"字，两旁各有一"卍"字，彰显"万寿"之意。此壶的工艺精妙之处，在于整个壶壶身、和壶盖、包括 16 环玉链，均在一块玉石上雕成，其雕琢难度可想而知。（图 3.1.8）

执壶下有金托，底径 7.9 厘米，高 1.5 厘米。

金执壶，5 件，均出自万历皇帝棺内。形制大同小异，高度略有差别，在 10—15 厘米之间。其中，4 件为素面，仅 1 件有龙凤及云纹图案。（图 3.1.9）

银执壶[1] 1 件 J40，出自孝靖皇后棺内。高 13.8 厘米，圆腹、带盖（原有链，出土

---

[1]《定陵》称之为"把壶"，其实，从形制上看与执壶并无二致。故笔者将其归入执壶。

时无），一侧为耳廓形把，另一侧为流。壶底有铭文："大明万历壬午年制"即万历十年（1582）制。

③ 餐具

定陵出土的帝后餐具，有碗、筷、盘等。

碗，有玉、金、银、瓷不同质地。

金盖金托玉碗W4，1件，出自万历皇帝棺内。碗为白玉制成，高7厘米，口径15.2厘米。其形制，敞口、弧腹、圈足。玉质洁白温润，晶莹剔透。

金制的云纹镂空碗盖，口径略大于碗口。盖形中高外低，呈现三级坡度，并且每层有龙赶珠飞行于云海之中。盖顶为莲花形钮，中嵌红色宝石。（图3.1.10）

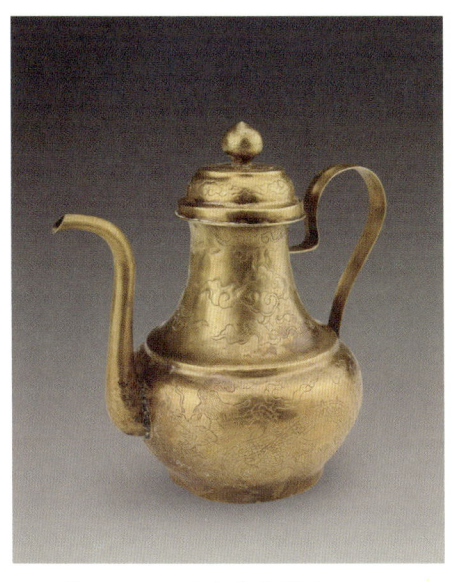

图3.1.9 万历皇帝金执壶W140

图3.1.10 万历皇帝金盖金托玉碗W4

碗下的金托，呈圆盘形，口径 20.3 厘米。卷沿，内壁錾刻云纹，托底沙地中有二龙赶珠及云纹。中心部位凸起一圈圈住碗足，并外饰一圈云纹。

镶花梨木金碗，4 件，均出自随葬器物箱中。形制相同，外壁均镶花梨木，与金碗完全契合。碗作敞口、卷沿、深腹、圆底。木制圈足嵌有金底，金底均有铭文一行，刻"大明万历庚申年银作局制金厢花梨木碗一个托全"。万历庚申年为万历四十八年（1620），说明这四个金碗都是万历皇帝去世那年所制。四碗大小稍异，最矮者高 7.5 厘米，最高者高 10.5 厘米；碗口直径最大者 20.5 厘米，最小者 18.9 厘米。（图 3.1.11）

图 3.1.11 镶花梨木金碗 X6:6

银碗 J48，1 件，出自孝靖皇后棺内。高 11.5 厘米，口径 17.2 厘米。形制为敞口、深腹、圆底、圈足。碗底内壁刻牡丹花一朵，口沿及圈足外面各刻串枝灵芝花纹一周。凡有纹样之处鎏金。碗底周圈，用双线刻铭文："大明万历辛巳年造"。（图 3.1.12）万历辛巳年，为万历九年（1581）。那时，孝靖皇后还是个宫女，侍奉着万历皇帝的母亲慈圣皇太后李氏。可见，这件斑斑驳驳，明显有使用过的痕迹的银碗，整整伴随了这位皇后的大半生，死后又随葬了棺中。

图 3.1.12 孝靖皇后的银碗 J48

金托金盖青花瓷碗 W10，1 件，出自万历皇帝棺内。（图 3.1.13）高 7.2 厘米，口径 14.2 厘米。形制为，敞口、深

图 3.1.13 金托金盖青花瓷碗 W10

腹、圈足。白地、青花。外壁图案为缠枝四季花卉，近底部饰莲花瓣；圈足饰花叶纹。这件瓷碗，胎釉细腻，壁薄如纸，晶莹透亮，为出土瓷器中的精品。

金碗盖，高同碗，口径14.2厘米，顶有圆钮，中高外低，呈阶梯状。素面，口沿内侧有铭文："万历年造六成五色金重四两八钱"。

金碗托，圆盘状，平底，中央部分有凸起的圆棱，恰好圈住瓷碗的圈足。底部外侧中间刻有铭文："万历年造六成五色金重八两七钱五分"。

筷子，古代又称为"箸（筯）"。明朝大宴仪等场合，君臣就食前有"举箸"动作。定陵出土6双。其中，金箸2双，出自随葬器物箱中；包金木箸2双，分别出自万历皇帝和孝靖皇后棺内；镶金木箸2双，同样出自万历皇帝和孝靖皇后棺内。其中两双金箸，各长26.1厘米。筷形上方下圆，中间有4道串珠形状装饰。上段纵刻铭文："大明万历庚申年银作局制金箸一根重二两"。包金木箸，形制略同金箸，但顶端圆头，并有龙首雕饰。镶金木箸则顶部包金、腰部偏上位置有金箍装饰。（图3.1.14）

图3.1.14 金箸 X6:14

图3.1.15 金匙 X6:13

匙，即舀汤用的小勺。定陵出土有金、银、铜三种。

金匙，2件，出自随葬器物箱。形制相同，细长柄，椭圆形勺。柄的上部有铭文："大明万历庚申年银作局制金匙一把重二两"。鎏金银勺1件，出自孝靖皇后棺内，柄首作云头形，勺内刻蝴蝶梅花图案。鎏金铜勺2件，出自随葬器物箱内，形制相同，勺圆形，柄上部扁平，略弯，勺内鎏银，其余部位鎏金。（图3.1.15）

盘，定陵出土有金、银两种。

金盘，浅平盘，素面，口径11.8厘米，底径9.6厘米，沿高1厘米，出自万历皇帝棺内。出土时，盘内随有金勺一件、金盖一个。金勺，柄略弯，勺呈尖头桃形；盖素面，直口，圆钮。这应该是一组配套的餐具，金盘内放菜肴，金盖用来保温，金勺用来搅菜。（图3.1.16）

银盘，3件，均出自孝靖皇后棺内。J36，作抹角长方形，平底，通体鎏金，沿面

图 3.1.16 金盘、金勺、金盖 W39　　　　　　图 3.1.17 孝靖皇后银盘 J52

刻花瓣纹，底内壁刻两相对的狮豸纹。盘长 17.1 厘米，宽 13.4 厘米，沿高 1 厘米。

J39，通体鎏金，底外壁刻铭文一周："大明隆庆庚午年造"。盘口径 19.4 厘米，沿高 2 厘米。

J52，盘底内壁中心凸起一周，内刻一"福"字。字和凸起部分鎏金。盘口径 17.3 厘米，沿高 1.5 厘米。（图 3.1.17）

二、帝后起居与宗教信仰相关文物

从定陵的出土文物看，其中有一些是属于帝后在宫中使用过的生活起居、娱乐或者与宗教信仰相关的实用品。这些文物所用材质不同，但真实地反映出了当时的时代特点。

1. 帝后起居相关文物

明朝的皇帝、皇后的起居生活，除了明武宗朱厚照在位期间，沉迷于豹房的荒唐生活，起居生活没有固定规律，甚至日头高起，还不去上朝。但正常情况下，帝后的生活还是比较规范，有一定规律的。《明史·后妃传》记载，万历皇帝的母亲慈圣皇太后李氏，"教帝颇严……遇朝期，五更至帝寝所，呼曰：'帝起'，敕左右掖帝坐，取水为盥面，挈之登辇以出"。定陵出土的洗漱用具，应该大多是帝后日常生活中曾经使用过的。

① 洗漱用具

定陵出土的帝后的洗漱用具，主要有盆、漱盂、肥皂盒、提梁罐等。

盆，有金、银、玉不同质地，共 11 件。

图 3.2.1 孝端皇后金盆 D9

图 3.2.2 万历皇帝金盆 W106

图 3.2.3 金盆 W106 图样线图（采自《定陵》）

金盆9件。其中，出于万历皇帝棺内的有3件，孝端皇后、孝靖皇后的棺内，和随葬器物箱内各出土2件。

金盆的大小不一，制作的复杂程度和图案雕饰也不尽相同。其中，出于孝端皇后棺内的金盆D9，盆口外径52.4厘米，盆沿高9.2厘米。盆沿刻6组云龙赶珠图案，盆底内壁刻二龙戏珠及云纹。口沿背面刻有铭文："大明万历丁酉年银作局制六成色金平钑云龙面盆一个，重七十九两四钱。经管官张朝，银匠杨梦元"。不仅有金盆制作的年份，还有金盆的成色、重量，以及图案内容、錾刻的方法、金盆的用途、制作的机构名称、经管官员的姓名、银匠的姓名，都注释得非常详细。（图3.2.1）

出自万历皇帝棺内的金盆W106，虽然体积不大，但在图案的设计上很有特色。这件金盆，盆口外径32.8厘米，盆沿高7.6厘米，盆沿不卷边。盆沿刻两组对称的二龙戏珠云龙图案，盆内底部为升降龙二龙戏珠云龙图案。其火珠部位作凸起的圆珠形，立体感非常强。盆底外面中心位置刻铭文一周："万历年造六成五色金重二十七两三钱五分"。（图3.2.2—3.2.3）

金盆中有三件为素面，但卷沿内分别置有可以滚动的金属球，金盆摇动时，珠与盆沿相碰，可不时发出清脆响声，其设计制作可谓别有新意。三盆中有两盆X6:7（图3.2.4）、X6:8，刻有铭文："大明万历庚申年银作局制金盆一个重八十两。"是金盆中最重的。

玉盆1件W30，出自万历皇帝的棺内。白玉制成，有杂质。形制为平沿，沿边上卷。口

图 3.2.4 金盆 X6:7

图 3.2.5 万历皇帝玉盆 W30

径 29 厘米，沿高 6.3 厘米。（图 3.2.5）

银盆 1 件 J47，出自孝靖皇后棺内。平沿，卷边。口径 28.4 厘米，沿高 5.5 厘米。沿面刻缠枝莲花纹，盆底内壁刻双凤纹。纹样部位和盆底与盆腹相交处的一圈鎏金。盆沿背面刻铭文："大明万历壬午年银作局造"。（图 3.2.6）

漱盂，漱口用。定陵出土有金、银、玉三种。

金漱盂 7 件。出自万历皇帝棺内 3 件，随葬器物箱内 2 件，两位皇后棺内各 1 件。形制基本相同，都是口稍内敛，沿外卷，内浅，平底。其中，4 件为素面，3 件于盂腹外壁刻龙赶珠和海水江牙图案，盂底内壁刻升降龙戏珠图案，均为沙地。其铭文或称"漱盂"，或称"盂子"，不尽相同。其中，出自孝端皇后棺内的漱盂 D20，高 6 厘米，口径 14 厘米。底部外壁有纵刻铭文一行："大明万历辛丑年银作局制八成色矿金沙地云龙漱盂一个，重十两，经管官蔡奉，银匠刘纲"。（图 3.2.7）

图 3.2.6 孝靖皇后银盆 J47

图 3.2.7 孝端皇后金漱盂 D20

图 3.2.8 万历皇帝玉盂 W5 及金盒

银漱盂 1 件 J42，出自孝靖皇后棺内。形制同金漱盂。素面，高 5.4 厘米，口径 13.5 厘米。底部外壁有铭文一周："大明万历己丑年银作局造漱盂一个，重五两"。

玉盂 2 件，均出自万历皇帝棺内。其中 W5 带有金盒，置于一个漆制的梳妆匣内。盂为白玉制成，高 4.2 厘米，口径 10.8 厘米，形制同金漱盂。不同的是纹饰为变形的凤爪持灵芝纹。（图 3.2.8）

盂下有髹饰黑漆的木托，托内还有红色双层纱垫。

再外面是个子母口形制的金盒。金盒圆形，口沿下为累丝花纹，图案为两组二龙戏珠；再下为錾刻的龙赶珠及海水江牙图案；圈足部分刻海水江牙图案。

金盒的盖，为覆盆形，全部为金累丝工艺制成。顶部为正面龙及云纹，下层一周为两组二龙戏珠图案，中间一周为龙赶珠图案。盖底有铭文一周，刻"大明隆庆庚午年银作局造八成色金盒一个，碟全重二十八两六钱"。出土时碟已不存。

另一件玉盂 W41，也是白玉制成。高 6.3 厘米，口径 12.7 厘米。盂腹无雕饰。

肥皂盒亦有金、银、玉三种。

金肥皂盒 2 件。1 件 W107，出自万历皇帝棺内。器形为扁平圆筒形，分为内外两层：外层高 4.6 厘米，沿口径 10 厘米，底径 8.5 厘米，窄平沿、直壁，腰部有凸起的腰箍一周。内层，套在外层之内，处于上层，外折平沿。高 3.4 厘米，沿口径 10 厘米，

底径 8.1 厘米，底部有 7 孔，便于肥皂残水下流。出土时，内层底部残留有黑色圆球形肥皂 2 块。（图 3.2.9）

另一件 D6：2，出自孝端皇后棺内的漆盒中，与放梳妆用品在一起。器形为两个带盖的筒状盒连在一起。素面，高 5.4 厘米，单盒口径 7.6 厘米，出土时，盒内有球形黑色遗物，当系残存的肥皂。

银肥皂盒 1 件 J41，出自孝靖皇后棺内。器形亦作扁平圆筒形，但仅为一层。其高为 6.1 厘米，口径 12.5 厘米，外折平沿，沿上刻"落花流水"纹；腰部起箍一周。盒内有隔板，将盒内分为一大一小两个空间。小的南部分，上面有半圆形平盖，盖上有圆钮。盖面与盒沿部重合部分，亦雕"落花流水"纹，中雕二龙，以圆钮为珠，呈二龙戏珠纹。盒底刻铭文一行："肥皂盒一件重七两二钱"。（图 3.2.10）

玉肥皂盒 1 件 W234，白玉制成。圆筒形，高 6.8 厘米，口径 8 厘米。平口、直身、平底。底部有四矮足，稍外移。内有黑色圆形肥皂一块。（图 3.2.11）

古代的肥皂或香皂与现代的化学配制而成的肥皂或香皂不同。它是将动物的油脂"用皂荚捣烂去滓，配以香料、药料合成"，因此有玉容胰、鹅油胰、香皂、双料皂等不同的名称[1]。笔者少时家乡

图 3.2.9 万历皇帝金肥皂盒 W107

图 3.2.10 孝靖皇后银肥皂盒 J41

图 3.2.11 万历皇帝玉肥皂盒 W234

---

[1] 清缪荃孙《光绪顺天府志》卷五十《食货志》二《物产·造酿之属》"胰皂"条。

图 3.2.12 万历皇帝金提梁罐 W26　　　　图 3.2.13 孝靖皇后银提梁罐 J46

中还在使用猪胰子肥皂。定陵出土皂盒内的肥皂,未经化验,属于何种肥皂或香皂不详。

提梁罐,用来打水,有金、银两种。

金提梁罐 1 件 W26,出自万历皇帝棺内。罐为小直口,有带钮盖,圆腹、平底,"∩"形提梁。通高 10.8 厘米。(图 3.2.12)

银提梁罐 1 件 J46,直口、圆肩、腹下收、平底,有盖,盖顶有圆钮。有提梁,盖钮与提梁之间有银索链连接。罐侧有方孔形流,流口上端左右两侧有卷起的圆孔,可安装流盖。倒水时,流盖会随着罐体前倾而自开;平放时,流盖自然盖住流口。可惜,出土时流盖已不存。(图 3.2.13)

罐通高 46.7 厘米,口径 18.7 厘米。罐底有铭文三行:"大明万历癸巳年银作局制足色银提梁水罐一个,盖索水连全重一百十两,经管官杨栾、银匠许锐"。

②梳妆、化妆用具

定陵出土的梳妆用品,有铜镜、梳子、篦子、抿子、圆刷五种。分别出于万历皇帝和孝端皇后棺内的漆盒内外。

铜镜 2 件。镜,在古代也称为"鉴"。最初,是一种水器。古人用鉴盛水照面,后为铜镜所取代,并称铜镜为鉴。《新唐书·魏征传》:"以铜为鉴,可正衣冠;以史为鉴,可知兴替;以人为鉴,可明得失。"说明铜镜的意义在于"正衣冠"。

189

其中，铜镜D3，出自孝端皇后棺内漆盒之上，背面贴靠在镜架上。这面铜镜，直径20.2厘米，边厚0.5厘米。正面为镜面，用来照人。背面纹饰复杂，仿汉规矩镜形式。

正中为凸起的圆钮，四周为双线方形边框，边框内有十二个乳钉纹分布于四边，乳钉之间有子、丑、寅、卯、辰、巳、午、未、申、酉、戌、亥十二地支文字。其中，子、午、卯、酉四字，居四面正中位置，代表着东南西北四个正方位；在方框之外各有"T"字形标示。其他各支按顺时针顺序排列在子、午、卯、酉之间，也代表着不同的方位。十二个地支之间的乳钉纹，也同样代表着不同的方位。其中，处于四角位置的乳钉，分别代表乾、坤、巽、艮后天八卦四隅卦的方位；子、午、卯、酉四字左右的乳钉，标示的是甲、乙，丙、丁，庚、辛，壬、癸八个天干方位。其中，"卯"的左右两个乳钉，分别代表甲、乙两方；"午"字左右的乳钉分别代表丙、丁两方；"酉"字左右的乳钉，分别代表庚、辛两方；"子"字左右的乳钉，分别代表壬、癸两方。总起来看，这十二个地支和十二个乳钉，实际上就是古代堪舆术罗盘上的二十四山，或称二十四龙的方位标示。

方框之外，每面又有两个乳钉，同样代表着甲、乙，丙、丁，庚、辛，壬、癸八个天干方位。

再外面还有三道圆圈线。其中，最里面那道圆圈线内，在对应里面方框的四角位置，分别有双线三角形图案，显示的是乾、坤、巽、艮四个八卦四隅方位。

第一道线圈和第二道线圈之间，是二十八宿。所谓"二十八宿"，就是分布于天上星空中四面的28个星宿。

其中，东方七宿是角（全称"角木蛟"）、亢（全称"亢金龙"）、氐（全称"氐土貉"）、房（全称"房日兔"）、心（全称"心月狐"）、尾（全称"尾火虎"）、箕（全称"箕水豹"），这七组星宿被合称为"青龙"；

西方七宿是奎（全称"奎木狼"）、娄（全称"娄金狗"）、胃（全称"胃土雉"）、昴（全称"昴日鸡"）、毕（全称"毕月乌"）、觜（全称"觜火猴"）、参（全称"参水猿"），这七组星宿合称为"白虎"；

南方七宿是井（全称"井水犴"）、鬼（全称"鬼金羊"）、柳（全称"柳土獐"）、星（全称"星日马"）、张（全称"张月鹿"）、翼（全称"翼火蛇"）、轸（全称"轸水蚓"），这七组星宿合称为"朱雀"；

北方七宿是斗（全称"斗木獬"）、牛（全称"牛金牛"）、女（全称"女土蝠"）、虚（全称"虚日鼠"）、危（全称"危月燕"）、室（全称"室火猪"）、壁（全称"壁水貐"），这七组星宿合称为"玄武"。

这二十八宿同样是方位的表示，它们按照逆时针的方向排列在二十四山之间，其中，东方青龙七宿，分布在二十四山中的巽、辰、乙、卯、甲、寅、艮七山范围内；西方白虎七宿，分布在二十四山中的乾、戌、辛、酉、庚、申六山范围内；南方朱雀七宿分布在二十四山中的坤、未、丁、午、丙、巳、巽七山范围内；北方玄武七宿，分布在二十四山中的艮、丑、癸、子、壬、亥六山范围内。由于铜镜较小，再加上年久锈蚀，二十八宿的标示现已不清晰，但就其分布的特点而言，应该就是二十八宿的星点图式。

《三才图会》"器用"一卷《鉴总说》对铜镜的制作谈道："昔黄帝氏液金以作神物，于是为鉴……今也，去古既远，不可尽考。世有得其一者，载其制度，则以四灵为四方，以八卦定八极，十有二辰以环其外，二十四气以布其中……汉唐之器，然其规模大抵皆法远古。是以圆者规天，方者法地，六出所以象诸物，八方所以定其位。左右上下则有四灵，错综经纬则有五星。具一日之数，则载之以十有二辰；具一岁之数，则载之以十有二月。其天者有二十八宿……"这里所说的"四灵"，就是青龙、白虎、朱雀、玄武；二十八宿，则是天之四灵的28组星宿。所以，这一铜镜纹饰中有八卦、十二地支加八天干组成的二十四山、二十八宿组成的青龙、白虎、朱雀、玄武"四灵"标示，是符合古代铜镜制度的。

铜镜 D3 上的二十八宿圈层之外还有两道线圈。里面的一道线圈内有密密麻麻的刻度线段，应该是古代天文地理学中的"浑天星度"。浑天星度，又称周天度数，古人有不同的刻度标示方法。一种认为天体的一周是360°，故一周的刻度为360格；另一种是365.25°，故一周刻度为365格另一小格；还有的就取365度，刻度为365格[1]。当然，由于这件铜镜的这个圈层多有锈蚀模糊之处，且当时的铸造精度很可能也难以达到预想中的结果，因此其究竟属于哪一种方式的刻度还难以确定。但从刻度的密度看，其设计制作的意图为浑天星度周天之数，应该是没有疑问的。

因为，铜镜上二十八宿的方位是模拟天体星空布局的，在古人心目中，二十八宿的方位在周天度数中每宿所占据的浑天度数是各不相同的。如，清胡国桢《罗经解定》

---

[1] 清胡国桢《罗经解定·第二十二层 浑天星度吉凶》："三百六十五度四分度之一，上合天运之流行，下通地脉之剥换……旧止三百六十度，考之周天之运尚疏而未密。"又，清王道亨《罗经解·第二十七层 周天度数坐穴吉凶》："三百六十五度，上合天运之流行，下通地理之山向……"

卷三引前人所著《瀛海经》"浑天星度五行",记载了二十八宿各宿的浑天星度。其中,东方七宿各宿的浑天星度为:"角宿属木,十二度""亢宿属金,九度少""氐宿属土,十六度少""房宿为日,五度半""心宿为月,六度半""尾宿属火,十九度""箕宿属水,十度半"。明王圻、王思义《三才图会》天文卷二有关东方七宿的方位,也有"角二星十二度""亢四星九度""氐十六度""房六度""心六度""尾十九度""箕四星十一度"的记载。而且,按《瀛海经》所记各宿所占据的浑天度数,有的差距还比较悬殊。例如,"井"为33°少,也就是33°略多不足半度,而"觜"所占仅为"少度"即不足半度。基于此因,铜镜上二十八宿的布列不是均匀的,因此它们与二十四山的方位标示并不一一对应。例如,二十四山的"子"山,不仅占据了"虚"宿的全部空间度数,而且还占据了"危"宿一半的空间度数;而"午"山则占据了"星"宿的全部空间度数,和"张"宿大部分空间度数。《罗经解定》所引前人王赵乡诗所说的:"危虚之间针路明,南方张宿上三乘",说的就是这一情况。铜镜上浑天星度的刻度,则为保证二十八宿方位及各宿所据浑天度数的准确性提供了帮助。

浑天星度之外的一圈,是锯齿形的纹饰,在外面则是一周连续的"U"形纹。此外,还有形态不同的纹样装饰其间,这些应是铜镜的辅助装饰图案。(图3.2.14)

镜架D2,金地,下为方框形座,左右各有抱鼓形装饰,下有中部凹下的镜托,上有圆形镜靠。上有二龙戏珠等云龙图案。(图3.2.15)

图 3.2.14 孝端皇后铜镜 D3　　　　　　　图 3.2.15 孝端皇后镜架 D2

另外一件铜镜 W6:1，出自万历皇帝棺内的一个漆盒内。圆钮、圆座，素面，直径 10.2 厘米，厚 0.25 厘米。

梳子 4 件。其中，牛角梳 2 件，出自孝端皇后棺内，与铜镜 D3 出自同一漆盒内。均呈月牙形状，用整支牛角刮削而成。其中，牛角梳 D6:8，梳长 14.4 厘米，宽 6.3 厘米，有梳齿 46 根，保存较好。木梳 2 件，均出自万历皇帝棺内的漆盘内。一件有齿 25 根，均弯曲，另一件仅残存梳背。（图 3.2.16）

篦子 8 件，含玉篦子 1 件，竹篦子 7 件。其中除一件竹篦子 D6:9 出自孝端皇后棺内漆盒中外，其余 7 件均出自万历皇帝棺内的漆盘中。玉篦子仅存篦架，竹齿全部缺失。竹篦子 D6:9，齿稍残缺；W8:4，篦齿细密，共 59 根，篦长 9 厘米，宽 4.2 厘米。（图 3.2.17）

古人，不论男女，都习惯蓄发，所以都要用梳子、篦子梳理头发，称为"栉发"。《明史·后妃传》记载，成化十一年（1475），明宪宗成化皇帝召太监张敏"栉发，照镜叹曰：'老将至，而无子。'敏伏地曰：'死罪，万岁已有子也。'"讲的就是太监张敏用梳子、篦子为宪宗梳理头发。

抿子 7 件，出自万历皇帝和两位皇后棺内。抿柄有骨、竹、木三种，刷头用鬃毛。其中，骨抿 1 件，残长 14.5 厘米，刷头 5.6 厘米。

竹抿 5 件，其中 D6:5，通长 19 厘米，刷头长 6 厘米，鬃毛长 1.4 厘米。（图 3.2.18）

木抿 1 件，通长 7 厘米。（图 3.2.19）短柄，形似琵琶，长 3.4 厘米；刷长 3.6 厘米，鬃毛长 1.7 厘米。

图 3.2.16 孝端皇后牛角梳 D6:8

图 3.2.17 孝端皇后竹篦子 D6:9

图 3.2.18 孝端皇后竹抿子 D6:5

图 3.2.19 万历皇帝木抿子 W8:5

图 3.2.20 孝端皇后金粉盒 D6:3

图 3.2.21 孝端皇后金粉盒 D6:3 内粉扑盖

图 3.2.22 孝端皇后青花瓷胭脂盒 D6:4

抿子与梳子、篦子一同出土，说明是配合梳子和篦子一同使用的。其主要作用是把头发理顺，使头发光亮。所以，往往会用抿子往头发上抹些油。评剧《花为媒》"报花名"中，阮妈唱词有"六月六，看谷秀，春打六九头。头上抹的本是桂花油。油了裤，油了袄，油了我的花枕头。"讲的就是旧时人们使用抿子沾桂花油油头发的事儿。

定陵出土的化妆用品有粉盒、胭脂盒等。

金粉盒 1 件 D6:3，出自孝端皇后棺内的漆盒中。盒为八棱形，高 5.1 厘米，口径 9.7 厘米。子母口，盒底有圈足，盒盖平顶，亦为八棱形。盒盖顶部，沙地，錾刻一正面团龙和海水江牙、云纹。盒身、盒盖八面的斜面各刻沙地和行龙纹。盒身、盒盖的沿口外侧各刻卷草纹一周。

盒内装有金制的圆形粉扑粉盖，盖中心有凸起圆钮，周刻火焰纹，为火珠，左右刻升降龙各一条，组成二龙戏珠图案。扑粉盖周圈内侧密排小孔，用丝线缀连有棉絮为粉扑。出土时，盒内残存有白色粉末，尚有余香。说明此粉盒为孝端皇后生前所用。（图 3.2.20—3.2.21）

青花瓷胭脂盒 1 件 D6:4，同样出自孝端皇后棺内的漆盒中。盒为圆形，白地青花，子母口。高 2.4 厘米，盒口直径 3.2 厘米。盒盖为平顶，纹饰为侧面团龙；其下周圈饰海水江牙及二条行龙。盒身周圈纹饰与盒盖相同。盒底圈足内有铭文："大明万历年制"，分作三行。出土时盒内残存有红褐色胭脂块状物，说明亦为孝端皇后生前所用。（图 3.2.22）

另外，还有用于盛放梳妆用品的盘、匣、盒等物一并出土。如漆捵匣 W22、金捵匣 W23、漆盒 D6、漆盘 W7 等。

③被、褥、枕等物

定陵出土被、褥、枕头，均出自帝后棺内。

被子，14 条，包括棉被 4 条、夹被 10 条。其中，有 3 条棉被和 4 条夹被是铺在尸体下的，其余的均盖在帝后的尸体上。

被的用料，被面用织金缎的 4 条、织金妆花缎的 1 条、织金妆花缎织成被 2 条、妆花缎 1 条、本色花缎 4 条、素缎 2 条；被里 9 条为绢，5 条为缎。棉被中 1 条絮棉花，其余 3 条絮丝绵。

褥子 20 条，含绵褥 6 条、毡褥 2 条、夹褥 11 条、单褥 1 条，全部出自帝后尸体之下。绵褥中，缎面 4 条、锦面 2 条，绢里 4 条、绸、布各一条。绵褥中，1 条絮丝绵，其余 5 条絮棉花。有 2 条绵褥外面套有褥套。毡褥一为缎面绢里毡褥，一为绸面绢里毡褥。毡子均整片擀制而成，由两片缝制而成。夹褥，有缎面 6 条、织金妆花缎面 1 条、纻丝 3 条、绸 1 条；褥里绢 7 条、缎 4 条。单褥为串枝梅花缎。

被褥的图案，有龙云、卍字、八吉祥、花卉、凤纹，以及其他各种象征吉祥的图样。其中，盖在孝靖皇后尸体上的红素缎夹被 J127，中部横书"南无阿弥"，右下部直书"华岩"二字。

枕头，帝后各一，均出自帝后头下。其中，万历皇帝和孝端皇后的枕头均为长方形，两端缝有金枕顶；孝靖皇后的枕头两端呈尖头。

万历皇帝的枕头，枕面已经糟朽，里面填充有未脱籽的原棉，棉籽呈空壳状。枕两端的金枕顶 W176，系由金板打制而成。（图 3.2.23）方形，宽、高各 16.2 厘米。四角呈弧形内凹，图案呈浮雕状。四周设双线边框，双线内饰花瓣纹，并有小孔用以和枕头两侧缝连。边框之中，为一朵番莲花纹。番莲花的花心，下承如意云托，中心嵌红宝石一块（其中一枕顶缺

图 3.2.23 万历皇帝金枕顶 W176

图 3.2.24 孝端皇后金枕顶 D117

失），周边刻花蕊丝，并嵌珍珠 15 颗（一枕顶缺失一颗，一枕顶仅存 3 颗）。花心周边，作云状花瓣，后出花叶作为陪衬。四角各嵌蓝宝石 4 块。其中一枕顶背后有朱色藏文三字。

孝端皇后的枕头 D117，出土时，保存较好。枕面及枕顶用串枝芙蓉花卉缎缝制，长 70 厘米，高 17 厘米。枕外套串枝暗花缎枕套。枕内填充通草片[1]，枕两端各钉有金枕顶。金枕顶呈扁方形，高 16.8 厘米，宽 19 厘米。图案为镂空状的番莲花纹，番莲花居中，四角各饰一如意云纹，并有飘逸的绶带将四朵如意云纹连成一体。番莲花的花心，和四朵如意云的中心位置，分别嵌有红、蓝、绿宝石和珍珠。宝石完好，珍珠多已朽坏。（图 3.2.24）

孝靖皇后的枕头 J155，用绢缝制，枕面已经残坏。残长 55 厘米，宽 22 厘米，内填谷糠。

④室内陈设品

三彩瓷觚 2 件，出自万历皇帝椁外偏向椁尾和孝端皇后椁尾的一侧，形制、纹饰、大小相同。均为喇叭口、长颈、鼓腹、喇叭形圈足，颈、腹、圈足两侧各有条状凸棱。器高 25.6 厘米，口径 16 厘米。彩绘颜色为灰、褐、黑三色。图案纹饰以人物故事为主，辅以菊花纹、云头纹及山石、花卉、蜂蝶、蜻蜓、四季花卉等。

其人物故事，"上有流云，下有草地；松荫下一主人骑马出行，马后紧跟二侍者，近者躬身持扇，远者躬身捧书，表现出毕恭毕敬的姿态。马前一侧一人跪坐在地上，似在诉说着什么，身后绘有栅栏。另一侧，一人前跪而后顾，前面有牛一头，似在前

---

[1] 又名"通脱木"，小乔木的一种，因具有清湿解热利水的功效，故用作枕芯。

跑又突然停下向后观望。"[1]（图 3.2.25）

北京艺术博物馆文物专家杨俊艳对此图做进一步考证，认为是取材西汉"丙吉问牛"的故事[2]。

说的是西汉宣帝时，丞相丙吉十分关心百姓疾苦，经常外出考察民情。暮春的一天，丙吉外出，遇到一群人斗殴，路边躺着死伤的人。但丙吉不闻不问，驱车而过。过一会儿，看到一老农赶的牛步履蹒跚、气喘吁吁，丙吉却马上询问老农是什么原因。跟随的掾吏觉得很纳闷，问丙吉问什么重畜轻人。

丙吉解释说，行人斗殴，有京兆尹等地方官处理，只要适时考察其政绩，有功则赏，有罪则罚，就可以了。丞相应该关心的是国家大事。如今是春天，天气不应该太热，那头牛如果因为天气太热而喘息，就说明现在的气候不正常了，农事必然因此而受到影响，所以我就问了牛的事。

图 3.2.25 三彩瓷觚 WW4

瓷觚的底部有铭文两行："大明万历年制"。

觚，在商周时期是一种酒器，青铜制作。但明代的瓷觚，已经成为一种供人欣赏的陈设品。所以，明张谦德《瓶花谱》说："瓷器以各式古壶、胆瓶、尊、觚、一枝梅，为书室中妙品。"可见，瓷觚在明代是可以作为插花陈设之用的。

⑤香炉、香盒、箸瓶、白木香和木炭

在我国古代素有焚香之习，不仅是郊天祀祖等各种祭祀活动有上香之举，就是日常的宫廷生活都离不开香火。例如，在明熹宗朱由校在位时，他的乳母客氏，回家时候都会有"轿前提炉（香炉）数对，燃沉香如雾"[3]。

焚香的器具有香炉、香盒、箸瓶（或称铲瓶、小瓶）三种，在古代被称为"炉瓶三事"。香炉，为焚香之器；香盒用来储放香面或香球、香饼等香料；箸瓶用于插放香箸、香铲。香箸，即筷子，燃香时用来处置香灰和炭火；香铲用来取用或移动香料，都是燃香时必备的工具。《红楼梦》第五三回："这里贾母花厅上摆了十来席酒，每

---

[1]《定陵》第五章第四节《瓷器和琉璃器》。
[2]《收藏》2017 年第 4 期，杨俊艳《瓷画解读："丙吉问牛"图》。
[3] 明刘若愚《酌中志》卷十四《客魏始末纪略》。

图 3.2.26 三彩瓷香炉 WW5

图 3.2.27 金香盒 X6:3

图 3.2.28 金箸壶 W191

席傍边设一几，几上设炉瓶三事，焚着御赐百合宫香。"就讲到了这三件焚香器具。

定陵出土文物中也有这三种器具。

三彩瓷香炉 1 件 WW5，出自万历皇帝椁北侧。炉高 17.6 厘米，口径 15.8 厘米。形制为直口、深腹、圆底，半圆形直耳，三足。三足作三螭首仰视透雕形，其中，一足螭身躯和尾部贴于炉腹，尾部左右呈分开的灵芝花形；另外二足螭尾上卷为炉耳，并有透雕的灵芝花形。黄色釉地，螭饰紫、绿、蓝三色。炉底外壁有铭文两行："大明万历年制"。炉内有铜制的尖头三柱式香靠，用于稳定线香，不致倾倒。但如用香面或香球、香条，则可不使用香靠。（图 3.2.26）

金香盒 2 件，出自随葬器物箱中，形制、大小、铭文完全一致。形制均为扁圆形，素面，子母口，直壁，平底，盖顶中部略鼓起。器底刻铭文："大明万历庚申年银作局制金香盒一个重二十两"。其中，X6:3，通高 5.6 厘米，底径 16.9 厘米。（图 3.2.27）

金箸瓶 1 件 W191，通高 12.2 厘米，口径 2 厘米。形制为筒形细长颈、颈侧附连两贯耳、鼓腹、圈足。瓶颈及两侧贯耳刻云纹，瓶腹刻龙凤赶珠及云纹。瓶内插有金箸 1 双、金铲 1 把。（图 3.2.28）

此瓶为投壶形制，与《三才图会》《明宣宗行乐图》中的投壶形制一致。（图 3.2.29）

投壶，是流行于春秋战国至魏晋南北朝时期宫廷中的一种娱乐活动。明朝时宫廷中仍流行有这一游戏。《礼记·投壶》记载古时投壶的礼仪："投壶之礼，主人奉矢，司射奉中，使人执壶……壶，颈修七寸，腹修五寸……壶中实小豆焉，为其矢之跃而出也。壶去席二矢半。"

图 3.2.29 明人绘《明宣宗行乐图》中的投壶游戏

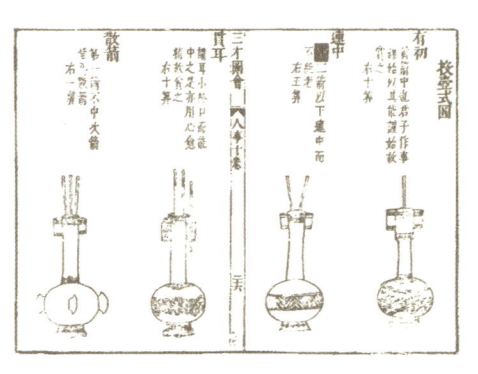

图 3.2.30 《三才图会》中的《投壶式图》

按明王圻、王思义《三才图会》中册《人事》卷十中有《投壶式图》，每轮投壶有 12 箭，根据投壶者将箭投在壶中或壶外的情况，有有初、连中、贯耳、散箭、有初贯耳、横耳、连中贯耳、横壶、倚竿、倒竿、耳倚竿、倒耳、全壶、有终、骁箭、龙首、带箭、龙尾、浪壶、败壶等不同名目。（图 3.2.30）

如，第一箭投中壶中，称为"有初"，两箭以下连中的称为"连中"，将箭投进壶口旁的贯耳内，称为"贯耳"……12 箭均没有投中，称为"败壶"。

此壶中插有金箸和金铲，是因为在古代箸瓶并没有固定的制式，只要壶口中能插进箸、铲就行，所以这件投壶就被用作箸瓶使用了。

此外，孝端皇后棺内的两侧还出土有多块大小不一的白木香，总重近 12 公斤。孝靖皇后棺内出土有圆棒形，大小不一的木炭约 2.5 公斤。（图 3.2.31）

白木香，也被称为沉香，主要产于广州，是名贵的中药材和香料之一。据《酌中志》卷十六《内府衙门职掌》记载，宫廷中有"内府供应库"，设有掌印太监一员，总理、佥书、写字、监工共百余员，"凡御前白蜡、黄蜡、沉香等香，皆办于此库"。木炭，则是燃香不可少的燃料。应是明代后妃生活中不可或缺的物品。

图 3.2.31 孝端皇后棺内出土的白木香

199

⑥金药罐、金唾盂

金药罐 2 件,即《定陵》中的"带柄罐",均出自万历皇帝的棺内。形制、大小基本相同。均为小直口、深腹、平底,腹上部有銴,銴内安木柄。两件药罐铭文中标注的重量仅差一钱。W66,通高 18.4 厘米,口径 9.3 厘米,底径 10.1 厘米,底部有双线刻铭文一周:"大明万历年御用监造八成五色金重二十二两四钱"。腹部亦有双线刻铭文:"尚冠上用"。而另一件带柄罐的铭文所示重量则是"二十二两三钱"。(图 3.2.32)

据此,《定陵》记述称:"这两件带柄罐,从器表观察有磕碰和磨损痕迹,木柄黑光发亮,似经长时间烟熏所致。万历帝一生多病,经常服药。据铭文……可知这两件带柄罐或许曾是烹调御药所用的药罐。"

图 3.2.32 万历皇帝金药罐 W66

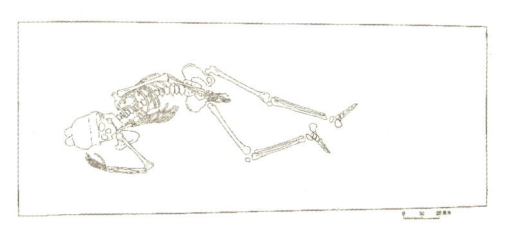

图 3.2.33 万历皇帝朱翊钧尸骨图(采自《定陵》)

这一分析结果是有道理的。因为,从定陵发掘情况看,在帝后三具骨架中,两位皇后的骨架都是正常的。只有神宗皇帝骨架有些异常。他的右腿骨稍微有些内缩。(图 3.2.33)

这是因为神宗生前右足有过疾病,所以才造成这一结果。据《明神宗实录》卷五五四记载,万历四十五年(1617)二月己酉,神宗谕阁臣:

> 朕览卿等所奏,去岁禫除大礼告成。朕感念圣母在御慈恩,哀慕不已,无繇报答。今恭遇圣母祥日,修建三周答报之制,以少伸人子至情。卿等会议,请朕临御视朝。但朕自因先年孝安圣母上升惊吓,恭趋奔赴行礼,劳烦动火,服清眩之药过多,致痰流注于右足。彼时若亲诣朝谒,圣母见朕动履艰难,起拜不便后,每岁过圣母万寿节及冬年朕寿节,合行诸典礼,圣母差本宫管事人员先行传免。朕遵慈谕,自行家礼,圣母差人搀扶行礼。今遇圣母三周大礼,朕仰思哀慕,以致动火。今足疾未愈,其一应恭行礼仪,仍遵例扶掖行礼。

另外,《万历起居注》第四函也记载,万历皇帝在万历二十二年(1594)九月十七日曾对内阁官员说,自己"痰流注足,屡服药饵,以致软弱,且足心肿痛,不能踏地"。定陵出土的万历皇帝骨架证实了文献的记载,并且说明万历帝的足疾是落下了终身残疾的,由此定陵出土这两个金药罐不是偶然的。

文献还记载,给皇帝熬药不像普通人那样用砂锅熬,而是用金药罐熬,并且从诊治,到开方、熬药每个环节都有严格的监督和制度管理。

《明史·职官志》记载,"诊视御脉",也就是给皇帝诊脉,要太医院的院使、院判和御医相互参看校同,取得一致意见后,才能会同内臣选药,选好药后,要"连名封记药剂,具本开写药性、诊治之法以奏。烹调御药,院官与内臣监视。每二剂合为一。候熟,分二器。一御医、内臣先尝,一进御。仍置历簿,用内印钤记,细载年月缘由,凭考察"。

刘若愚《酌中志》卷十六《内府衙门职掌》也详细记载了御药房内臣与太医院,相互配合,为皇帝诊治病情和熬药的过程:

> 御药房,提督太监正副二人,分两班,余日近侍……职掌上用药饵,与太医院相表里……凡圣体违和,传放御医。至日,四人或六人,吉服入宫。不论冬夏,必于殿门内设炭火一盆,中焚苍术杂香。人人从盆上入,叩头毕,第一员膝行跪诊左手,第二员跪诊右手。仍互更换再诊,毕,各将圣恙大略,面奏数言。出至圣济殿,计药开方、具本。御药房用金罐煎进之,罐口以"御药谨封"缄之。

另有 4 件带盖的金器,《定陵》将其名之为"金唾壶"。

此 4 器,均出自万历皇帝棺内,形制、大小、纹饰基本相同。均由器身和盖、盘三部分组成。其器身均作敛口、鼓腹、平底稍内凹形制。盖为子口、弧面、圆钮。器身和器盖,均龙凤戏珠和云纹。器身内置浅盘,扣在器身口沿上,素面。其中,W227,通高 8.3 厘米,口径 7.6 厘米,底径 7 厘米。(图 3.2.34.1)

笔者认为,此器名之"唾壶"似有可商榷之

图 3.2.34.1 带盖刻龙凤纹金唾盂 W227

处。因为从器形看,《三才图会》卷四《仪制》说:"壶,小口、巨腹,盖大如腹;盂,圆形如缶。盖仅掩口,下有盘,俱为龙纹"定陵出土的铜、锡冥器中均有"唾壶",虽然它们也都有盖,但器形都是小口、大腹,且器形比例更显高些。(图 3.2.34.2—3.2.34.3)因此,此4器,从器形上看并不符合"壶"的特征,而名之为"唾盂"似更为恰当。

图 3.2.34.2 铜唾壶 X7:142　　　　图 3.2.34.3 锡唾壶 X7:146

2. 帝后宗教信仰与相关文物
①明朝帝后的宗教信仰

明朝的皇帝,在宗教信仰方面大多是佛、道并行,而以佛教为主。明沈德符《万历野获编》卷二七《释道》"释教盛衰"中说:

> 我太祖崇奉释教,观宋文宪[1]《蒋山佛会记》[2]以及诸跋,可谓至隆极重。至永

---

[1] 即明初著名学者宋濂。因武宗时追谥"文宪",故有是称。
[2] 即宋濂《蒋山广荐佛会记》。记述了洪武五年(1372)正月,在蒋山太平兴国禅寺广荐法会的盛况。明太祖朱元璋诏征江南有道名僧十人,在寺中为战争中死亡的军民超度亡魂,明太祖全程参与。宋濂称这次法会"动乎天地,感乎鬼神"。

乐，而帝师哈立麻[1]，西天佛子之号而极矣。历朝因之不替，惟成化间，宠方士李孜省、邓常恩等，颇于灵济、显灵诸宫加奖饰。又，妖僧继晓用事，而佛教亦盛。所加帝师名号与永乐年等，其尊道教亦名耳。武宗极喜佛教，自列西番僧，呗唱无异[2]，至托名大庆法王，铸印赐诰命[3]。世宗留心斋醮，置竺干氏[4]不谈。初年用工部侍郎赵璜言，刮正德所铸佛镀金一千三百两。晚年用真人陶仲文等议，至焚佛骨万二千斤。

可以看出，太祖、成祖是推崇佛教的，此后历仁、宣。英宗始终如此。到了成化年间，宪宗佛道并崇。武宗则专注于佛教，世宗则痴迷于道教。

到了定陵墓主神宗时，佛教在皇宫里再次成为帝后信奉的主流。神宗的母亲慈圣皇太后李氏，对佛教尤其痴迷。

清朱孔阳《历代陵寝备考》卷四九，引杨士聪《玉堂荟记》说："九莲菩萨者，孝定皇太后（即万历皇帝母亲慈圣皇太后）梦中授经者也，觉而一字不遗。因录入大藏中。旋作慈寿寺，其后建九莲阁，内塑菩萨像，跨一凤而九首。寺僧相传，菩萨为孝定前身也。"

又引清毛奇龄《胜朝彤史拾遗记》："上（万历皇帝）尝于太后千秋节（生日）为太后祈福。敕取内库所藏吴道子[5]画观音像临抚[6]之，易以慈容。使梵刹瞻仰勒石，刷千页以布天下，梵刹皆供之。神宗孝事慈圣，宫中有言慈圣为九莲化身，遂以慈圣像装九莲菩萨事之。"

慈圣太后一生还出资在北京修建了不少寺庙，以表示自己对佛教的尊崇。清孙承泽《天府广记》卷三八《寺庙》记载，地处北京城区内外的慈寿寺、万寿寺、千佛寺、长椿寺均为慈圣皇太后所建。所以，《明史·后妃传》记载，李太后"顾好佛，京师内外多置梵刹，动费钜万，帝亦助施无算。居正在日，尝以为言，未能用也"。

其中，慈寿寺，位于阜成门外八里，为万历四年（1576）慈圣皇太后所建。"寺

---

[1] 哈立麻，本名却贝桑波，永乐时期名僧。被封为万行具足十方最胜圆觉妙智慧善普庆佑国演教如来大宝法王西天大善自在佛，领天下释教。
[2]《明史·刘春传》："帝崇信西僧，常袭其衣服，演法内厂。"
[3]《明史·武宗本纪》："自号'大庆法王'，所司铸印以进。"
[4] 竺干氏，佛教。
[5] 吴道子，唐代著名画家，精于人物、佛道等题材。
[6] 临抚，即临摹。

有塔十三级，高入云表。后安宁阁榜太后手书，又后有九莲菩萨像"。

万寿寺，万历五年（1577）建，"慈圣李太后出资钜万，命太监冯保督造。"寺内曾悬挂永乐时所铸大钟。

千佛寺，万历九年（1581）慈圣皇太后建，"内供高丽所供尊天二十四身、阿罗汉一十八身，相貌诡异"。

长椿寺，万历四十年（1612）慈圣皇太后建，在宣武门外斜街。

慈圣皇太后还在皇宫里种植了两颗菩提树。刘若愚《酌中志》卷十六《内府衙门职掌》记载："英华殿前有菩提树二株，结子可以做佛珠。词臣张土范作偈，其序文略曰：大内西北之隅，建有英华殿一处。殿前菩提树二株，闻系九莲菩萨慈圣皇祖母所植。叶如楸，子不从花得，乃生于叶之背，拾作念珠，较南产者惜不甚大。然色黄润，而分瓣之线色微白，名纳□多宝之。神庙以圣母上宾，奉御容于树之东北别殿。值朔望节，即亲诣行礼。每瞻仰双树，若有杯棬之思。"

②**定陵出土佛教文物——念珠**

慈圣皇太后对佛教的虔诚，对万历皇帝，乃至宫廷中后妃等人的宗教信仰都会产生影响。定陵出土的念珠就是最好的诠释。

定陵出土念珠共6串。其中，置于万历皇帝棺内尸体左手处3串（2串菩提子念珠，1串琥珀念珠），置于孝端皇后棺内头部北侧漆盒内3串（菩提子念珠2串，琥珀念珠1串）。

念珠，是佛教徒诵经念佛用以计数的一种串珠，也称为佛珠或数珠。从唐代开始盛行。按照佛教的说法，如果能反复地把经文诵念若干万遍，就可以避免灾难的发生，并且能够消除这些灾难带来的烦恼。

念珠的形状都是圆形，代表圆满，完美无缺。一般由108颗组成，但是也并不完全拘泥于此数。

定陵出土的念珠，除了数珠外，还有佛

图 3.2.35 孝端皇后菩提子念珠 D5:1

图 3.2.36 万历皇帝琥珀念珠 W169：1

头、坠头，有的还有念和坠角一类的装饰。

佛头，是念珠串顶端的装饰物；坠头，是念珠串下端的装饰物；念，是念珠串左右两侧每隔数珠旁出的珠串；坠角，是念端头的装饰。

其中，孝端皇后的菩提子念珠 D5:1，珠串长 60 厘米。存数珠 78 颗。（图 3.2.35）佛头为葫芦形琥珀；再下两侧各有数珠 10 颗；各出 1 念；再下串数珠各 10 颗；再下各出 1 念；再下各穿数珠 7 颗；间隔一稍大琥珀珠后，再各穿数珠 12 颗；最后是琥珀圆珠坠头。4 念中，有 3 念为琥珀珠，坠角分别刻"百""千""亿"，另 1 念为木珠，

205

坠角缺失。

万历皇帝的琥珀念珠 W169∶1，珠串通长47厘米，共有数珠36颗；顶端为一葫芦形琥珀佛头；两侧分别穿4颗数珠；两侧各旁出1念（一念为琥珀珠，一念为紫红色玉珠）；其下各穿数珠5颗；又各出1念（一为绿玉，一为绿松石）；再下，又穿数珠9颗；下端系1大型琥珀念作为坠头。各念无坠角。数珠每两颗之间隔一鎏金铜轮饰。（图3.2.36）

第四章
定陵出土金银锭与明代货币

一、定陵出土的金银锭

1. 金锭、金饼

金锭，俗称"金元宝"。多出自神宗皇帝及孝端皇后尸下，共103锭。各锭大小不一，大者重十两，小者二三两。形状均两头大，中间小，略似船形。

万历皇帝的大金锭大多在底面或正面刻有铭文，也有的贴有纸签。铭文内容一般为解送金锭的省份、年代，金的成色、重量，以及委官、金户和金匠的姓名。如神宗皇帝尸下一锭（W243）刻："云南布政司计解万历叁拾肆年分足色金壹锭，重拾两。委官都事吴绶、金匠沈教、金户全义"。铭文四行，均为阴刻。（图4.1.1—4.1.2）

据铭文可知，定陵出土的金锭，除顺天府的大兴、宛平两县外大多来自云南。这与万历二十八年（1600）右副都御史魏允贞上疏所言的"金取于滇，不足不止"[1]是相

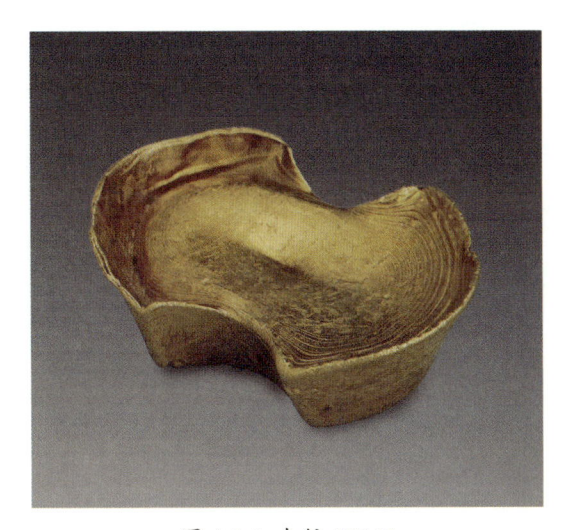

图4.1.1 金锭W243　　　　图4.1.2 金锭W243背后铭文

---

[1]《明史·魏允贞传》。

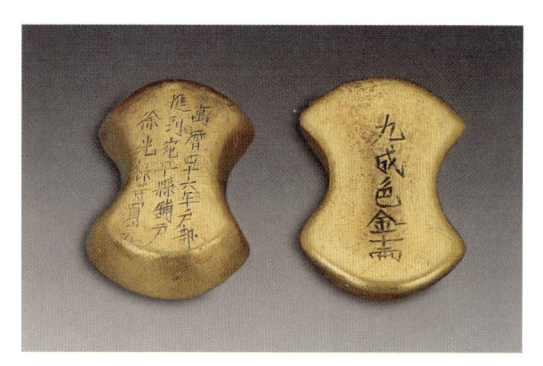

图 4.1.3 金锭 D172 背后铭文　　　　　　图 4.1.4 金锭 W210:1

一致的。同时，它又以实物的方式证实了《大明会典·户部》"金银诸课"条关于"嘉靖七年题准，云南年例金一千两，遵照原行勘合，将每年该征差发银，照依时估，两平收买，真正成色金每十两为一锭，于上錾官匠姓名、差委有职役人员"的记载。

孝端皇后的金锭则虽为束腰形，但顶部略平，中部稍凹；背面平而略鼓。面和底两面均刻铭文，文字涂朱。如，D164 上面刻铭文一行："九成色金十两"，背面刻铭文三行："万历四十六年，户部进到大兴县铺户严洪等买完"。而 D172 铭文则刻有"万历四十六年，户部进到宛平县铺户徐光禄等买完"。这也反映出，明朝的金虽然来自云南，但云南并不产金，于是，由政府委官，将居民编为金户，派金数两，给以官价银，由金户四处购买，将散碎金字炼成足色金，上交内府。（图 4.1.3）

比较小的金锭，则没有铭文，其形状，束腰，但两端高翘，中心稍凹，还有水波纹。（图 4.1.4）

定陵出土的金饼只有 1 件。桃形，无铭文，重 18.7 克。

2. 银锭、银饼

银锭　俗称"银元宝"。分别出自帝后棺椁内，计 65 锭。重量不等，有五十、三十、二十和十两四种。其中以五十两一锭的最多。银锭的上面、侧面或底面大多錾刻铭文。铭文的内容有解送银两的府、州、县，年代及银锭重量，有的还刻有知州、知县和银匠的姓名。

银锭的解地帝后不尽相同。神宗的大都是江西各地，孝端后的来自浙江，孝靖后的来自苏州。是老百姓向官府交纳的粮税。当时百姓纳税有两种方式。一种为本色，即交纳米麦等实物；另一种为折色，即将粮税按价折成金、银、钞、绢、布等交纳，其中折为银者称为"折色银"。

折色银解入京师后，有的入太仓（京库），作为国家的军政开支费用，有的入内承运库，作为武臣俸禄及宫廷开支费用。后者又称之为"金花银"。定陵出土的这些银锭，（图4.1.5）有的刻有"金花银"，如D144铭文四行刻："金华府浦江县，四十七年分金花银伍拾两正"。有的刻"京库"字样，如，W385，铭文三行，刻"星（'兴'字之误）平县，京库，伍拾两"。说明当时的宫廷开支已不全由内承运库支出。

银饼一件，形似银锭，正面有波纹，重9.7克。

图4.1.5 银锭 D144

3. "吉祥如意"金钱和"消灾延寿"金钱

"吉祥如意"金钱，共17枚，出土时，钉在万历皇帝尸体下的夹褥上。形制、大小、文字均相同。形制作外廓圆形，中有方孔，正面阳文："吉祥如意"，背面朱书藏文咒语。其中，W241钱径7.3厘米，方孔边宽1.1厘米，厚0.1厘米。（图4.1.6）

"消灾延寿"金钱，100枚。出土时，钉在孝端皇后尸体下的单褥上。其形制、大小、文字均相同。钱亦为圆形，中有方孔，正面阳文"消灾延寿"，背面一侧有阳文"一两"。其中，D118，钱径5厘米，方孔宽0.8厘米，厚0.2厘米。（图4.1.7）

图4.1.6 "吉祥如意"金钱 W241∶15、W241∶8

图4.1.7 "消灾延寿"金钱 D118∶15、D118∶18

4. 鎏金银钱

鎏金银钱，192 枚。分别钉在万历皇帝和孝端皇后的各层垫褥上。形制相同，大小稍异。钱径 0.6—0.9 厘米，方孔边长 0.8—1.1 厘米，厚 1 厘米。有廓无字。

5. "万历通宝"铜钱

"万历通宝"铜钱共 1712 枚，其中 302 枚已经残坏。出自孝端皇后棺内 95 枚，出自孝靖皇后尸体下垫褥上 491 枚，其余散乱放置在万历皇帝尸体下垫褥和衣服之间。钱圆形方孔，正面铸楷书阳文"万历通宝"四字。钱径 2.5 厘米，方孔边宽 0.5 厘米，厚 0.35 厘米。（图 4.1.8）

《明史·食货志》记载："万历四年命户工二部，准嘉靖钱式铸'万历通宝'金背及火漆钱。一文重一钱二分五厘。"明代一钱二分五厘，约为 4.56 克。经实测，这些铜钱多数重在 4—5 克之间，考虑到铜钱铸造时重量存在的误差，所以定陵出土的这些铜钱，一枚铜钱准值应该就是"一文"。另外，据社科院考古所化验室分析，这些铜钱含锌量高达 28.84%，"铜色更好"[1]，因此应该属于"金背"铜钱。

图 4.1.8 "万历通宝"铜钱 W157

---

[1]《定陵》第五章《出土器物》第十三节《其他》"钱币"。

二、明代的货币制度

明朝初年，禁止用金、银交易，流通的货币有钱和钞两种。钱，是铜钱，洪武时期铸有"洪武通宝"；钞，是纸币，即"大明宝钞"。

洪武八年（1375），朱元璋下令中书省造大明宝钞，在民间通行。"以桑穰为料，其制方，高一尺，广六寸，质青色，外为横文花栏。横题其额曰'大明通行宝钞'。其内上两旁，复为篆文八字，曰'大明宝钞，天下通行'。中图钱贯，十串为一贯。其下云："中书省奏准印造大明宝钞与铜钱通行使用，伪造者斩，告捕者赏银二十五两，仍给犯人财产。"[1]

宝钞的面值共有六等，除一贯外，如果面值为 500 文，则钞中画钱文为五串。其余 400 文、300 文、200 文、100 文面值的宝钞，如其制而递减所画钱串。

宝钞与铜钱、金、银之间有规定的对应关系："每钞一贯，准钱千文，银一两；四贯准黄金一两"[2]。并下禁令，民间不得用金银与物货交易，违者罪之；但用金银兑换成宝钞者，则听其便。

实际上，大明宝钞在人们心目中的信誉度并不高，甚至还不如铜钱。因此，在洪武二十六年（1393）时，"两浙、江西、闽、广民重钱轻钞，有以钱百六十文折钞一贯者，由是物价翔贵，而钞法益坏不行"[3]。

为维持宝钞制度，洪武三十年（1397），以及后来的永乐、仁宣时期，曾多次申令禁用金银交易。但在宣德时期，户部仍然上言说："民间交易，惟用金银，钞滞不行。"[4] 由于民间对宝钞的不断抵制，英宗时期，对禁用金银交易的禁令开始有所松动。

当时，征收赋，已有用米、麦折银之令，于是"朝野率皆用银，其小者乃用钱，惟折官俸用钞，钞壅不行"[5]。此后，虽然正统十三年（1448）复申禁令，下令"阻钞者追一万贯，全家戍边"。但在天顺时期，仍然不得不"弛其禁"。

宝钞的滞行，导致了白银和铜钱的合法流行。正德三年（1508），朝廷用太仓积蓄的铜钱给官员发俸禄，银、钱的发放比例是"十分为率，钱一银九"。

---

[1]《明史·食货志》。
[2]《明史·食货志》。
[3]《明史·食货志》。
[4]《明史·食货志》。
[5]《明史·食货志》。

明朝的铜钱，虽然明初铸洪武钱，成祖永乐九年（1411）铸永乐钱，宣德九年（1434）铸宣德钱，弘治十六年（1503）以后曾铸弘治钱，至嘉靖六年（1527）又大铸嘉靖钱。但铜钱的质量不一，又没有统一的制度管理，特别是民间竞相私铸嘉靖通宝钱，与官钱并行，所以，其信誉度依然不如白银。

隆庆初，钱法不行，兵部侍郎谭纶上言："欲富民，必重布帛菽粟而贱银；欲贱银，必制钱法以济银之不足。今钱惟布于天下，而不以输于上，故其权在市井。请令民得以钱输官，则钱法自通。"[1]

于是，穆宗朱载垕下令，征收税银三两以下收铜钱，民间交易一钱以下只许用铜钱。当时铜钱八文折银一分，禁止民间任意压低或抬高折银比例。后来，高拱又上言："钱法朝议夕更，迄无成说。小民恐今日得钱，而明日不用，是以愈更愈乱，愈禁愈疑。请一从民便，勿多为制以乱人耳目。"[2] 穆宗采纳了他的意见，钱法才逐渐通行。

但总起来看，明朝中后期的货币制度，还是以白银为主，铜钱为辅的。据此，定陵出土的金锭、银锭、金饼、银饼，以及"万历通宝"铜钱，在当时都是可以流通的货币，自然也是墓主财富的象征。

---

[1]《明史·食货志》。
[2]《明史·食货志》。

第五章
丧葬仪物与皇家丧葬礼仪

定陵出土文物除前述宫廷实用物外，还有不少专为帝后丧葬而制作或使用的一些仪物。如帝后的谥册、谥宝、圹志，铜、锡明器，木俑，仪仗模型，铭旌，长明灯、琉璃五供、神座，以及梅瓶、玉料、谷物等。

一、定陵出土谥册、谥宝、圹志

谥，是古代贵族在人死后，按其生前事迹评定褒贬给予的一定称号。早在周朝时即已实行。汉朝时，帝王大丧已有谥册之制。唐朝时又行谥册入陵之制。谥册时为玉制，谥册内容一般是所上谥号的相关内容。唐武则天时，又奉行了谥宝入陵之制。

明朝时，帝后去世均有"上尊谥"之礼。其礼仪极为繁复：嗣皇帝先要敕谕文武群臣议上尊谥。接着文武大臣集议，草拟出《上尊谥议文》。然后嗣皇帝具衮服亲御宣治门审定，并命翰林院官撰写出正式的谥册文，谥册文撰好后，即将谥册和谥宝制出。先安奉于几筵殿（停放帝后棺椁处），举行祭礼，最后随帝后梓宫奉安于玄宫之内。

定陵计出土谥册 7 副、谥宝 4 件，均出自随葬器物箱内。谥册有檀香木和锡制两种。册版均为长方形。木制的每副各 10 块组成，文字为阴刻。锡制的保存较完整的每副计有 8 块，均为朱砂格和朱砂字。

1. 明神宗谥宝、谥册

明神宗万历皇帝的谥宝 1 件 X19:1，出自随葬器物箱中的盝顶匣内。梨木制成，不糅不染，褐色。方形，上雕龙钮。钮和宝由两木制成，并用四根木销连接在一起。钮已残，绶带已腐朽。宝文为阳刻，六行，23 字。篆刻："神宗范天合道哲肃敦简光文章武安仁止孝显皇帝之宝"。通高 14 厘米，长宽各 13 厘米。（图 5.1.1—5.1.2）

其中，"神宗"是万历皇帝的庙号。当时朝廷之所以会给他这一庙号，按照《明神宗实录》卷一的记载，是"上仁孝圣神，迥绝千古，享国愈久，圣德弥隆……明习政事，乾纲独揽。予夺进退，莫可测识。晚颇厌言官章奏，概置不报。然每遇大事，未尝不折衷群议，归之圣裁。中外振肃，四封宴如。虽以忧勤之主，极意治平而不得者，上独以深居静摄得之。周之成、康，汉之文、景，未足况也……庙号曰'神'，殆真如神云。"也就是说，万历皇帝在位四十八年，天下太平，四海安宁，即使是"忧勤之主，极意治平"都做不到，而万历皇帝竟然"深居静摄得之"。因此庙号称"神"，是因为万历皇帝真的如神人一样。

"范天合道哲肃敦简光文章武安仁止孝显"则是万历皇帝的谥号。"范天合道"是说万历皇帝做事追求符合天意，合乎天道；"哲肃敦简"是说万历皇帝做事符合哲理，从实际出发，不追求繁文缛节的形式；"光文章武"是说万历皇帝文治武功都非常出色；"安仁止孝"，是说万历皇帝做到了以"仁孝"治理天下。"显"字是谥号前16字的概括，是最核心的一字。按照《谥法》的解释，"显"的含义是"行见中外"。意思是，行为高尚，闻名中外。这自然都是朝廷对万历皇帝的溢美之词。

神宗皇帝的木制谥册一副X18:4。系嗣皇帝光宗朱常洛所上。出自随葬器物箱中盝顶金漆匣内，由10块长方形檀香木制成的册板组成，每块长28厘米，宽12厘米，厚1厘米。板的背面装裱有黄素绢和红色的缠枝莲花缎，板和板之间有丝绦穿系成册。除第一板和最后一板无文字外，其余8版每板阴刻描金楷书6行，每行字2—19字不等，文长510字。（图5.1.3）

因皇帝的地位在人间至高无上，而谥法之礼又应以上谥下，皇帝的谥文必须打出"天锡"的旗号。所以，神宗的册文中除了有大量的溢美之词外，还有"请命于天，敬奉册宝"之句。

图 5.1.1 明神宗谥宝 X19:1

图 5.1.2 明神宗谥宝 X19:1 印文

图 5.1.3 明神宗谥册 X18:4 第六版册文

2. 孝端皇后谥宝、谥册

孝端皇后的谥宝一件 X3:10，形制同神宗谥宝。宝文 4 行，每行 4 字，篆刻："孝端贞恪庄惠仁明媲天毓圣显皇后宝"16 字，其中仅"媲天毓圣显皇后宝"八字可辨识，其余八字残坏。（图 5.1.4）

孝端皇后的谥册有 3 副，均出自随葬器物箱。其中，木制的为 2 副，一副为神宗所赠，一副为其孙熹宗朱由校所上。锡制的一副，为神宗所赠。

神宗所赠孝端皇后谥册 X5:10，形制、大小等均同神宗谥册，每板刻文 4 行，最后一板为 3 行，每行 1—11 字不等。册文开始有"维万历四十八年岁次庚申七月丙子朔十三日戊子皇帝制曰"之句，表明系神宗所赠。

另一副木制谥册 X4:6，形制、大小，均如神宗所赠。但每板刻字 5 行，每行 1—8 字不等。册文开始有"维万历四十八年岁次庚申九月乙亥朔十三日丁亥，孝孙嗣皇帝臣朱由校稽首百拜上言"之句，并敬称孝端皇后为"皇祖妣孝端皇后"，表明系熹宗所赠。（图 5.1.5）孝端皇后锡谥册一副 X7:12，出土时与锡明器放在一起，由 8 板组成。每板长 22 厘米，宽 9.8 厘米，厚 0.1 厘米，较之木谥册要小一些。册文内容与神宗所赠木谥册相同。朱格朱字，字迹工稳遒丽。

图 5.1.4 孝端皇后谥宝 X3:10 篆文

图 5.1.5 孝端皇后木谥册 X4:6 第六板

3. 孝靖皇后谥宝、谥册及妃坟迁来的圹志

孝靖皇后的谥宝一件 X12:13，形制同神宗和孝端皇后谥宝。按《定陵》所述，其

图 5.1.6 孝靖皇后谥宝 X12:13 印面篆文

图 5.1.7 孝靖皇后谥宝 X12:13 篆文拓片

篆刻宝文为"孝靖温懿敦让贞慈参天胤圣皇太后宝"。[1]（图 5.1.6—5.1.7）笔者认为，其第五字"敦"应该释作"敬"。理由有二：

一是孝靖皇后的谥册，不论是木谥册还是锡谥册，册文均以楷体明确记载"奉册宝上徽号曰'孝靖温懿敬让贞慈参天胤圣皇太后'"。当时奉命书写谥册的官员，对如此重要的内容是不可能写错的，而且即使写错了，也会被其他负责检查的官员检查出来，加以纠正。因此，谥册的内容应该是准确的，也就是说谥宝的谥号应该与谥册一致才对。

二是从谥宝的篆文看，虽然"敬"字的字形有些像"敦"字（特别是左下部分），但在篆书中，一个字往往有多种写法，有时会与楷书有很大差异。但不论写法有多少，"敬""敦"二字，在篆书中都是有明显区别的。这就是，"敦"字左边的"享"字上边应该是个尖顶的"∧"形，因为敦，在古代原本是指的一种用来盛放黍粟的带盖的器物，所以上边的尖顶形状就像一个器物的盖；而"敬"字的左边上部则与"敦"字相反，是个倒"八"的形状"∨"。特别是甲骨文中的"敬"，就像一个人头戴翎毛一类的饰物恭敬地跪拜行礼。所以，孝靖皇后谥宝中的这个字，应该是"敬"，而不是"敦"。（图 5.1.8）

属于孝靖皇后的谥册 2 副，一为木制，一为锡制，两者内容完全一致，均为朱由校所上。其中，木谥册 X12:18，每板字 6 行，最后一板 3 行，每行 1—18 字不等。（图 5.1.9）谥册文中有"属兹旧殡，迁祔新宫"之句，记述了孝靖皇后从东井左侧妃子坟迁祔定陵的史实。锡谥册一副 X7:113，共 7 板，出土时，仅第 7 板残碎，其余 6 板虽

---

[1]《定陵》第五章《出土器物》第十二节《谥册、谥宝和圹志》。

第五章 丧葬仪物与皇家丧葬礼仪

"敦"字篆书不同写法

"敬"字篆书不同写法

图 5.1.8 篆书中的"敦"和"敬"字的不同写法

图 5.1.9 孝靖皇后木谥册 X12:18 第一板

稍有变形，但保存完整。每板 6 行，行 1—18 字，朱格朱字，字迹为楷书，清丽工整。（图 5.1.10）

圹志一件，系孝靖皇后故去后以皇贵妃礼葬东井左侧坟园时的圹志。孝靖皇后迁葬定陵，随之迁奉于定陵地宫。圹志由志石、志盖两块方形石刻合成。长 64 厘米，宽 63.2 厘米，志石与志盖均厚 13 厘米。外有铁箍两道，将志石和志盖合在一起。志盖刻篆文："大明温肃端静纯懿皇贵妃王氏圹志"。志石楷书阴刻正文。志文记述了孝靖皇后的生、卒、封妃、安葬日期，可以印证、丰富文献的记载，还可以纠正文献记载失实的地方。（图 5.1.11—5.1.12）

例如，《明史·白瑜传》记载："永宁伯王天瑞者，显皇后弟也，以后故衔郑氏，遂偕其弟锦衣天麟交章劾养性不轨。"

图 5.1.10 孝靖皇后锡谥册 X7:113 中孝靖的谥号

217

图 5.1.11 《大明温肃端静纯懿皇贵妃王氏圹志》盖拓文

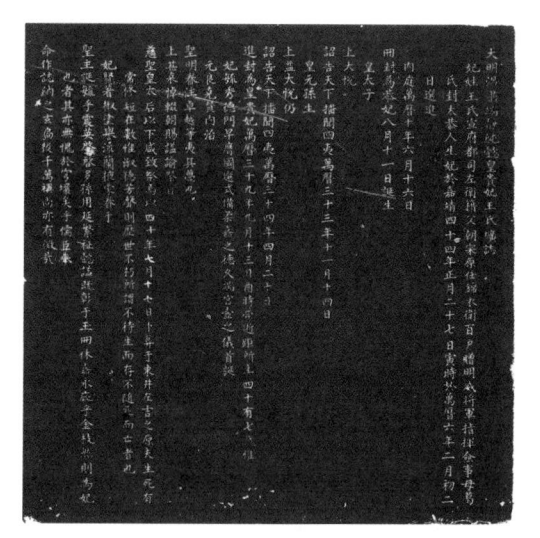

图 5.1.12 《大明温肃端静纯懿皇贵妃王氏圹志》拓文

但《明史》卷一〇八《表》第九又说"永宁伯王天瑞,光宗母孝靖太后父。光宗即位封。崇祯十四年卒。"

此处说王天瑞是孝端皇后(显皇后)的弟弟,彼处又说是孝靖皇太后的父亲,《明史》的记载显然前后矛盾。我们虽然可以依据《明熹宗实录》可以得知王天瑞既不是孝端皇后的弟弟,也不是孝靖皇后的父亲,而是孝靖皇后的侄子[1],而且是在天启元年(1621)闰二月才被封为永宁伯的[2]。但是,孝靖皇后的父亲到底是谁,《明史》《明实录》等文献却都没有记载。

而这块圹志,则清楚地记载:"妃(孝靖皇后)姓王氏,宣府都司左卫籍。父朝寀,原任锦衣卫百户,赠明威将军、指挥佥事。母葛氏封太恭人,生妃于嘉靖四十四年正月二十七日寅时。于万历六年二月初二日进内庭……"不仅记载了孝靖皇后父亲的名字、职务、籍贯,还记载了孝靖皇后母亲的姓氏,以及孝靖皇后的生辰时间、进宫时间,其资料的翔实丰富,弥补了《明史》《明实录》等文献记载的不足。

另外,定陵出土的谥册、谥宝中,还有一副锡谥册X11:10和一件梨木谥宝(X10:2)

---

[1]《明熹宗实录》卷三:"泰昌元年十一月甲戌朔……辛巳,上谕内阁:朕圣母孝和皇太后兄王昇,著照皇祖妣孝靖皇太后侄王天瑞事例升授,卿等可拟敕来行。"
[2]《明熹宗实录》卷七:"天启元年闰二月癸酉朔……丙戌……封外戚郭振明为博平伯,王天瑞为永宁伯,王昇为新城伯,各食禄一千石。"

因残坏严重，从字迹上已分辨不出谥册所属何人。

其中，锡谥册 X11:10 已成碎块，仅存"维万历"三字。《定陵》第五章《出土器物》第十二节《谥册、谥宝和圹志》分析认为，"这一谥册从所置放箱的形状及同出器物来看，当属孝靖后死时随葬，而后迁祔定陵的"。

这是极有可能的，因为孝靖皇后去世时的身份是皇贵妃，《大明会典》卷九八《丧礼一》"皇妃"，记嘉靖二十九年（1550）皇贵妃王氏丧礼仪中就有"行翰林院撰谥册文及各祭文、圹志文"。可见，在皇贵妃的葬礼中，除了有圹志之外，还应该有谥册。但在定陵的出土文物中，除了一帝二后记有明确身份的谥册和这件身份不明的谥册外，并没有其他谥册出土，所以这一残坏的谥册很可能就是当年葬入东井左侧妃坟里的孝靖皇后身为皇贵妃的随葬谥册，因为时间太久，所以迁祔定陵后便锈蚀朽腐了。

那件梨木谥宝（X10:2），仅剩宝钮了。《定陵》第五章《出土器物》第十二节《谥册、谥宝和圹志》认为，"定陵出土木谥册、谥宝各四件，而孝端皇后有谥册二件，宝一件。按《明史》《明会典》及其他文献记载，贵妃而上，常常是册、宝并举。因此，这一残宝，从出土位置来看，虽然靠近孝靖后棺椁一侧，但它很有可能属于孝端皇后的。原来它也是单独放在一个随葬器物箱内，可能是在下葬时抬箱入玄宫，误放孝靖后椁侧的，或者另有原因"。（图 5.1.13）

图 5.1.13 谥宝 X10:2

笔者也认同这方残宝是属于孝端皇后的。但在笔者看来，这方谥宝，之所以只剩宝钮，应该是经过了人工拆卸，并非出自自然残损。理由有三：

第一，孝端皇后比较好的那方谥宝，是与熹宗所上谥册配套的。因为孝端皇后的"孝端贞恪庄惠仁明媲天毓圣显皇后"的谥号，是熹宗朱由校在万历四十八年（1620）九月十三日上的。而且，朱由校所上的谥册文中也说："爰循舆诵，用荐崇称。谨奉册、宝，上尊号曰'孝端贞恪庄惠仁明媲天毓圣显皇后'。"

第二，在万历皇帝给孝端皇后的谥册中说："爰谘舆论，肇举嘉称。兹以册、宝，谥尔为'孝端皇后'。"显然，当时万历皇帝赠给孝端皇后的不仅有那副谥册，还有一方谥宝。而且,这方谥宝所刻应该是"孝端皇后之宝"六字。

第三,因为熹宗为孝端皇后所上谥号,是在万历皇帝所赠谥号"孝端皇后"4字的基础上增加了"贞恪庄惠仁明媲天毓圣显"11字,所以,在安葬一帝二后时,为兼顾孝端皇后谥号的完整性,和对神宗所赠谥宝的珍存之意,就只保留了神宗所赠谥宝的钮,而将印文那部分卸下来了。所以,我们今天所见到的这方谥宝印钮仍比较完整,但是缺少了印文部分。这说明,原有印文那部分,并非因糟朽而不存,而是特意拆卸下来的。否则难以解释谥宝钮保存基本完整,印文部分却连个残渣都没剩下。

二、定陵出土明器

冥器 又作"明器",定陵出土有铜、锡以及仪仗等。是帝后故去后按照其生前所用卤簿器物名件缩小比例制作的模型,供帝后的灵魂在阴间享用。

按照《大明会典》卷一八二所记载,明朝时,工部制作的皇帝、皇后的卤簿(也称"仪仗")种类有兵器、旗帜、幡、幢、器物、车辆等。定陵出土的明器,就是其中部分仪仗的缩制模型。

1. 铜明器

铜冥器 60 件,全部为素面鎏金。品种有水罐、水桶、水勺、水盆、唾盂、唾壶、盘、勺、漏勺、笊篱、箸、香盒、香炉、香靠、香匙、烛台、油灯、剪刀、火炉、交椅、脚踏等。器物上分别贴有墨书纸标签,标明器物的名称和数量。如,铜交椅 X7:28,通高 15.5 厘米,上宽

图 5.2.1 铜明器—交椅 X7:28

图 5.2.2 铜明器—火炉 X27:51

13.2 厘米,尺寸虽小,但结构与真交椅并无二致。(图 5.2.1)又如,铜火炉 X27:51,通高 12.9 厘米,炉盘直径 7.5 厘米。其造型炉身为罐形,背后有向上弯曲的烟筒,下有椭圆形火门,外接长方形簸箕,炉口之上放有带盖的圆锅,下面还有三腿的炉盘,俨然一个可以使用的真火炉。(图 5.2.2)

2. 锡明器

锡冥器数量较多，共 370 件。其品种有酒注、爵、花瓶、看瓶、柱瓶、酒瓶、水瓶、茶瓶、油瓶、冰浆瓶、茶壶、唾壶、酒缸、酒瓮、水罐、盖罐、酒盂、漱盂、唾盂、水桶、水盆、茶钟、碗、盘、盏、托子、香盒、印池、宝池、宝匣、香炉、灯台、烛台、交椅、莲蓬、荷叶、海棠、花等。其中，锡酒瓶 X7:46，高 9.5 厘

图 5.2.3 锡冥器—酒瓶 X7:46　　图 5.2.4 锡冥器—杏叶茶壶 X7:204

米，口径 3 厘米，造型质朴；（图 5.2.3）杏叶茶壶 X7:204，高 10.9 厘米，壶身圆肩、长颈、上盖尖钮，配以上翘的耳廓形把手，和略呈"S"形的流，造型优雅别致。（图 5.2.4）

3. 仪仗模型

仪仗模型，属于矛、戟、钺、叉、朵骨、立瓜、卧瓜之类的兵器，均为木制头和竹杆，外面髹红漆，插在仪仗架上。帝后椁上均有放置。其中，万历皇帝椁上放有 3 套、孝端皇后的椁上 6 套、孝靖皇后的椁上 1 套。由于棺椁残坏，仪仗架和仪仗多被压坏，难辨其形，数量也难以统计。（图 5.2.5）

图 5.2.5 仪仗模型（复制品）

另外，在万历皇帝和孝端皇后的椁上还发现有丝织幢的残片，在孝靖皇后的椁上留有各种幡的残片。（图 5.2.6）三具棺椁的前面，棺床之下，还各有幡架一个。棺床的北侧还有车轿模型，从遗留的痕迹看，为车 1 辆、轿 3 乘。

其中，幢的残片有龙幢 5 件、玄武幢 1 件；幡的残片共 10 件，含黄麾幡 1 件、告止幡 4 件、传教幡 3 件、信幡 2 件。

幢、幡的尺寸都非常小。最大的一件是筒状的黄色罗上绘五色云龙纹的龙幢，也不过是长 33 厘米，直径 5.7 厘米。

图 5.2.6 龙幢残片

车、轿模型的尺寸也不大。车为松木制作，双辕、双轮、有车厢。通长仅 51.1 厘米。轿子也是松木制成，为四角攒尖式，立柱高仅 12 厘米。

三、定陵出土木俑

俑，是墓葬中陪葬的偶人。有木、陶、石等不同制品。也指陪葬用的甲马、家畜等模仿制品。盛行于东周、汉、唐时期。宋朝以后，由于纸制冥器的流行，数量渐少。

定陵出土的俑有人、马两种。均木制，保存较好的计 300 余件，材质有杨木、云杉、落叶松等，全部出自随葬器物箱内。

其中，人俑数量最多，保存较好的有 248 件。有大有小，均作扁平身体，头戴冠，或黑色平巾，双手合抱胸前，插于袖中。面部敷粉，墨画眉目，嘴唇涂丹。身高 18.5—29.7 厘米。《定陵》认为这些人俑的形象，"当为宫廷内府当差的宦官和皂隶以及比较亲近的内臣"。[1] 但实际上，这些木俑不都是宦官内臣，还有一些女性。她们的身材造型大多比较瘦弱，服饰也与男性宦官的长袍不同，都是上身着半身的上衣，下

---

[1]《定陵》第五章《出土器物》第十节《木俑》。

身穿裙；头饰也与男性宦官不同，不是巾或冠而是尖顶的鬏髻。如人俑 X26:31 就是这样。（图 5.3.1—5.3.2）

定陵出土人俑，既有宦官，又有女性，是符合明代宫廷礼制的。因为在明代皇宫里侍奉皇帝皇后的不仅有内府二十四衙门的太监一类的阉人，还有六局一司的女官以及宫女们。所谓六局，有尚宫局，掌管引领中宫总务之事；尚仪局，掌管帝后礼仪、起居之事；尚服局，掌管帝后衣物采章之数；尚食局，掌管帝后膳羞品齐之事；尚寝局，掌管帝后宴寝之事；尚功局，掌督女红之程课。一司，即宫正司，掌纠察宫闱、戒令、谪罚等事。

所以，定陵出土的木俑有太监内臣，也有女官或宫女，反映出帝后在阴间仍然需要他（她）们的服务。

马俑，57 件，保存较好的仅 3 件。这三件马俑鞍辔齐备，有铜制的马镫、铃铛等物。高 16—17 厘米，身长 22.3—23.5 厘米。四腿直立，头部刻出耳、鼻、嘴、眼，尾系真马尾黏合，颈背的鬃毛已经脱落。（图 5.3.3）

图 5.3.1 木俑—男性人俑 X26:44:1

图 5.3.2 木俑—女性人俑 X26:31

图 5.3.3 木俑—马俑 X21:2:1

这些木俑反映了明代宫廷服饰和马的鞍鞯辔头等部分情况。

四、定陵出土帝后铭旌、铁葫芦

铭旌，是竖安灵柩之前的一种表示死者身份的旗幡一类丧葬仪物。明朝帝后殡葬，均有铭旌之设。《明英宗实录》卷三四四，记载天顺六年（1462）九月乙未，圣烈慈寿皇太后（宣宗皇后孙氏）去世，其治丧礼仪就有"己亥，上素服束发诣大行皇太后前举哀设奠，大殓，奉安梓宫（棺），设几筵、安神帛、立铭旌，哭尽哀"。可见，在帝后丧礼中，铭旌是要立在灵柩之前的。

又，《明史》卷五八记载永乐皇帝丧葬事："内侍于梓宫前奏：请灵驾进发。捧册宝、神帛置舆中，次铭旌出。执事官升梓宫，内执事持翣左右蔽。降殿，内侍官请梓宫升龙輴，执事官以彩帷幕梓宫，内侍持伞、扇侍卫如仪，旧御仪仗居前，册宝、神帛、神亭、铭旌以次行。"此后诸帝后的丧礼，《明实录》中详细记载丧礼过程的，例如，明孝宗、明武宗、明世宗、孝肃太皇太后周氏、孝穆纪太后、孝烈方皇后、孝定皇太后（神宗母亲）等无不如此。可见，册宝、神帛、神亭、铭旌等以次先行，梓宫随其后行，是明朝丧葬的一种礼制。既然铭旌在梓宫发引以前，是立在几筵殿的，发引后又先于梓宫前行，铭旌自然会像举旗那样，用杆挑起来，走在送葬队伍中的。《三才图会》卷七《仪制·丧礼类》中绘有《发引图》，图中的铭旌也是用人挑起来行走的，也说明这种丧葬礼俗不论在宫廷还是民间都是这样的。（图5.4.1）

图 5.4.1《三才图会》中《发引图》的铭旌是人挑起行走的

定陵出土帝后铭旌每人一副，均出自椁内棺外。帝后铭旌的形制，均为长约300厘米、宽约68厘米的素缎，有不同程度的朽坏。其中，万历皇帝的铭旌用金字书写"大行皇帝梓宫"；孝端皇后的铭旌也用金字书写，写的是"大行皇后王氏梓宫"；孝靖皇后的铭旌因残朽严重，字迹已无法辨识。

铭旌的上下安装有木制的涂金木牌。上面的木牌顶部为如意云头形，正反两面雕刻正面龙及云纹；木牌的上部钉两铁鼻，安装铁提梁，各配铁钩，铁钩有库，用来安

图 5.4.2 孝端皇后铭旌上部木牌

图 5.4.3 孝端皇后铭旌下部木牌

图 5.4.4 万历皇帝棺上的铁葫芦 WW14

装木柄；木牌的下部有孔，用以安装铭旌。下面的木牌为长方形，正反两面雕刻二龙戏珠图案，上沿亦有孔，安装铭旌。（图 5.4.2—5.4.3）

万历皇帝和孝端、孝靖皇后的铭旌上面还分别放置有铁板制成的铁葫芦各一件。铁葫芦的底部有弯曲的铁插，顶端有九曲形状的铁须，须上又有小的葫芦（图 5.4.4）；孝靖皇后的铭旌上也有铁葫芦，但葫芦须已经残坏。

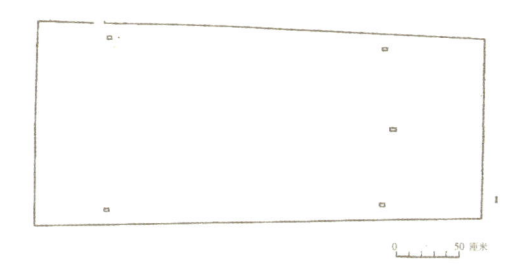

图 5.4.5 万历皇帝棺盖俯视图，采自《定陵》

帝后棺上放置铁葫芦，不见文献记载，应该是宫廷内的一种礼俗，有象征"福禄"的吉祥用意。另外，从《定陵》中的万历皇帝的棺盖图（图二四、万历帝木棺），可

225

以看出棺盖的后部中间是有一个长方形的小孔的，这个小孔可能就是用来插铁葫芦的，而且铁葫芦的两面是朝棺的左右两侧的。（图5.4.5）

另外，值得注意的是，定陵出土的帝后铭旌和铁葫芦，均出自帝后棺盖之上，而不是椁盖之上，而且是铁葫芦在铭旌之上。

笔者推测，这一情况表明，万历帝后梓宫发引，也是按照礼制，铭旌走在梓宫之前的。这说明，梓宫在抬往山陵的路上，除了铁葫芦是插在棺盖上的，铭旌、棺、椁并没有合在一起，而是各自独立行走的。等到入葬地宫时，才将铭旌和铁葫芦放在棺盖上，并在棺外套椁。

五、定陵出土长明灯、五供、神座

定陵出土帝后的长明灯、琉璃五供、白石神座共三套，帝后每人一套。均放置在中殿内后殿石门之前。其中，万历皇帝那套背靠后殿石门，孝端皇后那套，位于万历皇帝的左前方，孝靖皇后那套置于万历皇帝的右前方。二者均背靠中殿的石壁。摆置的方式均是神座在后，长明灯在前，琉璃五供在中间。（图5.5.1）

1. 长明灯具——青花云龙大瓷缸

长明灯，又称"万年灯"，古代墓葬中放置它的目的，应是出于风水的考虑。在我国古代，墓葬中设置灯火有着悠久的历史。《史记》等文献记载秦始皇墓中就已经出现。[1]《永乐大典》所辑《大汉原陵秘葬经·辨掩闭骨殖篇》中也说："凡墓堂内安长生灯者，主子孙聪明安定，主子孙不患也。"

这里所说的长生灯，在明代应该就是指的长明灯。因为墓葬里并没有其他可以点燃的灯具。从文献记载的情况看，明代对长明灯的材质，以及在墓葬内的安置方式并没

图5.5.1 万历帝后神座、五供及长明灯摆放原状

---

[1]《史记·秦始皇本纪》记载秦始皇陵地宫情况："以水银为百川、江河、大海……以人鱼膏为烛，度不灭者久之。"
《汉书·刘向传》："始皇葬于骊山之阿，下锢三泉……石椁为游馆，人膏为灯烛……"

有统一的要求。

清朱孔阳《历代陵寝备考》引清沈士全《健笔录》中记述崇祯帝入葬田贵妃墓时的情况："隧道长十三丈五尺，阔一丈，深三丈五尺。督修四昼夜至初四日寅时，始见圹宫石门。用拐钉钥匙推开头层石门，入内，香殿三间。中间悬万年灯二盏。"万年灯在墓中是悬挂起来的。而定陵一帝二后的万年灯，则均安放地上的一个圆形的石座上。以高和口径约为 0.7 米的青花云龙大瓷缸为灯具。（图 5.5.2）

图 5.5.2 万历皇帝的青花云龙瓷缸 W30

大瓷缸上均有"大明嘉靖年制"的题款。缸内储油，其表面的油脂凝固在一起，厚 5—6 厘米，经粮食部谷物油脂化学研究所鉴定为蜂蜡，其下为植物油。在油脂之中，各置有灯芯（以植物秸秆数根捆扎，内插铁钎，外敷灯心草及棉纸）。（图 5.5.3）灯芯的下端连以锡坠，锡坠置于缸底中央。灯芯的上端各置有圆形的鎏金铜油漂，漂浮在凝固的油脂表面。油漂的外圈部分径 14 厘米，作中空的环形管状。外圈环管之内各置有一高 8 厘米、直径 1.2 厘米的铜管，铜管与外圈环管之间各以三个铜片作为连接物，合成一体。（图 5.5.4）铜管之内有金

图 5.5.3 万历皇帝万年灯中的灯芯 W30：2

图 5.5.4 万历皇帝万年灯内的鎏金铜漂 W30：1

属棍穿过，金属棍下端与灯芯固定在一起，上端伸出管外，以固定油漂。油漂外圈环管部缠以丝织物，并系有用线搓成的灯捻儿数根露于油脂表层之外，以供入葬时点燃。当然地宫石门关闭后，随着氧气的耗尽，长明灯会自然熄灭。

这种大型的瓷缸在明代烧制工艺难度非常大。清乾隆八年（1743）督陶官唐英编写的《陶冶图说·祀神酬愿》记载这样一件事：

> 窑火得失，皆尚祷祀。有神童姓，为本地窑民，前明制造龙缸，连岁弗成。中使严督，窑民苦累。神跃身窑突中，捐生而缸成。司事者怜而奇之，于厂署内建祠祀焉。号曰"风火仙"。迄今屡著灵异。窑民奉祀维谨，酬献无虚日。

据唐英《火神童公传》记载，这件事情就发生在万历年间：

> 神姓童名宾，字定新，饶之浮梁县人。性刚直，幼业儒。父母早丧，遂就艺。浮地利陶，自唐宋及前明，其役日盛。万历间，内监潘相奉御董造，派役于民。童氏应报火，族人惧，不敢往，神毅然执役。时造大器，累不完工，或受鞭棰，或苦饥羸。神恻然伤之，愿以骨作薪，丐器之成，遽跃入火。翌日启窑，果得完器，自是器无弗成者。家人收其余骸，葬凤凰山，相感其诚，立祠祀之，盖距今百数十年矣。

为纪念窑神童宾，今景德镇市古窑民俗博物园的广场上还矗立有他的铜像。

2. 琉璃五供

五供，指的是香炉居中，左右烛台各一，再侧花瓶各一，五件配套的祭器。五供中，香炉居中为主，次烛台、再次花瓶，左右辅之。在古人看来，之所以在祭祖时会燃香烛，是因为祭祀时点燃香烛，可以"导达阴阳，以接幽明"。[1] 也就是可以沟通人与神之间的关系。

定陵也是这样，不仅地上建筑，明楼之前设有石雕的五供，地下宫殿的中殿里，在一帝二后长明灯后，也设有帝后各一套规制、大小相同的黄琉璃五供。并且都放置

---

[1] 清孙承泽《天府广记》卷十六《礼部下·大祀分献上香》。

图 5.5.5 万历皇帝琉璃香炉 W29

图 5.5.6 万历皇帝琉璃香炉内的檀香 W24

图 5.5.7 孝端皇后蜡烛 D20

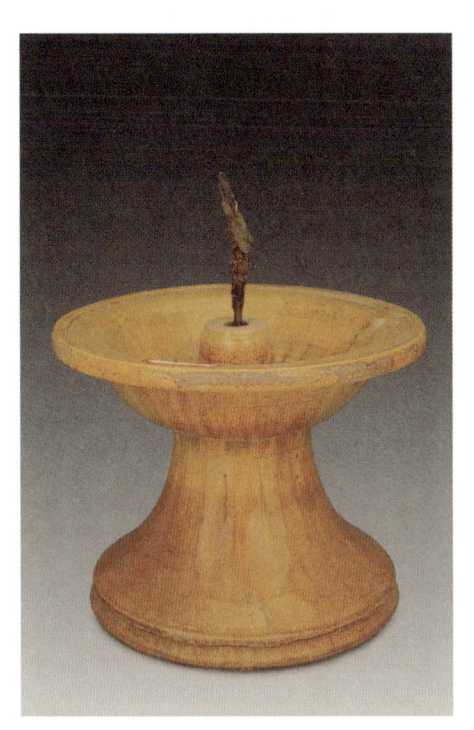

图 5.5.8 孝端皇后琉璃烛台 D26

圆形的白石座上，以营造出庄重严肃的氛围。

其中，香炉，帝后各 1 件，大小稍异。万历皇帝的通高 37 厘米，口径 31.3 厘米。形制为子母口，鼓腹，三兽面足，插两曲耳。炉口上有盖，盖面微鼓，中有圆孔，内各插檀香 1 根。（图 5.5.5—5.5.6）

烛台，帝后各 2 件，形制相同，大小稍异。万历皇帝的一件通高 22.8 厘米，另一件通高 22.5 厘米。形制均作豆形，浅盘，中间安有方锥形蜡钎，下为喇叭形高圈足。其中，万历皇帝和孝端皇后的烛台上各插有蜡烛一根。（图 5.5.7—5.5.8）

花瓶，帝后各 2 件，亦形制相同，大小稍异。形制均作子母口，细颈，圆鼓腹，喇叭圈足，颈两侧附有铺首衔环雕饰。上有扁圆形盖，

上有 6 个圆坑。其中，孝靖皇后的两个花瓶，一通高 35.5 厘米，一通高 34.6 厘米。（图 5.5.9）

对这两个花瓶，《定陵》名之为"香瓶"[1]似不妥。原因有三：

首先，这种瓶腹太深，不适合作为燃香之具。如果燃香球或香条，香箸、香铲会因瓶深而难以操作；燃线香，则瓶盖无孔无法插香。其次，定陵出土锡明器中有"锡花瓶"（图 5.5.10），与此瓶形状接近，也是带耳有盖，说明二者属于同类瓶制，因此，视之为花瓶较为恰当。再次，历来五供均以香炉、烛台、花瓶为标配，十三陵地面建筑中的石刻五供均是如此，故地宫中的琉璃五供似不应例外。

图 5.5.9 孝靖皇后琉璃花瓶 J.161、J162

图 5.5.10 锡明器——花瓶 X7.24

3. 白石神座

神座，帝后各一座。汉白玉石雕成，形制如帝后生前所用的御座，以表示帝后在阴间仍然可以坐在御座上，临视天下。

其中，皇帝的神座，高 163 厘米，长 205 厘米，宽 109 厘米。其制，左右有扶手，后有靠背。靠背呈三扇屏形状，中高侧低。边角处共雕有四个龙头，背后雕一整龙，

---

[1]《定陵》第五章《出土器物》第四节《瓷器和琉璃器》。

图 5.5.11 万历皇帝神座、五供、长明灯

龙头伸向靠背前作戏珠状,靠背内侧,浮雕的宝珠两侧雕饰龙纹。两侧扶手之上也各雕龙头。扶手内外两侧及靠背的外侧则均雕云纹。(图 5.5.11)

神座之前有石雕脚踏;两侧则各有一石台,象征安放花瓶等陈设器物。颇类明熹宗坐像的陈设。

皇后的神座式同皇帝神座,但尺度略小,且靠背及扶手之上各雕凤头,靠背内侧雕饰凤纹。其余部分同皇帝神座。

六、定陵出土稻谷、梅瓶、玉料

定陵出土的稻谷、梅瓶和玉料与古代的风水理念有关。

稻、谷,均出自椁板之上,其中万历皇帝的椁板上的稻、谷是放在一个丝织品的小袋中。墓葬中放置稻谷的做法,当与古代墓葬中设置粮仓的礼俗有关。《大汉原陵

图 5.6.1 万历皇帝青花瓷梅瓶 WW10　　　　图 5.6.2 孝端皇后青花瓷梅瓶 DW3

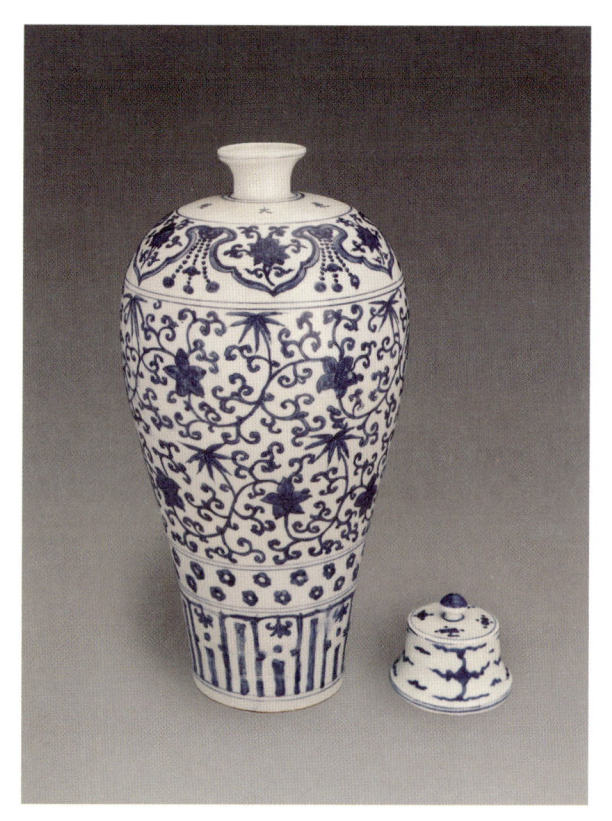

秘葬经·盟器神煞篇》记有棺"正南偏西安五谷仓"。另外,敦煌曾发现有晚唐写本《杂抄》,记载殷商后裔伯夷、叔齐兄弟二人,认为武王伐纣不义,耻食周粟,饿死首阳山。"载尸还乡时,恐魂灵饥,即设熟食瓶、五谷袋引魂,今葬用之礼"。[1] 定陵帝后棺椁旁并没有安放五谷仓,但椁板上有袋装或散落的稻谷出土,应该是受唐以来"五谷袋"礼俗的影响。

青花瓷梅瓶,定陵共出土 8 件(两件破碎,已修复),全部出自帝后椁的两侧,偏向玄宫前方的位置。梅瓶形制基本一致,均为小口、束颈、广肩、圆腹、下部渐收、平底。有盖,盖作覆碗形,上有圆钮。(图 5.6.1—5.6.2)

不同之处是款识、大小和纹饰。其中,较大的有 6 件(含万历皇帝椁两侧的 4 件,和孝靖皇后椁两侧的 2 件)。通高 71.2—74.9 厘米。款识为"大明万历年制",均为白

---

[1] 徐苹芳《唐宋墓葬中的"明器神煞"与"墓仪"制度——读〈大汉原陵秘葬经〉札记》,《考古》1963 年第 2 期。

地青花，纹饰相同。器身上下两端各有莲花瓣，款识在肩部，为瓶盖所遮盖；中间为两条升龙及缠枝番莲纹。盖钮及盖顶均作莲花瓣形，盖侧周圈饰二龙及番莲纹。

孝端皇后椁两侧的 2 件略小，通高为 45.7—46 厘米，亦为白地青花。款识"大明嘉靖年制"在肩部。器身纹饰以双线为界，自上而下分为四个部分。上面款识之下，为倒垂的连续如意云头形，云头内为六叶番莲花纹，云头之间悬璎珞三串。其下瓶腹部分为主花纹，是串枝番莲纹。再下为梅花纹两排，最下为莲花瓣纹。瓶盖周饰"王"字云纹和单云纹，顶饰八宝纹。

帝后椁边之所以会放置青花梅瓶，可能有如下两个原因：

一是取义吉祥。文物专家孔繁峙先生在《试谈明墓随葬梅瓶的使用制度》中谈到"用某种器物的谐音来表达一种吉祥的含义，把梅瓶放在棺椁四周，可能是作为一种'四方（椁为方）清（青）平（瓶）'的象征。"[1] 这一推测是有道理的，因为在古代以谐音表达吉祥意向的做法非常普遍。例如，万历皇帝的棺上置铁葫芦，就是按葫芦的谐音，取意"福禄"的。另外，定陵出土的首饰中，也有瓶中部有"安"字，取意"平（瓶）安"之意的例子。

二是受古代墓葬中安置仪瓶的丧葬习俗的影响。约成书于金元之际的《大汉原陵秘葬经·盟器神煞篇》中有"棺南安仪瓶，高一尺九寸"和"三浆水高九寸，安棺头"的记载，这说明早在金元时期已是一种丧葬习俗。定陵出土的梅瓶或者是这种习俗的反映。定陵出土梅瓶的位置，均在帝后椁尾的左右两侧，虽然放置位置不一定都严格地处在"棺南"，但古代丧葬文化中有所谓"前朱雀，后玄武"之说，朱雀，为南方的象征，帝后椁的尾部对着的方向，就是定陵的朱雀山，也就是陵前的方位。所以从这个角度看，这些梅瓶所置方位也可以视作"棺南"。而且，帝后的 8 只梅瓶，高 45.7—74.9 厘米，其最低和最高两者的平均值为 60.3 厘米，也与仪瓶的一尺九寸（60.8 厘米）接近。基于以上分析，笔者认为这 8 只梅瓶很可能就是古代丧葬习俗中的"仪瓶"。

至于"三浆水"，应是墓葬中盛放酒水器具的简称。"高九寸"是指该器具的高度。万历皇帝椁尾外，偏向孝端皇后椁尾的一侧，出土有两件三彩瓷觚，则有可能是该器具的象征。因为，觚在古代原为酒具，尽管在出土时并没有发现瓷觚里面放有酒水，但其高度为 25.6 厘米，与"三浆水九寸（28.8 厘米）"的尺度相差不多。因此，这两

---

[1]《文物》1985 年第 12 期。

件瓷瓠很可能就是没有放酒水的"三浆水"器具。至于其未放酒水的原因,有可能是该习俗沿袭日久,人们对其原始的初意逐渐淡忘模糊,所以只是放置瓷瓠示意而已。其放置的方位,不在"棺头"方位,而在"棺尾"方位,则可能是因为当时的习俗,对放置的方位也已经没有明确细致的规定了。

玉料,即璞玉,未经加工的形状大小不一的玉料,定陵共出土32块。其中,有4块出自孝端皇后的棺内,其余27件出自帝后椁外的两侧及棺床东西两端。玉料上大多都有墨书标签,写明玉的质料和重量,也有的是直接写在玉石上。玉石料的种类有菜玉和浆水玉两种。浆水玉表面润泽,呈浅青色;菜玉浅黄色中稍带浅绿。玉石中最重的一块WW12,长49.6厘米,宽20厘米,厚18厘米,重量为34.3公斤;最轻的一块W195,长23.5厘米,宽22厘米,重0.1236公斤。如出自孝端皇后棺内东端北侧一块浆水玉玉料,重1.5公斤,上有墨书标签:"浆水玉料一块重二斤八两"。玉料上亦有竖写墨书"二斤八两"四字。(图 5.6.3)

图 5.6.3 孝端皇后棺内浆水玉料 D176

墓室之内,放置玉石也是同样一种盛行已久的葬习。《大汉原陵秘葬经·辨掩闭骨殖篇》记载:"墓内安金石者,子孙无风疾之患。"定陵出土的玉料当与此习俗有关。

七、帝后棺椁及木箱、木杠

安葬在定陵地宫中的一帝二后的葬具,均有棺有椁。棺在内,为帝后尸体所在;椁在棺外,是棺的外套。《礼记·檀弓上》有"殷人棺椁"之说,认为棺椁之制,创自商代。后世代代相传,遂沿袭成制。

帝后棺椁的形制,基本相同。均为头部略为高大,尾部略为矮小。

其中,棺的形状棺头、棺尾均有向前倾斜之势,棺前、棺后的棺木板以及左右两侧的棺木板,外部均略鼓起呈弧线形。棺内前后均有略前倾的内隔板。

万历皇帝和孝端皇后的棺木为楠木,孝靖皇后的棺木为松木,均内外油饰朱漆。

万历皇帝的棺，棺盖长 3.34 米，头宽 1.48 米，尾宽 1.35 米，平面呈前宽后窄的梯形；棺盖厚也是前端厚，尾部略薄。棺头、棺尾的挡板，为上略窄，下略宽之形，前面挡板高 1.42 米，尾部挡板高 1.35 米。棺底板长 3.33 米，前厚 0.22 米，尾厚 0.2 米。

孝端皇后、孝靖皇后棺的形制与万历皇帝的棺一样，只是尺寸略小。如，孝端皇后的棺棺盖板长 2.76 米，比万历皇帝的棺盖短 0.58 米。孝靖皇后的棺已经糟朽倒塌，但形制、尺寸同孝端皇后。

帝后的椁形制亦相同，均为长方形，头部略高、略宽，尾部略低、略窄。上部略前倾，后部垂直，下有椁底板，两侧各安装有两个大型铜环，以便移动。其中，万历皇帝的椁，前高 1.82 米，后高 1.74 米；椁盖长 3.9 米，前宽 1.8 米，后宽 1.66 米。两位皇后的椁，形制同万历皇帝椁，但尺度略小。其中，孝端皇后的椁，前高 1.76 米，后高 1.61 米，椁盖长 3.48 米，尺寸都小于万历皇帝椁。（图 5.7.1）

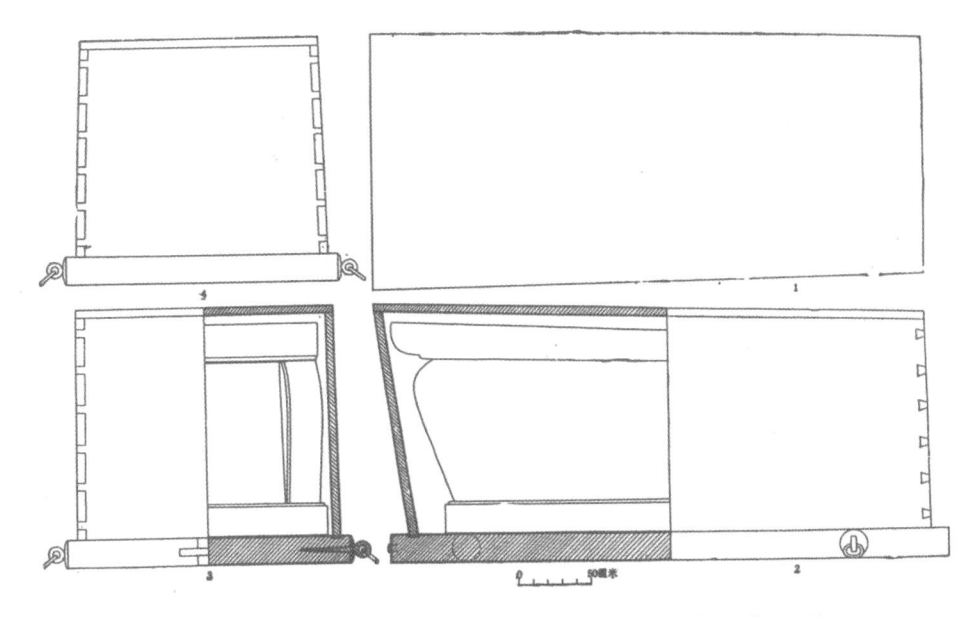

图 5.7.1 万历皇帝棺椁俯视、纵剖、横剖图，采自《定陵》

三套棺椁的摆放，均是棺头朝大峪山方向，棺尾向陵园的前方。这种棺椁的摆放方式，应该是与古代堪舆术有关。因为传为晋郭璞所著《葬书》，其注文有"脉不离棺，棺不离脉"和"枕毯而葬"[1]，所以，几经流传，形成了这样的葬俗。就是说，帝后的

---

[1]《四库全书·数术类三·相宅相墓之属》。

棺椁应该顺着陵后山脉走向安置，不能与山脉的走向相脱离，并且要有帝后的头枕在陵后小山（毯）的感觉。定陵墓主在棺内的葬法，属于仰卧略侧身姿态的葬法，所以，将棺椁头部朝向陵后小山是符合古代葬俗的。

地宫出土随葬器物箱共26件，已经全部糟朽。其中有7件，放置在棺床上的北端，12件放在棺床上的南端，3件放在万历皇帝和孝端皇后的椁之间，4件放在后殿东南墙壁下。

从残迹看，这些木箱的板材均为杉木。形状有和长方形和方形两种，其中长方形居多。一般高47—74厘米，宽50—70厘米，长72—95厘米。

箱盖与箱体之间为子母口或平口扣合。两者结合部位，后面装有铜合页两个，前面正中部位装有铜钌銬，上面有铜锁锁着，旁边系有铜钥匙一把。箱体左右各装铜拉手。（图5.7.2）

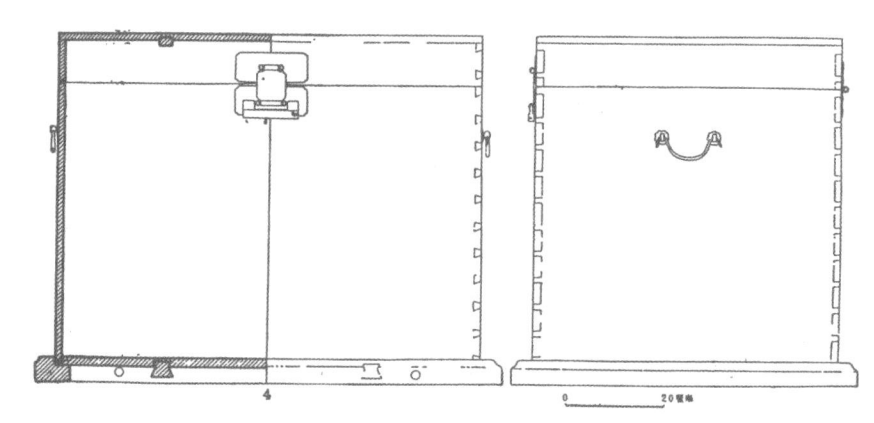

图5.7.2 随葬器物箱结构复原图（采自《定陵》）

箱外髹朱漆，素面，也有的绘有描金云龙纹；内壁或为朱漆，或为本色地，外涂一层桐油，并裱绢里。

箱下着地木框，并有系绳痕迹。箱上或有抬杠。

这些抬杠，共25根，应该都是用来抬随葬器物箱等随葬用品的，出土时均已残朽。仅存铜包头及杠中间的铜事件。据残迹，杠长2.02—2.9米，直径5—6厘米。

另外，在北面东墙壁下有木抬杠2根，只遗灰迹。一根长4.2米，一根长4.4米，直径均约13厘米。《定陵》分析，"从其粗大而又较长看，可能为抬运梓宫时所用"。

但从《明实录》《大明会典》等文献的记载看，明代帝后梓宫发引，是用了两种工具的。

一是龙辀，是一种运载帝后灵柩（棺木）的车，宋聂崇义《三礼图》绘有简单的示意图，见载于《永乐大典》"丧"字中。其注文中说："龙辀，其制如軿轴。亦长丈二尺，广四尺。取称于柩，前一辕。画龙于辕，加赤云气。"按照汉郑玄的解释，軿，"状如长床"，应该指的是龙辀的车身；轴，"状如辚（轮），刻两头为轵"，轵，是指的轴头。所以，这种灵车就是一种有车轮，前有画龙云纹的单辕的灵车。因为这种灵车，窄而长，可以用人力或推或拽前行。文献记载，皇宫内，从几筵殿（停放帝后灵柩的大殿），到午门之间，以及进了陵园之后，帝后梓宫不论是上下大殿，还是入葬地宫，都是用龙辀来运载的。定陵地下宫殿发掘后，前殿、中殿铺地木板上遗留的车辙（左右两道车辙间距为 2.2 米），就是当年帝后梓宫入葬地宫时龙辀车轮压出来的痕迹。（图 5.7.3）

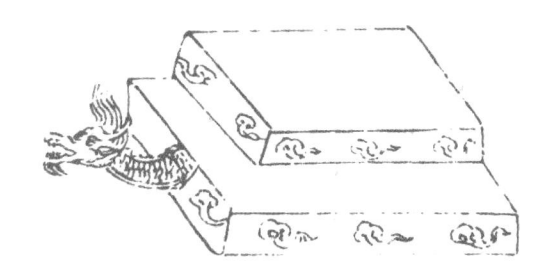

图 5.7.3《永乐大典》中的《龙辀图》

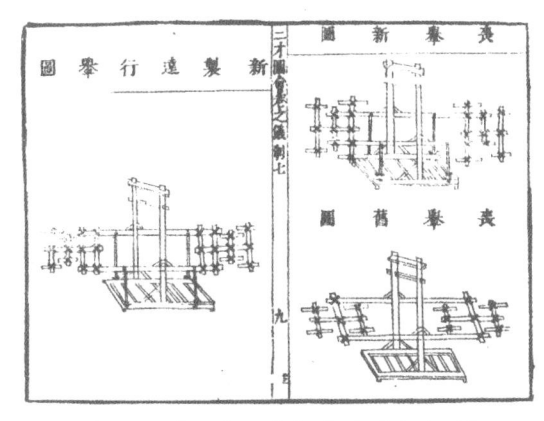

图 5.7.4《三才图会》中的《丧舆图》

二是大升舆，是一种用十数人或数十人抬行，外形类似车轿的葬具，其结构文献没有记载。但《三才图会》卷七《仪制·丧礼类》中绘有民间用来抬运灵柩的"丧舆图"，图中有左右两根贯通前后的粗大的木杠（类似车辕），主杠上绑扎若干辅助的短杠，由 8 人或 16 人抬行。（图 5.7.4）这些图样虽不是皇家"大升舆"图式，但可借此做出推测，抬运皇帝梓宫的大升舆，也应该是有主杠的，明代文献所记载的"拖灵龙木"应该就是大升舆的主杠。

帝后梓宫从皇宫里的午门一直至到天寿山陵园，上百里远的路程，都是靠大升舆来抬行的。由于棺内不仅有尸体，还有大量的随葬品，所以非常沉重。特别是由于万历皇帝和孝端皇后棺内随葬器物较多较重，因此还出现过大升舆的主杠——拖灵龙木断裂的情况。

《明熹宗实录》卷一记载，泰昌元年（1620）九月："壬寅，神宗显皇帝、孝端显皇后梓宫发引，上衰服送至午门外。提督大臣孙如游、黄克缵、李腾芳、王永光等二十四员护行，戒严中外。癸卯，大学士方从哲等题：'昨因梓宫甚重，举动极难，出大明门已近午矣。且营中军夫虽拨八千人，而素不惯习，兼以杠索间有损伤，时时更换，以致沿途稽迟，入夜方抵德胜门，臣等不胜惶惧。随同护丧奠献诸臣，传示五城，更添人夫六百名，今昼始得前行。'又，护丧御史张修德奏：'二十九日之夜，梓宫至巩华城，拖灵龙木铿然有声，右手一角坠地。'"

到了陵园之后，从陵门进入后，要停灵在享殿（祾恩殿）内，举行"安神礼"，等待入葬吉时，葬入玄宫。在此期间，梓宫又要龙𬨎来运送。这是因为，不论是陵宫内的大殿还是地下宫殿，总要上台下坡，使用大升舆，是非常不方便的，而用龙𬨎这样的灵车则比较方便。

那么，定陵地宫内的那两根又粗又长的木杠，会不会是大升舆的主杠——拖灵龙木呢？应该不会是的。这两根木杠虽然比抬箱用的木杠要长且更粗，但还没有达到大升舆主杠的使用要求，因为万历皇帝的棺长约3.4米，两根木杠仅比棺木长80厘米，也就是说，梓宫前后主杠的出头不过40厘米左右，这显然难以满足大升舆多人抬行的需求。因此，笔者认为这两根木杠应该不是路上抬棺用的，而是为在棺床上移动棺椁时特意准备的。因为帝后梓宫用龙𬨎推进地宫后，要装入椁内，并放在适当位置，所以肯定要有移动。椁底左右两侧各有两个大铜环，拴上绳子后，送葬人员可用这两个大木杠，将棺椁抬起，移动到合适的位置。况且，如果是抬棺用的主杠，理应有六根，帝后各有两根才对，不会仅有两根。

主要参考书目

《纂图互注礼记》，汉郑玄注，北京图书馆善本部藏宋刻本。

《枣林杂俎》，清谈迁撰，上海国学扶轮社 1911 年印本。

《酌中志》，明刘若愚撰，商务印书馆辑《丛书集成初编·史地类》，1939 年铅印版。

《万历野获编》，明沈德符撰，中华书局 1959 年铅印版。

《五杂俎》，明谢肇淛撰，中华书局 1959 年 3 月第一版。

《明实录》，台湾"中央研究院"历史语言研究所 1962 年校印本。

《中国古代服饰史》，周锡保著，中国戏剧出版社 1984 年 9 月第一版。

《中国历代服饰》，上海市戏曲学校中国服装史研究组编著，学林出版社 1984 年 4 月第一版。

《南京云锦史》，徐仲杰著，江苏科学技术出版社 1985 年 4 月第一版。

《中国历代妇女妆饰》，周汛、高春明著，学林出版社、三联书店（香港）有限公司，1988 年 10 月第一版。

《大明会典》，明李东阳等敕撰，申时行等奉敕重修，江苏广陵古籍刻印社 1989 年 8 月第一版。

《明史》，清张廷玉等修，商务印书馆印百衲本《二十四史》。

《定陵》，中国社会科学院考古研究所、定陵博物馆、北京市文物工作队编，文物出版社 1990 年 5 月第一版。

《中国服装史》，黄能馥、陈娟娟著，中国旅游出版社 1995 年 5 月第一版。

《中国衣冠服饰大辞典》，周汛、高春明著，上海辞书出版社 1996 年 12 月第一版。

《中国织绣服饰论集》，陈娟娟著，紫禁城出版社 2005 年 6 月第一版。

《定陵出土文物图典》，北京市昌平区十三陵特区办事处编，北京出版社出版集团北京美术摄影出版社 2006 年第一版。

《中国古代服饰研究》，沈从文著，上海世纪出版集团上海书店出版社 2011 年 7